예수예수
믿는것은

예수예수
믿는것은

지은이 | 도원욱
초판 발행 | 2017. 3. 21

등록번호 | 제1988-000080호
등록된 곳 | 서울특별시 용산구 서빙고로 65길 38
발행처 | 사단법인 두란노서원
영업부 | 2078-3352   FAX | 080-749-3705
출판부 | 2078-3331

책값은 뒤표지에 있습니다.
ISBN 978-89-531-2799-9 03230

독자의 의견을 기다립니다.
tpress@duranno.com   www.duranno.com

* 본문에 인용된 성경은 표기가 없는 한 개역개정임을 밝힙니다.

두란노서원은 바울 사도가 3차 전도여행 때 에베소에서 성령 받은 제자들을 따로 세워 하나님의 말씀으로 양육하던 장소입니다. 사도행전 19장 8-20절의 정신에 따라 첫째 목회자를 돕는 사역과 평신도를 훈련시키는 사역, 둘째 세계선교(TIM)와 문서선교 (단행본·잡지) 사역, 셋째 예수문화 및 경배와 찬양 사역, 그리고 가정·상담 사역 등을 감당하고 있습니다. 1980년 12월 22일에 창립된 두란노서원은 주님 오실 때까지 이 사역들을 계속할 것입니다.

예수 예수 믿는 것은

도원욱 지음

두란노

| 목차 |

저자 서문 · 8

1부
예수를 알라

예수 예수 믿는 것은
1. 이웃보다 가까운 교회가 되는 것입니다 · 12

예수 예수 믿는 것은
2. 삶의 자리에서 정중동하는 것입니다 · 24

예수 예수 믿는 것은
3. 염려의 파도가 높을수록 은혜의 바다가 깊음을 아는 것입니다 · 38

예수 예수 믿는 것은
4. 예수님을 삶의 원칙으로 삼는 것입니다 · 52

예수 예수 믿는 것은
5. 인생의 ON/OFF를 주께 맡기는 것입니다 · 66

2부
예수를 누리라

예수 예수 믿는 것은
1. 반짝이는 성공보다 빛나는 승리를 좇는 것입니다 · 80

예수 예수 믿는 것은
2. 성경 매뉴얼대로 인생을 사는 것입니다 · 92

예수 예수 믿는 것은
3. 하나님의 재단에 나를 맞추는 것입니다 · 104

예수 예수 믿는 것은
4. 하나님이 알려주신 길을 한 결 같이 걷는 것입니다 · 118

예수 예수 믿는 것은
5. 갈급한 인생을 성령으로 충만케 하는 것입니다 · 130

3부
예수와 함께하라

예수 예수 믿는 것은
1. 고난이 끝이 아님을 믿는 것입니다 · 146

예수 예수 믿는 것은
2. 새 길이 아닌 주어진 길을 걷는 것입니다 · 160

예수 예수 믿는 것은
3. 왕의 길을 함께 걷는 것입니다 · 174

예수 예수 믿는 것은
4. **빼앗길 수 없는 보물을 갖는 것입니다** · 186

예수 예수 믿는 것은
5. 주인의 뜻을 앞서지 않는 종이 되는 것입니다 · 200

4부
예수를 자랑하라

예수 예수 믿는 것은
1. 사라지지 않는 기쁨을 얻는 것입니다 · 214

예수 예수 믿는 것은
2. 부활의 주와 함께 거듭나는 것입니다 · 226

예수 예수 믿는 것은
3. 예수 그리스도를 주인 삼는 것입니다 · 238

예수 예수 믿는 것은
4. 죄의 쇠사슬을 끊고 자유의 몸이 되는 것입니다 · 254

예수 예수 믿는 것은
5. 하나님의 사랑을 세상에 전하는 것입니다 · 268

| 저자 서문 |

저는 수줍음이 많은 편에 말주변도 좋지 못합니다. 그럼에도 평생 오직 한 가지 사명을 위해 투신해 왔습니다. 그것은 예수 복음을 전하는 길이요, 하나님이 맡겨 주신 교회가 오직 복음을 들고 세상을 향하여 진군하게 하는 일입니다.

청년 시절에 아버지가 병환으로 돌아가신 후, 저는 가족과 삶에 대한 무거운 책임에 짓눌려 둥지 잃은 새처럼 방황했고 그 가운데 꿈과 행복은 흩어져 버렸습니다. 그때 절실하게 하나님을 부르짖으며 기도했고 마침내 칠흑 같은 제 인생을 밝혀 주시는 예수 그리스도를 만나 삶을 포기하지 않고 다시 행복한 꿈을 꾸게 되었습니다.

예수님을 만남으로 행복하고, 예수님을 누림으로 행복이 깊어지고, 예수님을 전함으로 더 큰 행복을 만드는 새사람이 되었습니다. 그리고 예수님을 알리고 자랑하는 일에 인생을 걸었습니다. 예수님과 함께해 온 그 길은 정말 황홀하고 감격스러웠습니다. 절망을 안고 예수님께 나아온 자들의 고백은 지금도 잊을 수 없습니다.

"생애 이만큼 행복한 적은 없었다."

그들이 보석 같은 눈물을 흘리며 고백할 때면, 저도 눈시울을 적시며 주님을 찬양했습니다.

때로는 힘들고 예상하지 못한 어려움도 있습니다. 하지만 지금도 심장이 뛰고 있는 이유요, 심장이 멈추는 날에도 끝까지 전하고 싶은 것이 복음입니다. 복음만이 어두운 이 세상을 헤매며 절규하는 자들을 향한 최고이자 최선의 사랑입니다. 세상이 주는 달콤한 거짓말에는 진리가 없습니다. 생명이 없습니다. 예수님만 참 행복입니다. 사명을 감당하며 저와 교회가 누린 복은 이루 다 말할 수 없습니다. 이것이 진짜 우리의 고백입니다.

"예수 예수 믿는 것은 받은 증거 많도다."

이 세상에서 가장 행복한 사람은 누구일까요? 예수 그리스도를 만나 새롭고 멋진 인생을 시작하는 사람입니다. 예수 그리스도 안에서 더 큰 행복을 맛보며 더 멋지게 살아가십시오. 그래서 언제나 화창한 봄날 같은 인생을 누리기를 축복합니다.

이 책을 통해 잃어버린 한 영혼을 만나고 싶습니다. 그에게 오직 한 가지, 복음 즉 그리스도를 전하고 싶습니다. 복음으로 인해 행복을 되찾은 한 영혼이 새처럼 날아올라 자유를 누리고 한 송이 꽃처럼 아름답게 기쁨으로 하나님을 찬송할 수 있도록 이 책을 헌정하는 바입니다. 더불어 편집에 힘써 주신 두란노서원에 감사를 드리며 언제나 저에게 용기를 북돋워 준 한성교회 사랑하는 성도들에게 감사와 축복을 전합니다.

한성교회 목양실에서

도원욱

1부
예수를 알라

1

예수 예수 믿는 것은

이웃보다 가까운 교회가 되는 것입니다

성공적인 그리스도인으로서 건강하고 행복한 삶을 누리기 위해서는 믿는 이들과 정기적으로 모임을 가져야 합니다. 그렇지 않으면 섬김과 사랑의 기회의 장을 잃게 됩니다.

로마에서 동남쪽으로 160km 정도 떨어진 아펜니노 산맥 기슭에 로제토 발포르토레라는 작은 마을이 있습니다. 수 세기 동안 그곳 채석장에서 힘들게 일하던 주민들의 삶은 고통스럽고 힘들었습니다. 대다수가 문맹이던 그들은 절망적일 정도로 가난했는데, 19세기 말 무렵 바다 건너에 기회의 땅이 있다는 말을 듣게 되었습니다.

1882년 1월, 삶의 무게에 짓눌려 힘들어하던 열 명의 남자와 한 명의 소년이 실낱같은 희망을 품고 뉴욕으로 가는 배에 몸을 실었습니다. 그리고 그들은 펜실베이니아 뱅고어 인근의 함석 채석장에서 겨우 일자리를 구할 수 있었습니다. 이듬해에 열다섯 명의 로제토 사람들이 미국으로 건너왔고, 상당수가 뱅고어로 와서 이미 도착한 고향 사람들과 합류했습니다.

이들 이민자의 이야기가 전해지면서 로제토 사람들은 떼를 지어 펜실베이니아로 몰려들었고, 1894년 한 해에만 1,200명이 고향을 떠나 미국으로 왔습니다. 이곳에 정착한 이들은 주변 땅을 사들여 함석 지붕을 얹은 2층 집을 다닥다닥 지었고, 언덕의 중심부에는 교회를 지었습니다. 이렇게 형성된 마을은 처음에는 '뉴 이탈리아'라고 불렸지만, 곧 '로제토'로 바뀌었습니다. 대부분의 거주자가 로제토 마을에서 건너왔기 때문입니다.

1896년에 그들의 고단한 일상에 변화가 찾아왔습니다. 파스쿠알레 드 니스코라는 열정적인 젊은 신부가 부임해 교회를 새롭게 맡게 된 것입니다. 그는 마을 사람들이 기쁜 마음으로 교회 생활을 하도록 이끌었고, 동시에 지친 심신을 달래 줄 축제도 마련했습니다.

그러던 어느 날, 로제토에 스튜어트 울프라는 의사가 찾아 왔습니다. 그는 로제토에서 멀지 않은 펜실베이니아의 한 농장에서 여름을 보내던 중에 우연히 로제토 지역의 의사를 만났고, 그 자리에서 깜짝 놀랄 만한 이야기를 듣게 되었습니다.

"이곳에서 17년간 일해 왔는데, 이상하게 로제토 지역에 사는 65세 미만의 사람들 중에는 심장마비 환자가 거의 없습니다."

스튜어트 울프는 깜짝 놀랐습니다. 당시는 콜레스테롤 저하제와 심장병 예방약이 개발되기 전이었으므로 심장마비가 미국 내 65세 미만 남성의 사망 원인 중 선두였기에, 특정 지역에서 심장마비 환자를 만나지 않는 것이 상식적으로 불가능했기 때문입니다.

그는 오클라호마 대학교 학생들과 동료, 연구진의 지원을 받아 즉각 조사에 착수했습니다. 조사 결과, 놀라운 사실이 밝혀졌습니다. 로제토에서는 55세 이하 중 누구도 심장마비로 죽지 않았을 뿐 아니라 심장 질환의 흔적조차 보이지 않았습니다. 65세 이상의 경우에도 로제토의 심장마비 사망률은 미국 전역의 절반 수준에 불과했습니다. 모든 사망 원인을 종합해도 기대치보다 30-35% 낮았습니다.

일일이 가정을 방문해 20세 이상의 모든 사람과 인터뷰를 했습니다. 그들은 부자는 아니었지만 알코올중독자나 약물중독자가 없었고, 자살률과 범죄율도 매우 낮았습니다. 로제토는 미국인의 일상을 넘어서는 곳, 즉 일반 규칙이 적용되지 않는 곳이었던 것입니다.

도대체 이유가 무엇일까요? 스튜어트 울프가 처음 떠올린 생각은 미국 사람과 다른 식단, 즉 음식이었습니다. 하지만 조사 결과, 그들은 이탈리아에서 먹었던 건강에 좋은 올리브유 대신 식용 돼지기름으로 요리하고, 여러 면에서 완전히 미국적인 식사를 하고 있었습니다. 더욱이 새벽에 일어나 요가나 조깅도 하지 않았고, 건강에는 전혀 신경을 쓰지 않았습니다. 오히려 비만과 맞서 싸우느라 허덕이고 있었습니다.

그렇다면 유전의 원인인지 조사해 보았습니다. 이탈리아의 한 지역에서 온 혈족 집단이기에 심장마비를 막아 주는 유전적 요소가 있을 것이라 기대했지만, 미국 내 다른 지역에 사는 로제토 출신들은 전혀 그렇지 않았습니다. 이번에는 살고 있는 지역의 특수성 때문인지 조사해 보았습니다. 하지만 로제토와 비슷한 지형의 마을을 찾아 조사해 보아도 전혀 알 수 없었습니다. 과연 이 수수께끼의 답은 무엇일까요?

답은 식생활이나 운동, 유전, 지역적 요인이 아니라 로제토 마을 자체에 있었습니다. 스튜어트 울프는 우연히 마을을 거닐다가 이 사실을 발견했습니다. 로제토 사람들은 서로 자주 방문하고, 길을 걷다가도 멈추어 서서 잡담을 나누며, 뒤뜰에서 함께 음식을 만들어 먹었습니다. 일종의 확장된 가족 집단이었던 것입니다. 로제토 마을에는 한 지붕 아래 3대가 모여 사는 집이 꽤 많았습니다. 또한 교회가 마을 사람들을 결속시키고 마음에 평화를 주고 있었습니다.

무엇보다도 고작 2,000여 명이 사는 마을에 시민 모임이 22개나 존재했습니다. 이 공동체의 평등주의 정서가 누구도 거들먹거리지 못하게 하는 역할을 했습니다. 그들은 현대 사회의 압박을 충분히 견뎌 낼 만한 강력한 안전망을 구축하고 있었던 것입니다. 로제토 사람들은 스스로 만들어 낸 작은 세계 덕분에 건강할 수 있었습니다. 스튜어트 울프는 조사 결과를 의료계에 발표했지만 모두 생뚱맞은 이야기라는 반응을 보였습니다.

우리는 건강한 삶을 늘 식습관이나 유전, 운동 같은 요인과 결부시켜 말합니다. 그러나 이제는 건강을 '공동체'라는 개념과 더불어 생각해야 합니다. 중세의 한 교부는 "교회는 그리스도인의 심장이다"라고 표현했습니다. 심장은 온몸을 돌아다니면서 탁해진 피를 깨끗하고 새롭게 해 모세혈관 끝까지 힘 있게 전달하는 기능을 합니다. 이처럼 교회 공동체가 주는 복이 크다는 것입니다.

그날이 올수록 더욱 모이기를 힘쓰라

오늘 우리가 살아가는 삶의 현장은 너무나도 힘들고 어렵습니다. 지치고 곤고한 인생들은 모두 주의 전에 나와 하나님께 예배하고 서로 교제하면서 삶의 멍에를 떨쳐내고 다시 힘과 소망을 얻어야 합니다. 이 복을 누리기 위해서는 모이기에 힘써야 합니다. 히브리서 기자는 이렇게 권고합니다.

> "서로 돌아보아 사랑과 선행을 격려하며 모이기를 폐하는 어떤 사람들의 습관과 같이하지 말고 오직 권하여 그날이 가까움을 볼수록 더욱 그리하자"(히 10:24-25).

성공적인 그리스도인으로서 건강하고 행복한 삶을 누리기 위해서는 믿는 이들과 정기적으로 모임을 가져야 합니다. 그렇지 않으면 섬김과 사랑의 기회의 장을 잃게 됩니다. 혼자 있으려고만 하면 능력 있는 그리스도인이 되기 어렵습니다. 우리는 서로 사랑하고 격려를 주고받아야 하는 존재입니다. 하나님은 사람을 결코 혼자 살도록 만들지 않으셨습니다. 물론 우리 인생을 궁극적으로 위로하시는 분은 하나님이십니다. 그러나 그것과 별도로 좋은 사람들과 허물없이 이야기를 나누고 나면 마음 한편이 따뜻해지는 것을 느낄 수 있습니다.

현대인들은 불편하다는 이유로 모이기를 기피합니다. 모두 뾰족해서 모였다가 오히려 서로 상처를 주는 일이 더 많습니다. 그러나 우리는 말씀 속 '습관'이라는 말에 주의할 필요가 있습니다. '그날', 즉 주의 날이 가까울수록 모이기를 더욱 힘써야 한다고 합니다. 개인주의적 경향이 자꾸만 짙어져 가기 때문입니다. 그러나 믿음의 사람, 예수의 사람은 시대적 흐름을 넘어 공동체가 주는 축복을 빼앗기지 말아야 합니다. 누구든지 성도들과의 교제가 없다면 신앙이 아무리 뜨거워도 곧 식어 화석화될 수밖에 없습니다.

D. L. 무디가 사회적으로 유력한 사람을 찾아가 교회에 나올 것을 권유했던 일화가 있습니다. 그는 "교회에 나가시 않아도 마음으로 신앙생활을 잘하면 되지 않습니까?" 하고 무디에게 반문했다고 합니다. 그러자 무디는 벽난로에서 이글이글 타고 있던 시뻘건 석탄 덩어리를 집게로 꺼내 따로따로 바닥에 놓았습니다. 불은 점점 약해지더니 마침내 연기를 내뿜으며 꺼지고 말았습니다. 무디는 "아무리 열심 있고 신앙이 좋아도 교회에서 떨어지면 이렇게 되고 맙니다. 따라서 혼자 믿는 것은 불가능합니다. 그런 자에게는 성령의 뜨거운 역사가 없습니다"라고 말했다고 합니다.

보통 대형 교회에서 익명성을 보존하기 원하는 사람들이 있습니다. 그들은 살며시 와서 예배를 드리고 축도가 끝나기 전에 나갑니다. 그들의 마음을 충분히 이해합니다. 그러나 만약 그들이 시험에 들고 낙심해서 교회에 나오지 않으면 어떻게 될까요? 누구도 도와줄 수 없습니다. 교회 역사를 보면, 성도들이 함께 모여서 기도하고 예배할 때 하나님이 그 자리에 함께하시고, 은혜를 베푸시고, 자신을 드러내시며, 능력을 나타내셨습니다(행 2:1-13). 또한 예수님은 친히 이렇게 말씀하셨습니다.

"두세 사람이 내 이름으로 모인 곳에는 나도 그들 중에 있느니라"(마 18:20).

성도들이 함께 모여서 공동체의 축복을 누리며 교제하는 방법은 교회와 집에서 꾸준히 모이는 것입니다. 초대교회가 강력한 힘으로 주변을 변화시키고 열악한 상황 가운데서도 칭송을 받았던 힘이 바로 여기 있습니다.

"그들이 날마다 성전에 있든지 집에 있든지 예수는 그리스도라고 가르치기와 전도하기를 그치지 아니하니라"(행 5:42).

초대교회 성도들은 평일에도 날마다 만나서 함께 교제했습니다. 조직이나 행정도 약했고 구성원들의 절반 정도가 연약한 사람들이었지만 그들은 성령의 은혜와 공동체성을 통해 강한 힘을 얻었습니다. 결국 초대교회를 강하고 힘 있는 교회로 만든 것은 교회와 집이라는 두 채널이었던 것입니다.

"두 날개로 비상하는 교회"라는 표현이 있습니다. 한 날개는 역동적인 대그룹의 예배를 가리킵니다. 이 날개만으로는 관계를 통한 축복이 약합니다. 따라서 소그룹을 가리키는 또 하나의 날개가 필요합니다. 합판이 가로세로 서로 물려 강해지듯 두 날개는 교회와 성도들에게 은혜를 공급해 줍니다.

소그룹 운동은 20세기 말에 교회의 모습을 회복하려는 목적으로 일어났습니다. 초대교회가 두 날개를 가지고 있었지만 세월이 흐르면서 잊어 버렸기에 다시 되찾은 것입니다. 소그룹에 참석하려는 구체적인 시도를 하지 않으면 공동체를 통한 축복과 행복을 누릴 수 없습니다. 행복한 신앙생활을 누리기 원한다면 소그룹에 꼭 참여하십시오.

모임이 깊어지면 엄청난 유익을 얻게 됩니다. 전도서 4장 9-12절은 "두 사람이 한 사람보다 나음은 그들이 수고함으로 좋은 상을 얻을 것임이라 혹시 그들이 넘어지면 하나가 그 동무를 붙들어 일으키려니와 홀로 있어 넘어지고 붙들어 일으킬 자가 없는 자에게는 화가 있으리라 또 두 사람이 함께 누우면 따뜻하거니와 한 사람이면 어찌 따뜻하랴 한 사람이면 패하겠거니와 두 사람이면 맞설 수 있나니 세 겹 줄은 쉽게 끊어지지 아니하느니라"고 전합니다. 내가 쓰러져서 혼자 일어나기 힘들 때 함께하는 사람이 있으면 그들에게 도움을 받을 수 있습니다.

공동체가 주는 유익

우리는 모임을 통해 하나님이 교회에 흘려보내시는 축복을 공유할 수 있습니다. 그 축복은 크게 두 가지입니다.

1. 예배의 특권

우리는 영혼의 필요를 인식하고 사모하는 마음으로 주일 예배에 정기적으로 참석해야 합니다. 하나님이 예배를 통해 주시는 은혜는 눈에 보이지는 않지만 우리 영혼에 미치는 영향력이 지대합니다. 칼리쉬는 이렇게 말했습니다.

"그리스도인들이 주일에 성전에 모여 모든 걱정을 잊고 하나님께 예배드리며 영혼의 안식을 취하는 것은 영혼의 엘림, 즉 오아시스."

우리가 사는 세상은 매우 어렵고 고단합니다. 그 모든 짐을 내려놓고 주일에 온 성도가 함께 모여 하나님의 관심과 사랑이 있는 주의 전에서 예배하며 은혜를 받는 것은 큰 축복입니다. 성도는 예배를 통해 하나님의 기름 부으심과 위로의 복을 얻게 됩니다. 마음에 평화도 얻고 육체의 질병도 고침을 받습니다. 그러므로 예배를 통해 주시는 은혜를 놓치지 않기를 바랍니다.

2. 교제의 축복

이 세상에서 혼자 할 수 없는 것이 두 가지 있는데, 결혼과 그리스도인이 되는 것입니다. 혼자서는 신앙생활을 할 수 없습니다. 행복은 관계에서 오는 것입니다. 더 많은 것, 더 좋은 것을 누리면 행복할 것 같지만 결코 아닙니다. 창조주 하나님과의 관계가 회복될 때 원천적으로 행복해지고, 그 행복을 바탕으로 수평적인 관계 속 문제가 해결되고 더 깊은 행복을 누릴 수 있습니다. 십자가가 이를 상징하고, 복음의 능력이 바로 여기에 있습니다.

성경에 자주 나오는 표현 중 하나가 바로 '서로'입니다. "서로 기도하라"(엡 6:18), "서로 격려하라"(히 10:24-25), "서로 대화하라"(엡 6:18), "서로 봉사하라"(갈 5:13), "서로 친절을 베풀라"(롬 12:13), "서로 사랑하라"(요일 3:11). 로제토 사람들은 교회에 모여서 예배드렸을 뿐 아니라 22개의 소그룹

모임을 통해 아름다운 교제를 나누며 장수의 복을 누렸습니다. 이처럼 구역과 소그룹은 성도에게 큰 축복입니다. 멀리 떨어져 있는 가족이나 친척보다 가까이에서 온전한 교제권 안에 있는 성도들이 더 소중한 사이로 발전할 수 있음을 기억하십시오. 그들과 함께 모여 사랑과 선행을 격려하고 음식을 나누어 먹고 이야기를 나누십시오.

'애드 호크'(ad hoc)라는 말이 있습니다. 미래학자 앨빈 토플러의 《미래쇼크》(한국경제신문사, 1989)라는 책에 나온 말로, 특정 문제의 해결을 위해 구성원들이 모였다가 흩어지는 일시적인 팀을 말합니다. 우리 역시 문제의 해결을 위해 주의 전에 모였다가 그 문제를 풀 수 있는 힘을 얻고 삶의 자리로 다시 나아가 승리를 쟁취해야 합니다. 교회가 이 땅에 존재하는 동안 모이고 흩어지는 일은 끊임없이 지속되어야 합니다.

"여호와께서 예루살렘을 세우시며 이스라엘의 흩어진 자들을 모으시며"
(시 147:2).

하나님은 지속적으로 사람들을 모으시고 예배와 공동체를 통해 그들을 새롭게 하십니다. 다시 세상으로 흩으셔서 승리하게 하시기 위해서입니다. 제대로 흩어지는 교회가 되기 위해서는 열심히 모여야 합니다. 어떤 면에서 교회는 차들이 들어와서 연료를 채우고 나가는 주유소와 같습니다. 따라서 우리는 교회를 통해 세상으로 나아갈 힘을 얻어야 합니다.

열심히 모여야 세상을 이길 힘을 얻을 수 있습니다. 일주일에 한 번만 모여서 어떻게 험난한 세상의 유혹을 이길 수 있습니까? 자주 모이고 서로 격려하고 위로해야 승리의 삶을 살 수 있습니다. 예배와 교제를 통해 이 은혜를 꼭 누릴 수 있기를 바랍니다.

공동체성으로 성숙을 꾀하라

교회는 2,000년 역사를 흘러오면서 발전을 거듭해 왔습니다. 그 과정에서 참 많은 것을 얻었지만, 반면 잃은 것도 한두 가지가 아닙니다. 교회가 잃어버린 것 중 대표적인 것이 공동체성, 즉 공동체를 통한 행복입니다. 신앙생활은 예배의 은혜만이 다가 아닙니다. 인격적인 성장과 참 행복은 은사, 관심, 봉사 등 다양한 이름으로 모인 소그룹에서 서로 마음을 터놓고 관계를 누릴 때 더 풍성해질 수 있습니다.

제임스 패커는 오늘날의 상황을 다음과 같이 진단했습니다.

"1, 2세기 전과 비교해 볼 때 현대 교회가 많은 부분 유약하고 둔해진 이유는 예배와 교제라는 참된 비밀을 잃어버린 데 있다. 피가 원활하게 순환되지 않는 몸이 비정상이라는 것을 우리는 모두 알고 있다. 교제는 그리스도의 몸인 교회 안에서 피의 순환과 같다. 성도는 교제를 통해 힘을 얻고 교제가 없으면 힘을 잃게 된다."

교회는 본래 공동체성을 가지고 있습니다. 따라서 교회가 성숙해지기 위해서는 공동체성을 회복해야 합니다. 그때 교회 생활이 행복하고 건강해질 것입니다.

하나님은 지속적으로 사람들을 모으시고
예배와 공동체를 통해 그들을 새롭게 하십니다.
다시 세상으로 흩으셔서 승리하게 하시기 위해서입니다.

2

예수 예수 믿는 것은

삶의 자리에서
정중동하는 것입니다

> 우리의 문제는 모두 믿음의 문제입니다. 따라서 진짜 믿음으로 살겠다는 결단이 우리 가운데 있어야 합니다. 하나님은 믿음으로 그분의 탁월한 섭리를 기대하는 그리스도인을 찾으십니다.

우리는 예수님을 믿는 신앙인입니다. 신앙인이란 세상이 소유하지 않는 믿음을 가진 사람을 뜻합니다. 그런데 우리는 믿음을 소유하고 있을 뿐 아니라 끊임없이 믿음을 찾고 구해야 합니다. 믿음이 있지만 아직 온전한 믿음에 이르지는 못한 상태이기 때문입니다. 사실 믿음이 깊어질수록 믿음 없음에 대한 성찰과 고민도 커집니다. 주님이 멀리 계실 때는 나 자신이 꽤 괜찮은 사람 같았는데 빛 되신 주님 곁으로 다가갈수록 마음속에 있는 작은 허물도 큰 허물로 여겨지는 것입니다.

로마서 1장 17절은 '복음의 진수'라고 불리는 로마서의 전체 주제를 나타내는 성구입니다.

"복음에는 하나님의 의가 나타나서 믿음으로 믿음에 이르게 하나니 기록된바 오직 의인은 믿음으로 말미암아 살리라 함과 같으니라."

바울은 "믿음으로 구원받는다"라는 놀라운 선언을 했습니다. 마틴 루터는 바로 이 말씀을 통해 은혜를 받고, '오직 믿음'과 '오직 은혜'로 구원받는다는 사실을 깨달아 종교개혁의 기치를 들었습니다.

그런데 "믿음으로 믿음에 이르게 하나니"라는 말씀은 무슨 뜻일까요? 전자의 '믿음'은 '우리 안에 믿고 싶은 것'을 말하고, 후자의 '믿음'은 '실제로 믿고 믿어지는 것'이라 할 수 있습니다. 우리는 둘의 갈등과 간격 속에 존재합니다. 우리에게는 믿음으로 믿음에 이르는 은혜가 필요합니다.

로마서 1-8장은 개인 및 이방인의 구원에 대한 말씀입니다. 반면 9-11장은 이스라엘의 구원에 대한 말씀입니다. 이스라엘은 하나님이 친히 선택하신 백성이지만 하나님의 기대를 저버리고 복음에 불순종했습니다. 하나님은 오래 지켜보시다가 그들을 외면하셨고, 결국 이스라엘은 선민으로서의 자격을 잃었습니다. 하나님의 끈질긴 구애를 이스라엘이 완강하게 거부한 탓이라 할 수 있습니다. 그리고 마침내 복음이 이방인에게 미치게 되었습니다.

우리는 좋은 일을 통해 교훈을 얻지만 '타산지석'(他山之石)이라는 말처럼 상대의 실수를 거울로 삼아 배우기도 합니다. 11장에 드러난 이스라엘의 실패를 통해 우리가 얻을 수 있는 교훈은 무엇일까요?

바른 믿음을 가져야 한다

말씀은 이스라엘을 참감람나무에, 이스라엘이 잘려 나간 자리에 접붙여진 우리를 돌감람나무에 비유하고 있습니다. 참감람나무인 이스라엘이 구원으로부터 멀어진 이유는 믿음이 없었기 때문입니다. 그리고 돌감람나무인 우리가 접붙여져 구원의 은총을 누리게 된 것 역시 믿음 때문입니다.

"옳도다 그들은 믿지 아니하므로 꺾이고 너는 믿으므로 섰느니라"(롬 11:20).

과연 이스라엘이 믿음이 없었을까요? 아닙니다. 정확하게 말하면, 이스라엘은 하나님을 믿지 않은 적이 한 번도 없었습니다. 문제는 그들이 자기 식으로 믿고, 그 믿음을 온전하다고 착각했다는 것입니다. 바른 믿음이 아니었다는 뜻입니다. 믿는 것처럼 보였지만 하나님은 그들의 믿음을 인정하실 수 없었습니다. 하나님이 보내 주신, 성경에 거듭 약속된 메시아이신 예수님을 믿지 않았기 때문입니다.

하나님은 우리가 바른 신앙을 갖기를 원하십니다. 그리고 실제적인 변화를 위해 필요한 일이 있다면 무엇이든 기꺼이 하십니다. 사실 우리의 문제는 자원이 아니라 믿음에 있습니다. 우리 삶에 수많은 장애물이 나타나 앞을 가로막지만 염려할 필요가 없습니다. 전능하신 하나님이 함께하신다면 언제나 당당히 설 수 있습니다. 내가 어떤 믿음을 갖느냐가 중요합니다. 그에 따라 삶이 바뀌고 세계가 달라지기 때문입니다.

믿음의 실제는 '예수님을 누구로 보느냐?'라는 질문에서 출발합니다. 예수님을 어떻게 알고 믿고 바라보느냐가 믿음의 핵심인 것입니다. 공생애 마지막 시기에 예수님은 가이사랴 빌립보에서 제자들에게 물으셨습니다.

"너희는 나를 누구라 하느냐"(마 16:15).

이것은 제자 훈련이 끝날 시점이자 십자가 사건을 목전에 두신 때 던지신 중요한 질문입니다. 제자들이 이 질문에 명쾌하게 답하지 못하면 지금까지 예수님께 받았던 모든 교육은 무용지물인 셈이었습니다.

질문에 답이 돌아올 때까지 짧은 침묵이 이어졌습니다. 아마 주님은 초조하셨을 것입니다. 진정 신앙을 고백한다면 이것은 매우 중요하고 세상의 어떤 지식보다 귀하기 때문입니다(빌 3:8). 사실 신앙은 그리스도에 대한 이해와 그분을 믿고 따라가는 것이 전부입니다.

예수님의 질문에 베드로는 정통한 고백을 했습니다.

"주는 그리스도시요 살아 계신 하나님의 아들이시니이다"(마 16:16).

"예수님, 당신은 지금까지 우리가 고통 속에서 기다려 온 메시아이십니다. 나의 주가 되시고 살아 계신 하나님이십니다"라고 고백한 것입니다. 믿음 없이도 얼마든지 기도하거나 봉사할 수 있습니다. 믿음 없이도 예배하거나 사역할 수 있습니다. 그러나 믿음 없이는 그 어떤 것도 노력만 있을 뿐 복이 되지 않습니다. 베드로의 대답에 예수님은 다음과 같이 축복하셨습니다.

"바요나 시몬아 네가 복이 있도다 이를 네게 알게 한 이는 혈육이 아니요 하늘에 계신 내 아버지시니라"(마 16:17).

진정한 복은 믿음이라고 알려 주신 것입니다. 아무리 떵떵거리며 살아도 예수님을 믿지 않으면 저주입니다. 믿음이 가장 귀한 복이요, 그보다 귀한 복은 없습니다. 세상에 있는 복은 무엇이든 한 가지 역할밖에 하지 못합니다. 그렇지만 하나님에 대한 믿음은 만 가지 역할을 합니다. 이어지는 마태복음 16장 후반부를 읽어 보면 베드로의 고백 위에 교회가 세워졌고(18절), 이 믿음으로 천국에도 갈 수 있게 됩니다(19절).

이스라엘의 실패를 앞두고 우리가 받아야 할 메시지는 매우 간단합니다. 하나님 앞에서 연기하지 말고 바로 믿어야 한다는 것입니다. 예배당에 거룩하게 앉아서 자신은 아무 문제가 없는 듯 타인을 지적하지 말고 스스로 믿음을 점검해야 합니다. 오늘날에는 기본적인 의무도 무시한 채 살아가는 가짜 종교인이 너무 많습니다. 그들은 모두 교회만 다니는 종교인이요, 말로만 믿을 뿐입니다. 그것은 자신을 속이고 남을 기만하는 행위입니다. 우리는 살아 계신 예수님을 제대로 믿는 신앙인으로 살아야 합니다.

종교인과 신앙인이 무엇입니까? 우리는 둘을 구분해야 합니다. 종교인은 '교회에 다니는 사람'을, 신앙인은 '예수님을 믿는 사람'을 말합니다. 신앙인은 인생 전체를 예수님께 던집니다. 예수님께 인생을 걸고 말씀에 인생을 맡기며 사는 사람입니다. 그리고 온 마음으로 주님의 도우심을 받습니다. 반면에 종교인은 "여기까지는 할 수 있지만 다른 것은 하지 마십시오"라며 한계를 정해 둡니다. 심리적인 위안을 얻고자 하는 것이 신앙생활을 하는 목적이기 때문입니다.

신앙은 공중그네 타기에 비유할 수 있습니다. 고난도의 서커스 중에서 마지막 묘기가 공중그네입니다. 한 사람이 타이밍에 맞추어서 그네를 타고 출발합니다. 그러면 반대편 사람이 자신을 완전히 잡아 줄 거라 믿고 고공에 점프하면서 양팔을 펼칩니다. 상대방을 믿지 않고 조금만 엉거주춤하면 묘기는 실패로 돌아가고, 자칫 떨어져 죽음에 이를 수도 있습니다. 바로 그네를 탄 사람을 신뢰하며 공중에서 양팔을 쫙 펼치는 자세가 신앙인 것입니다.

우리에게는 믿음으로 도전하는 삶이 필요합니다. 말씀이 가는 곳까지 가 보십시오. 우리는 세상에 하나님을 보여 주는 사람으로 살아가야 합니다. 진정 믿음으로 산다고 고백한다면 적어도 두 가지 전제에 대해서는 결론이 나야 합니다. 첫째는 '주의 날'이요, 둘째는 '주의 것'입니다. 이 둘을 구분하지 못하면 신앙인이라고 할 수 없습니다.

먼저, 주의 날을 반드시 지키려는 마음가짐이 필요합니다. 책임 있는 자리에 있는 사람들도 이 원칙을 잘 지키지 못합니다. 착각하지 말고 정직하게 자신을 성찰해 보십시오. 또한 십일조를 지켜야 합니다. 십일조는 사실 헌금이 아니라 신앙고백입니다. 내 인생이 주로부터 왔고, 만물이 주의 것이며, 내가 누리고 있는 소득도 100% 주의 것이니 그 출처가 정확히 어디인지 꼬리표라도 남겨 두자는 의미에서 드리는 것이 바로 십일조인 것입니다.

'고아들의 아버지'로 불리는 조지 뮬러는 영국 브리스톨에 있는 교회를 맡아 60년 넘게 섬긴 목사였으나 우리에게는 고아원 사역으로 더 잘 알려져 있습니다. 평생 만 명이 넘는 고아를 돌보았으니 그럴 만도 합니다. 놀랍게도 조지 뮬러는 시설 운영을 위해 도와 달라고 여기저기 부탁하러 다니지 않았습니다. 오로지 하나님이 공급해 주실 것을 믿고 기도에 집중했습니다. 사실 조지 뮬러가 고아원을 설립한 것은 고아들을 구제하기 위해서만은 아니었습니다. 그는 고아원을 시작하게 된 동기에 대해 일기에 이렇게 기록했습니다.

"가난하기 짝이 없는 나는 누구에게도 청하지 않았다. 오직 기도와 믿음으로 고아원을 설립해서 이끌어 간다면 주님의 은총에 힘입어 아직 회심하지 않은 이들에게 거룩한 역사의 실체를 보여 주는 증거를 제시할 수 있을 것이다. 이것이 고아원을 세운 큰 목적이다. 이 사역의 가장 중요한 목표는 믿음만으로 나를 비롯해 아이들의 모든 필요를 채우시는 하나님을 경험하고 이를 통해 그분이 신실하게 우리의 기도를 들어주신다는 사실을 널리 알리는 데 있다."

조지 뮬러는 만 명이 넘는 고아를 먹이고 입히면서 인간적으로 손을 벌리지 않고 믿음과 기도에만 의지하는 모습을 보여 주면 신자와 비신자를 포함한 모든 사람들이 '하나님은 관념 속의 신이 아니구나. 지금도 살아 역사하시는 분이구나' 하고 깨닫게 되리라 믿었던 것입니다. 다시 말해 하나님이 자녀들의 필요를 신실하게 채우신다는 증거를 보여 주는 삶을 살기로 작정했던 것입니다. 그는 목숨 걸고 위대하신 하나님을 의지했고, 그분의 영광을 드높이는 삶을 살았습니다.

종교인이 누리는 축복은 심리적인 위안뿐입니다. 그러나 하나님은 살아 계십니다. 지금도 여전히 우리의 믿음을 기뻐하시고 우리의 기도를 들으시며 응답하십니다. 조지 뮬러처럼 우리 성도 한 사람 한 사람은 하나님이 없다고 말하는 이 시대를 향해 자신의 삶을 통해 그분의 살아 계심을 보여 주어야 합니다.

창세기 26장을 보면, 이삭은 농사를 지어 100배의 축복을 받았습니다. 주민들의 치열한 방해 공작에도 하나님의 은혜와 역사는 막을 수 없었습니다. 그들은 하나님이 이삭과 함께하심을 분명히 보아 알게 되었습니다. 아비멜렉의 고백을 들어 보십시오.

> "여호와께서 너와 함께 계심을 우리가 분명히 보았으므로 우리의 사이 곧 우리와 너 사이에 맹세하여 너와 계약을 맺으리라"(창 26:28).

우리의 문제는 모두 믿음의 문제입니다. 따라서 진짜 믿음으로 살겠다는 결단이 우리 가운데 있어야 합니다. 하나님은 믿음으로 그분의 탁월한 섭리를 기대하는 그리스도인을 찾으십니다.

하나님을 찬양해야 한다

구원의 은혜 속에 살아가는 우리는 자칫하면 구원을 뽐내거나 자만할 수 있습니다. '하나님이 참감람나무인 성민 이스라엘을 잘라 버리고 나를 그 자리에 세워 주셨으니 나야말로 선한 사람이 아닌가?' 하고 스스로 착각하는 것입니다. 그러나 바울은 "그 가지들을 향하여 자랑하지 말라 자랑할지라도 네가 뿌리를 보전하는 것이 아니요 뿌리가 너를 보전하는 것이니라"(롬 11:18)고 말합니다.

그렇다면 우리는 무엇을 자랑하며 살아야 합니까? 성도 한 사람 한 사람이 얼마나 복음의 능력에 사로잡혀 있는지, 주님을 얼마나 사랑하는지, 신앙의 여정 가운데 예수님을 닮아가는 변화가 얼마나 있었는지를 자랑해야 합니다. 그러나 은혜는 자랑하라고 주어진 것이 아니라 감사하라고 주어진 것입니다. 은혜를 받았다면 기억하고 마땅히 그분께 영광을 돌려야 합니다. 유대인과 나란히 서게 된 새로운 지위로 인해 결코 교만해서는 안 됩니다. 믿음의 법은 스스로든 다른 사람을 향해서든 일체의 자랑을 배격합니다.

허물과 죄로 죽었던 죄인을 주님이 살리셨습니다. 불행하고 비참한 상태에서 구원해 주신 것은 전적인 하나님의 자비입니다. 그러므로 우리는 교만할 것이 아니라 유대인보다 더 감사해야 합니다. 또한 교회와 성도는 하나님만 높이고 드러내야 합니다. 우리는 하나님께 영광을 돌리는 자로 부르심을 받았기 때문입니다.

"내 이름으로 불려지는 모든 자 곧 내가 내 영광을 위하여 창조한 자를 오게 하라 그를 내가 지었고 그를 내가 만들었느니라"(사 43:7).

하나님을 왕으로 삼은 자의 표현이요, 하나님의 왕 되심을 인정하는 것이 바로 예배입니다. 남은 것으로 예배를 드려서는 안 됩니다. 최고의 예배를 하나님께 드려야 합니다. 내가 어떻게 선택받고 구원받았는지 생각해 보십시오. 여전히 구원을 모르는 채 살고 있는 나보다 괜찮은 친구, 열심 있는 동료들을 보면 아무리 생각해도 그 이유를 모르겠습니다. 그저 감격하고 감사할 수밖에 없습니다. 하나님의 사랑을 생각하면 할수록 할 말이 없습니다. 파스칼은 《팡세》에서 아브라함의 하나님, 이삭의 하나님, 이스라엘의 하나님을 고백하다가 "나의 하나님"이라고 외치며 통곡했다고 기록했습니다.

바울은 이스라엘을 향한 하나님의 은혜를 찬양했습니다. 그리고 결론적으로 하나님의 주권에 대해 다음과 같이 선포했습니다.

> "이는 만물이 주에게서 나오고 주로 말미암고 주에게로 돌아감이라 그에게 영광이 세세에 있을지어다 아멘"(롬 11:36).

구원도, 능력도, 승리도, 치유도, 축복도 모두 하나님으로 말미암았습니다. 그러므로 하나님께 집중하십시오. 진정 하나님이 받으실 만한 예배를 드리고자 최선을 다하십시오. 모든 영광을 그분께 올려 드리십시오. 하나님은 지금도 그런 예배자를 찾고 계십니다.

> "여호와의 눈은 온 땅을 두루 감찰하사 전심으로 자기에게 향하는 자들을 위하여 능력을 베푸시나니"(대하 16:9).

찬양 인도자든, 설교자든, 봉사자든 믿음의 눈이 주께 향하지 못하면 실패한 것입니다. 단지 노래를 부르고 강연을 한 것일 뿐 전혀 무가치한 것입니다. 예배가 우리 삶의 중심이 되게 해야 합니다. 예배를 통해 만나는 하나님이 나에게 닥친 수많은 어려움을 해결해 주실 것이라는 갈망을 가지고 예배를 최우선으로 여겨야 합니다.

느헤미야 1-6장에서 느헤미야는 성벽 재건에 박차를 가했습니다. 그리고 7장부터는 '신앙 재건 운동'을 시작했습니다. 그때 그가 가장 먼저 한 일은 제사장들을 복직시킨 일입니다. 예배를 삶의 최우선이 되게 한 것입니다. 사실 느헤미야는 언제나 일의 우선순위가 분명했습니다. 예루살렘 성벽 재건 공사를 시작할 때도 그는 먼저 대제사장 및 제사장들과 함께 일을 시작했습니다. 또한 양문부터 수리했습니다(3:1). 예루살렘 성전에서 제사를 드리려면 양을 제물로 바쳐야 했기 때문입니다. 느헤미야는 구약적으로 말하면 하나님께 제단을 쌓는 일, 신약적으로 말하면 예배드리는 일을 최우선으로 여겼던 것입니다.

우리의 우선순위는 무엇입니까? 워렌 위어스비는 이렇게 말했습니다.

"모든 변화는 개인의 변화에서 시작하고, 그 변화는 하나님과의 바른 관계에서 시작하며, 그 바른 관계는 바른 예배에서 시작한다."

다른 믿음이 다른 예배를 만듭니다. 변화를 정말 기대한다면 예배부터 달라져야 합니다. 성의 없이 드려도 자리만 지키면 된다는 예배에 대한 잘못된 생각을 끊어 버려야 합니다. 어떤 사람이 "하나님을 만날 때의 예법"(God Table Manner)이라는 글을 썼습니다. 하나님을 만나러 갈 때 지켜야 할 몇 가지 기본 예법이 있다는 내용인데, 간단하게 정리하면 다음과 같습니다.

첫째, 시간 약속을 꼭 지키십시오. 사람과의 만남도 시간을 지키는 것이 기본 예의입니다. 예배에 지각하는, 긴장 없는 예배는 어찌 보면 하나님에 대한 인식이 전혀 없는 태도라고 할 수 있습니다. 정성스런 예배는 '시간 지키기'에서 시작됩니다.

둘째, 몸가짐이 중요합니다. 주일에 예배드리러 올 때는 몸가짐을 잘 해야 합니다. 깨끗한 옷, 깨끗한 몸가짐, 깨끗한 마음이 필요합니다.

셋째, 정성이 담긴 제물을 준비해야 합니다. 예배는 반드시 제물을 드리는 행위를 포함합니다. '주정헌금'을 비롯한 각종 예물을 하나님의 제단에 드려야 합니다. 제물이 없는 예배는 알맹이가 없는 쭉정이에 불과합니다.

넷째, 감사가 있어야 합니다. 예배자에게 가장 중요한 요구 사항은 믿음입니다. 믿음에는 예배의 대상이 되시는 하나님이 누구신지, 그분이 나에게 무엇을 하시는 분인지를 아는 지식이 꽉 채워져 있어야 합니다. 그분이 지금까지 베풀어 주신 은혜에 대한 감사가 예배자의 가슴에 넘쳐 나야 합니다. 그 예배가 바로 신령과 진정으로 드리는 예배입니다.

바울은 참감람나무와 돌감람나무 비유를 통해 주의해야 할 점을 분명히 알려 주었습니다.

"하나님이 원 가지들도 아끼지 아니하셨은즉 너도 아끼지 아니하시리라"
(롬 11:21).

하나님이 참감람나무인 이스라엘도 버리셨는데 하물며 잘려 나간 가지에 접붙여진 돌감람나무인 이방인들은 어떻겠느냐는 것입니다. 하나님은 자비하시지만 준엄하신 분임을 명심해야 합니다.

믿음으로 살기를 결단하라

인생은 선택과 결단으로 이루어져 있습니다. 선택해도 결단하지 못하면 일을 이룰 수 없습니다. 결단에는 용기와 강한 의지가 필요하며 희생이 따릅니다. 그래서 결단하며 사는 사람이 많지 않습니다. 그러나 인생의 승리는 결단을 통해서만 주어진다는 사실을 반드시 기억하십시오. 새뮤얼 존슨은 "결단력이 없다면 실행할 수 없고 실행하지 않는다면 성공할 수 없다. 결단력이 있는 사람은 반드시 성공을 거둔다. 모든 성공은 이 진리를 토대로 이루어진다"라고 말했습니다.

인생에서 가장 불행한 사람은 습관적으로 우유부단한 사람입니다. 우유부단한 사람은 의심이 많고 의심이 많은 사람은 요동하는 물결과 같습니다. 그런 사람은 어떤 것도 얻을 수 없고, 어떤 일도 이룰 수 없습니다. 우유부단한 사람은 모든 일에 정함이 없는 사람입니다(약 1:6-8).

우리는 결단하는 인생을 살아야 합니다. 결단한다는 것은 뜻을 정하는 것입니다. 다니엘은 뜻을 정한 인생을 살았습니다(단 1:8). 그는 왕이 주는 진미와 포도주로 자신을 더럽히지 않기로 결단했습니다. 비록 바벨론에 포로로 끌려갔지만 말씀을 따라 살기로 마음먹었습니다. 하나님은 뜻을 정한 그를 도와주셨고 형통하게 하셨습니다. 결단하는 것은 말씀을 따라 사는 것입니다. 말씀을 따라 사는 것은 믿음을 따라 사는 것이요, 모험하는 인생을 사는 것입니다.

그리스도인은 믿음으로 말하는 사람입니다. 하나님을 높이는 사람입니다. 축복의 통로입니다. 그러므로 교회만 다니지 말고 진정한 그리스도인으로 예수님을 잘 믿기를 바랍니다. '멋진 예수님, 뜨거운 복음'을 천국 가는 그날에 자녀들에게 남겨 주어서 하나님의 역사하심을 잇는 믿음의 명문가가 되기를 바랍니다. 믿음은 "믿습니다!" 하고 소리치는 것이 아니라 예배를 드릴 때마다 정성을 다해 예물을 준비하고 마음을 드리며 사모하는 데서 시작됩니다.

3

예수 예수 믿는 것은

염려의 파도가 높을수록
은혜의 바다가 깊음을 아는 것입니다

신앙의 축복은 염려가 없는 것이 아닙니다. 믿는 자에게 주어진 행복은 고민과 고통과 두려움을 맡길 대상이 있다는 것입니다. 하나님은 그분께 나오는 자를 누구든지 물리치지 않으십니다.

사람은 하루에 얼마나 웃을까요? 영국 옥스퍼드 의과대학 연구 팀의 조사 결과, 어린아이는 하루에 400-500번을 웃고, 어른이 되면 그 횟수가 급격히 줄어 하루에 15-20번 정도 웃는다고 합니다. 고대 그리스 철학자 아리스토텔레스는 "하나님이 사람에게 주신 가장 큰 선물은 웃음이다"라고 말했습니다. 긴장을 풀어 주는 진정제 역할도 하고 건강을 지켜 주는 보약이 웃음인 것입니다. 우리가 얼굴을 찡그리면 온몸의 신경이나 혈관이 긴장하고, 많은 장기가 쭈글쭈글해진다는 연구 결과도 있습니다. 또한 테레사 수녀가 일꾼을 선발하는 기준은 잘 웃는 사람, 잘 먹는 사람, 잘 자는 사람이었다고 합니다.

인간은 기쁨과 웃음 속에서 태어납니다. 그런데 왜 점점 웃음을 잃어버리는 것일까요? 답은 간단합니다. 삶의 염려와 걱정 때문입니다. 이 땅에서 살아가는 것은 결코 호락호락하지 않습니다. 오늘 우리가 사는 이 세상은 맹수가 우글거리는 정글만큼 위험합니다. 조금씩 차이는 있지만 누구나 불안과 공포, 미래에 대한 두려움 속에 살아가고 있습니다.

염려가 많다

현대인들의 걱정이나 염려는 점점 더 가중되고 있습니다. 사회구조가 전보다 복잡해졌고 생존경쟁이 더 치열해졌기 때문입니다. 최근의 경제 현실을 보아도 그렇습니다. 생각하는 것보다 상황은 훨씬 더 어렵게 흘러갑니다. 따라서 삶의 자리에 나타나는 염려의 종류도 많습니다.

걱정이나 염려는 당연한 것이지만 방치하면 모든 것을 망가뜨립니다. 치사율이 가장 높은 악성 바이러스로 정말 소중한 것까지 날려 버립니다. 구원받은 자에게 주신 행복, 마음의 평화, 육체, 심지어 정신까지 모든 것이 피폐해질 수 있습니다.

조사에 의하면, 전쟁이나 질병으로 죽는 사람보다 걱정과 염려로 죽는 사람이 더 많다고 합니다. 제2차 세계대전 당시에도 전쟁터에서 숨진 젊은이는 30만 명인데 남편이나 아들을 전쟁터에 보낸 뒤 염려하다가 심장마비나 다른 질병에 걸려 죽은 사람은 100만 명으로 더 많았다고 합니다.

미국의 저술가 보비는 "근심은 손님처럼 왔다가 재빨리 주인이 된다"라고 말했습니다. 슬그머니 찾아온 근심이 어느덧 한 사람의 인생을 옥죄고, 결국은 처참한 상황으로 몰고 가서 마음대로 휘두르는 것을 잘 보여 주는 표현입니다.

걱정이나 염려를 그냥 두면 안 되는 또 한 가지 중요한 영적 이유가 있습니다. 걱정과 염려의 포로가 되면 마귀의 밥이 되기 때문입니다. 우리를 대적하고 넘어뜨리려는 사탄은 이를 통해 역사합니다.

욥은 축복받은 사람이요, 동방의 의인이었습니다. 특히 손에 꼽힐 정도로 물질의 복을 많이 받은 사람이었습니다. 하나님이 그를 자랑하실 정도였습니다. 그러나 그는 축복을 주신 하나님께 감사하는 마음과 함께, 혹 축복을 빼앗기거나 잃어버릴까 하는 두려움이 있었습니다. 말씀을 보면 욥이 그 경로로 어려움을 당했다는 것을 알 수 있습니다.

"내가 두려워하는 그것이 내게 임하고 내가 무서워하는 그것이 내 몸에 미쳤구나"(욥 3:25).

삶의 자리는 늘 녹록지 않습니다. 그렇다면 삶의 여정에 막강한 피해를 주는 걱정과 염려를 어떻게 방지할 수 있을까요?

맡겨 버리라

걱정과 염려는 모든 것을 죽여 버립니다. 따라서 불상사가 발생하기 전에 먼저 죽여야 합니다.

1. 믿음에 굳게 서라

> "너희는 믿음을 굳건하게 하여 그를 대적하라"(벧전 5:9).

우리 안에서 구원의 기쁨을 앗아 가고 소중한 것을 박살 내는 걱정과 염려를 몰아내는 첫 번째 비책은 바로 믿음입니다. 믿음으로 당당히게 서서 반응하면 걱정과 염려를 날려 버리고, 이를 통해 우리의 신앙을 무너뜨리려고 하는 악한 대적들의 시도를 뛰어넘을 수 있습니다.

우리의 문제는 항상 믿음의 문제입니다. 우리는 언제나 상황을 이야기해 왔지만 이제 믿음을 이야기해야 합니다. 하나님은 과거에도, 지금도, 그 이후에도 여전히 그 자리에 계십니다. 문제는 우리이고, 그분을 의지하고 신뢰하는 우리의 믿음입니다. 걱정이나 염려의 문제도 믿음으로 반응하면 반드시 이길 수 있습니다.

겸손한 것과 자신이 없는 것은 다른 문제입니다. 《힐러리처럼 일하고 콘디처럼 승리하라》(웅진지식하우스, 2006)의 저자 강인선 씨는 미국 최초의 여성 장관 매들린 올브라이트를 만난 소감을 한마디로 '당당함'으로 표현했습니다. 키도 작고 낮은 구두를 신었지만 커 보였다고 했습니다. 그리고 이렇게 말했습니다.

"사람을 커 보이게 하는 것은 높은 구두굽이 아니라 자신감과 당당함이다."

신앙인의 모든 문제 해결의 열쇠는 믿음에 있습니다. 절대 신앙 위에 굳게 서면 다 물러갑니다. 그러나 믿음인 것처럼 보여도 알고 보면 믿음이 아닐 수도 있습니다. 문제를 만나 위기에 직면해 보면 믿음의 실체가 들통나게 되어 있습니다. 믿음은 우산과 같다는 말이 있습니다. 우산 꽂이에 꽂혀 있을 때는 좋아 보여도 비 오는 날에 사용하려고 꺼내 보면 해지고 구부러져 아예 펴지지도 않고, 때로 우산살만 남아 전혀 비를 가리지 못하는 쓸모 없는 우산일 수 있습니다. 혹자는 "근심의 비가 내리면 믿음의 우산을 펴고 활짝 웃으라"고 말했습니다.

풀톤 쉰이라는 감독은 "걱정이란 무신론의 한 형태이다. 걱정은 믿음의 부족, 하나님을 신뢰하는 마음의 부재를 드러내기 때문이다"라고 말했습니다. 걱정하고 염려하는 것은 하나님의 존재를 짓밟고 무시하는 불신앙과 무신론을 저변에 담고 있습니다. 하나님이 정말 살아 계시고, 온 우주 만물의 생사화복을 주장하시고 지금도 우리 삶에 도움을 주실 수 있는 분이라면, 우리는 결코 걱정이나 염려에 오래 노출되지 않을 것입니다. 걱정과 염려는 믿음의 부족과 하나님을 신뢰하는 마음의 부재를 밖으로 드러내는 태도입니다.

고난을 만나면 믿음은 연단을 받게 됩니다. 요한복음 14장 1절, "너희는 마음에 근심하지 말라 하나님을 믿으니 또 나를 믿으라"는 말씀이 바로 그런 뜻입니다. 걱정과 염려는 하나님을 불신하는 죄를 짓는 것입니다.

마틴 루터가 중세 교회와 맞서서 나름대로 성경을 읽고 깨달은 신앙을 세우기 위해 애쓸 때였습니다. 당시 중세 교권은 어마어마한 골리앗과도 같았습니다. 어느 날 루터가 밤잠을 자지 못하고 고통스러워하자 아내가 하얀 상복을 입고 나타났습니다. 깜짝 놀란 루터가 누가 돌아가셨냐고 묻자 아내는 "하나님이 돌아가셨습니다"라고 답했습니다. 무슨 그런 망언을 하느냐는 루터의 질문에 아내는 이렇게 답했다고 합니다.

"당신이 근심에 붙잡혀 마음의 평화를 잃어버리고 쩔쩔매는 모습을 보니 하나님이 돌아가신 것이 분명합니다."

마틴 루터는 아내의 지혜로운 모습에 힘을 얻어 종교 개혁의 기치를 확고히 들 수 있었다고 합니다.

우리는 자신이 처한 자리에서 살아 계신 하나님을 만나야 합니다. 형 에서를 피해 도망하던 야곱은 돌베개를 베고 잠을 자다가 꿈에서 하나님의 음성을 들었습니다. 그리고 잠에서 깨어 "여호와께서 과연 여기 계시거늘 내가 알지 못하였도다"(창 28:16)라고 고백했습니다. 우리가 두려움을 떨쳐 버려야 하는 첫 자리는 바로 여기입니다. 인간적인 방편을 찾고 묘수를 찾고 도움처를 찾으면 안 됩니다.

"걱정하는 습관을 해결하기 위한 열 가지 충고"라는 글의 내용은 다음과 같습니다.

1) 걱정은 하나의 습관임을 알라.
2) 걱정이 주는 해로움을 충분히 깨달으라.
3) 당신의 걱정을 분해해 보라. 92%는 공연한 것이다.
4) 과거의 잘못이나 실수에 대해 더 이상 돌아보지 말라.

5) 안개(걱정) 너머에는 맑은 날씨가 계속됨을 상상하라.

6) 자신에게 침착하라고 계속 지시하라.

7) 어느 시간까지만 생각하고 그 후로는 멈추는 훈련을 하라.

8) 마음속을 텅 비게 하는 법을 익히라. 상상력을 동원하여 마음속에 손을 집어넣고 걱정거리를 끄집어 던지는 생각을 하라.

9) 이제는 텅 빈 마음을 채우는 연습을 하라. 지금 하나님이 내 마음을 평화와 용기로 가득 채우신다고 확신하라.

10) 하나님의 현존하심을 믿으라.

열 번째가 가장 중요합니다. 하나님이 지금도 살아 역사하심을 믿는다면 근심은 떠나갈 것입니다. 하나님은 분명 역사 속에서 살아 일하시는 분입니다.

2. 근심을 받아들이지 말라

하나님의 존재와 역사하심을 믿는 사람들은 걱정과 염려 자체를 받아들이지 않습니다. 믿음은 상황만 보는 것이 아닙니다. 거인 골리앗이 우리 집 대문을 열라고 소리를 칠 때, 상황만 본다면 나는 죽었습니다. 하지만 믿음은 골리앗이라는 상황 위에 계시는 하나님을 바라보며 상황을 재해석하는 것입니다. 믿음은 언제나 최선을 선택합니다. 상황은 최악이지만 살고 죽고는 전능자의 손에 있기 때문에, 하나님이 나를 도우시고 내 편이 되신다면 골리앗의 이마가 넓어서 물맷돌에 맞을 가능성이 높아지는 것입니다. 얼마든지 긍정적인 이야기를 쏟아낼 수 있습니다. 다윗의 당당한 고백을 들어 보십시오.

"너는 칼과 창과 단창으로 내게 나아오거니와 나는 만군의 여호와의 이름 곧 네가 모욕하는 이스라엘 군대의 하나님의 이름으로 네게 나아가노라 오늘 여호와께서 너를 내 손에 넘기시리니…전쟁은 여호와께 속한 것인즉 그가 너희를 우리 손에 넘기시리라"(삼상 17:45-47).

바울은 "주 안에서 항상 기뻐하라 내가 다시 말하노니 기뻐하라"(빌 4:4)고 말했습니다. 이 말은 기쁨을 선택하라는 뜻입니다. 감정으로 선택해서는 안 됩니다. 감정에 삶을 낭비하지 마십시오. 의지로 기쁨을 선택하십시오. 근심을 처음부터 용납하지 말고 내 안에 발붙이지 못하게 통제해야 합니다. 우리는 주위 상황이나 사람들이 나를 불행하게 만든다고 믿는 피해 의식에 사로잡혀 있습니다. 그러나 사실은 그렇지 않습니다. 내가 불행한 것은 주위 사람이나 사물에 대한 '내 생각' 때문입니다.

A라는 사람의 예를 들어 봅시다. 식상에서 상사가 사신을 내하는 태도를 보며 무시당하는 느낌이 들어 밤낮 고민했습니다. 모멸감을 느꼈던 것입니다. 그러나 상사가 실제로 그렇게 생각해도 A가 그 사실을 몰랐다면 그는 결코 불행하지 않았을 것입니다. 상사의 태도 때문에 그가 불행한 것이 아니라 그의 생각이 불행의 원인이었던 것입니다. 더욱이 그는 다른 사람의 생각을 자신의 생각보다 훨씬 더 중요하게 여기면서 스스로 불행으로 내몰았습니다.

그런데 그 생각조차도 사실이 아닐 가능성이 높습니다. 우리는 불확실한 몇 가지 정황에 끌려다니면서 상황을 예측하고 온갖 불행을 혼자 가진 사람처럼 힘들어하고 괴로워합니다. 행복한 사람이 되려면 생각을 바꾸어야 합니다. 생각을 통제하면 새로운 감정을 만들 수 있습니다.

이것은 모든 상황, 사물, 개인의 시각에 적용될 수 있습니다.

누군가 죽어도 상황은 마찬가지입니다. 죽음 자체가 우리를 불행하게 하는 것이 아닙니다. 죽었다는 사실을 모르는 동안에는 불행하지 않습니다. 죽음 자체가 아니라 죽음에 대한 마음가짐과 태도, 생각 때문에 불행한 것입니다. 결국 감정은 자신이 통제할 수 있는 것입니다. 내 감정은 내가 선택하고 그 책임도 바로 내가 지는 것입니다. 내가 마음만 먹으면 얼마든지 좋은 쪽으로 생각을 바꿀 수 있고 조절할 수 있습니다.

물론 이 일은 쉽지 않습니다. 그러나 운전을 배우는 정도의 노력만 있으면 가능합니다. 처음 운전 교습을 받던 때를 기억해 보십시오. 스틱 자동차는 페달이 세 개입니다. 클러치에서 발을 뗐다 싶으면 너무 빨라 덜컹하고 시동이 꺼지고 맙니다. 차만 타면 운전이 될 줄 알았지만 오산입니다. 그러나 몇 번의 시행착오를 겪으면서 조금씩 나아지고, 가끔씩 시동이 꺼지기는 하지만 마침내 익숙해져 차를 타고 먼 길을 떠날 수 있는 날이 오게 됩니다.

걱정하거나 염려하지 않겠다고 결심하십시오. 이 말은 근심이 찾아와 염려할 만한 정황과 증거와 데이터를 들이대도 확실하지 않은 사실에 동요되어서 내 마음을 내주지 않겠다고 각오하라는 뜻입니다. 상황은 절망적이지만 살고 죽는 것이 하나님의 손에 있음을 고백하는 것입니다. 그때까지 나는 죽을 수도 없고, 죽지도 않겠다고 생각하는 것입니다.

내 마음속에서 불행을 만드는 생각을 끊겠다고 결심하십시오. 티베트의 속담 중에 "걱정을 해서 걱정이 없어지면 걱정도 없겠네"라는 말이 있습니다. 염려는 작은 것도 변화를 이끌어 내지 못합니다. 행복은 선택하는 것입니다. 불행해지기로 선택한 사람은 아무도 살릴 수 없습니다. 염려도 우리의 선택에 달려 있다는 사실을 반드시 기억하십시오.

3. 염려를 하나님께 맡기라

믿음은 모든 문제의 해결책입니다. 단지 고백이 아니라 상황 속에 하나님을 개입시켜서 부정적인 상황이 발 디딜 틈도 내주지 않는 것입니다.

> "너희 염려를 다 주께 맡기라 이는 그가 너희를 돌보심이라"(벧전 5:7).

걱정과 염려라는 상황을 외면하기는 했지만 걱정과 염려는 크든 작든 엄연히 그 자리에 있습니다. 이제 남은 방법은 우리의 걱정과 염려를 책임져 주실 수 있는 살아 계신 하나님께 맡기는 것입니다. 걱정과 염려가 없는 인생은 없습니다. 살아 있다는 것은 걱정과 염려가 있다는 뜻입니다. 즉, 살아 있어서 걱정하고 염려하는 것입니다. 자식이 있어서 자식을 걱정하는 것과 마찬가지입니다.

신앙의 축복은 걱정과 염려가 없는 것이 아닙니다. 믿는 자에게 주어진 행복은 고통과 두려움을 맡길 대상이 있다는 것입니다. 하나님은 그분께 나오는 자를 누구든지 물리치지 않으십니다(약 1:5). 나의 부족함을 알고 주님 앞으로 나가면 그분이 채워 주십니다. 누구든 예외가 없습니다.

'주께 맡기라'는 말은 맡기고 잊어 버리라는 뜻입니다. 우리는 믿음과 기도로 하나님께 염려를 맡겨 드릴 수 있습니다. 염려를 몰아내는 특효약은 믿음입니다. 그리고 믿음의 가장 구체적인 표현은 기도입니다. 하나님은 살아 계시고 지금도 우리를 도우실 수 있다는 믿음의 기도는 반드시 응답으로 나타납니다. 깊이 기도하면 하나님이 내 발을 높은 곳에 올리실 것입니다.

우리의 영혼을 사정없이 갉아먹고, 육체를 피폐하게 하고, 하나님이 주신 구원의 감격을 일순간에 앗아 버리고, 행복과 기쁨을 빼앗아 가고, 식욕 감퇴, 불면증, 우울증, 노이로제 등 각종 질병을 일으키는 걱정과 염려가 물러가지 않는 이유는 우리의 기도가 짧기 때문입니다. 하나님의 평강으로 대체되는 깊은 기도는 시간이 필요합니다. 뜨겁고 깊은 기도 속에서 하나님이 내 발을 높은 곳에 올려 주시면 할 수 없는 것을 하고, 볼 수 없는 것을 보고, 절망적 상황이 떠나가고, '이번에도 살겠구나! 오늘 이 자리가 기적의 자리가 되겠구나!'라고 확신하게 되는 변화가 반드시 일어날 것입니다.

한편 우리의 삶에 좋은 일이 많지 않은 것은 오히려 감사한 일입니다. 왜냐하면 많은 사람이 승승장구하다가 넘어지기 때문입니다. 이런 면에서 잘나가는 것은 정말 위험합니다. 쓰러져 있으면 더 이상 쓰러질 일이 없습니다. 큰 대가를 지불하지 않고 쓰러진 것은 정말 감사한 일입니다. 하나님이 나를 사랑하신다는 뜻입니다.

또한 우리가 문제를 두고 기도하면 하나님은 우리의 마음과 생각도 지켜 주십니다.

"아무것도 염려하지 말고 다만 모든 일에 기도와 간구로, 너희 구할 것을 감사함으로 하나님께 아뢰라 그리하면 모든 지각에 뛰어난 하나님의 평강이 그리스도 예수 안에서 너희 마음과 생각을 지키시리라"(빌 4:6-7).

내가 끌어안고 있으면 아무 소득이 없지만 하나님께 맡기면 돌보아 주십니다. 성경의 논리는 이렇습니다. "하나님이 너희를 돌보실 것이다. 그러므로 혼자 인생을 살려고 하지 말고 근심을 하나님께 맡겨라."

주일에 가게 문을 여는 것은 믿음이 없어 맡기지 못하는 행동입니다. 그렇게 해서 얼마나 큰 돈을 벌었는지 생각해 볼 일입니다. 혹 차이가 있더라도 별것 아닙니다. 축복을 주시는 하나님의 지원을 외면하면서까지 번 물질이 어떤 유익이 되겠습니까? 자기 마음속에 이미 구멍이 뚫리는 것입니다. 또한 "저는 하나님께 맡기지 못하겠습니다"라고 스스로 고백한 것과 같기에, 진정 하나님께 맡겨 드리려는 의지가 없는 것입니다. 그러면 모든 근심과 불안을 내가 끌어안게 됩니다.

하나님께 첫 열매와 십일조를 드리지 못하거나 드릴지라도 온전하지 못하면 과연 하나님께 인생을 맡긴 것일까요? 결코 아닙니다. 물질은 우리가 기댈 수 있는 것이 아닙니다. 바울은 디모데전서에서 "정함이 없는 재물에 소망을 두지 말고"(딤전 6:17)라고 표현했습니다. '정함이 없다'라는 말은 움직인다는 뜻입니다. 어디로 갈지 모르는 재물에 기대는 것은 낭패입니다. 유익하고 필요하고 많으면 좋겠지만 내 힘으로 모은 물질은 오히려 믿음에 구멍만 숭숭 내서 견제력을 잃게 할 뿐입니다.

하나님을 믿으라

하나님을 믿으면 끝까지 그분은 우리를 책임져 주십니다. 미국의 부흥사인 백서가 한 유명한 말이 있습니다.

"성경의 마지막 페이지를 읽어 보았더니 우리가 승리한다고 적혀 있었다."

성경의 마지막 페이지에는 새 하늘과 새 땅이 임하면 하나님이 우리의 눈물을 닦아 주시고 사망과 고통도 없고, 마침내 성도가 승리하게 된다고 적혀 있습니다. '우리가 이긴다'라는 결말입니다. 하나님이 최후 승리를 약속해 주셨다는 사실을 믿고 그때까지 믿음으로 살아갑시다.

염려는 작은 불씨와 같아서 빨리 끄지 않으면 온 집을 태우고, 우리의 영혼과 육체를 망가뜨립니다. 마음을 황폐하게 하고, 하나님이 주신 삶의 기쁨과 활력을 송두리째 빼앗아 갑니다. 삶의 분위기를 망치고 많은 사람을 불행하게 만듭니다.

더불어 걱정은 하나의 습관임을 기억해야 합니다. 누구나 크고 작은 고민거리를 안고 사는데, 유난히 일상에서 작은 근심 때문에 늘 조바심을 내고 골머리를 앓으며 사는 사람이 있습니다. 어리석게도 인생의 귀중한 시간을 걱정으로 소모하는 것입니다. 인간관계론 전문가인 데일 카네기는 사소한 것으로 걱정하는 이들을 위해 다음과 같은 지혜를 알려 주었습니다. 근심 해결의 방법으로 삶에 적용해 볼 것을 권합니다.

첫째, 미리 걱정하지 마십시오. 아직 나타나지 않은 불확실한 일과 미래의 불행을 미리 생각하고 걱정한다고 해서 특별히 좋아지는 것은 없습니다. 그러므로 공상이나 불확실한 일에 대한 걱정을 떨쳐 버리십시오. 현실적으로 걱정거리는 마음의 고통을 늘리고 생활의 여유와 즐거움을 조금씩 앗아 갈 뿐입니다.

둘째, 불가피한 일은 받아들이십시오. 우선 고민하는 문제와 상황을 냉정히 분석하고, 일어날 수 있는 최악의 상황이 무엇인지 스스로 물으십시오. 그리고 도저히 피할 수 없는 일이라면 최악의 상황을 받아들일 준비를 하십시오. 그렇게 결정하고 나면 안심이 되고 마음이 한결 홀가

분해질 것입니다. 그 후 최악의 상황을 개선하기 위해 침착하게 노력하면 오히려 상황이 역전될 수도 있습니다.

셋째, 건설적인 일에 몰두하십시오. 버나드 쇼는 "괴로워지는 데도 비결이 있다"고 했습니다. 이 말은 자신의 행복과 불행에 대해 불필요하게 자꾸 생각하지 말라는 뜻입니다. 쓸데없는 생각에 빠지지 말고 항상 바쁘게 생활하며 좋은 생각만 하려고 하는 것도 고민하는 습관을 없애는 좋은 방법입니다. 심리학에서도 밝혀진 사실인데, 아무리 뛰어난 사람도 한 번에 한 가지 이상을 골똘히 생각하는 것은 불가능하다고 합니다.

넷째, 유쾌하게 생각하고 행동하십시오. 때로는 쾌활한 마음 자세로 유쾌한 것처럼 말하고 행동하면 마음의 근심을 잊고 활기를 되찾을 수 있습니다. 얼굴 가득 웃음을 띠고 어깨를 펴고 크게 숨을 들이마시고 좋아하는 노래를 불러 보십시오. 겉으로는 대단히 행복한 체하면서 마음속으로는 고민하는 것이 불가능하다는 사실을 깨닫게 될 것입니다.

무엇보다도 믿음을 가져야 합니다. 믿음이 문제입니다. 내가 정말 믿음으로 서 있는가를 돌아보아야 합니다. 특히 시험을 만날 때는 더욱 그렇습니다. 문제를 만날 때마다 내가 정말 믿음으로 살고 있는지를 돌아보십시오. 그리고 간절히 기도하십시오. 날마다 때를 따라 도우시는 하나님의 은혜를 구하며 기도해야 합니다. 그때 우리 마음을 걱정과 염려, 두려움, 세상의 공격으로부터 지켜 낼 수 있습니다. 늘 뜨겁게 기도함으로 하늘이 열리고 우리 안의 모든 어두움이 떠나가기를 바랍니다.

4

예수 예수 믿는 것은

예수님을 삶의 원칙으로 삼는 것입니다

우리가 예수님을 믿는 것은 고백으로 끝나는 것이 아닙니다. 적어도 하나님이 허락하신 권위를 인정해야 합니다. 성도는 하나님이 세우시고 허락하신 권위를 인정하는 사람입니다.

성공하는 기업이나 축복의 사람들을 보면 여러 가지 공통점이 있습니다. 그중 하나는 원칙이 분명하다는 것입니다. 다시 말해 "~은 하고, ~은 하지 않는다"라는 나름대로의 분명한 철칙과 기준이 존재합니다. 그들은 개인 사명선언문이나 기업 선언서를 문서화해 둡니다. 따라서 무조건 일하지 않습니다. 물론 기업의 존재 목적은 이윤 추구이지만 돈이 된다고 해서 무조건 하지는 않습니다. 그렇다 보니 선택과 집중도 자연스러워집니다. 선택과 집중은 구조조정의 큰 원리이기도 합니다.

말씀에서 우리는 다윗의 축복된 삶의 비결을 엿볼 수 있습니다. 다윗은 원수 사울에게 10년 넘는 시간을 쫓겨 다니면서 도망자로 고통스런 시간을 보냈습니다. 하지만 사울과의 각축 속에서도 평소의 소신, 자기 원칙을 고수하는 의연함을 보였습니다.

어느 날 다윗이 사울을 피해 엔게디 황무지에 숨어 있을 때 누군가가 이 사실을 밀고했습니다. 시기심과 복수심에 노예가 된 사울은 부하 3,000명을 이끌고 단숨에 달려왔습니다. 다윗을 쫓던 사울 일행은 잠시 한 굴 앞에서 멈추었습니다.

> "길가 양의 우리에 이른즉 굴이 있는지라 사울이 뒤를 보러 들어가니라 다윗과 그의 사람들이 그 굴 깊은 곳에 있더니"(삼상 24:3).

여기서 사울이 뒤를 보러 들어갔다는 말은 용변을 보기 위해 들어갔다는 뜻입니다. 다윗을 쫓기에 급급해 복수심에 불타 있던 사울이 피할 수 없는 생리현상으로 굴을 찾은 것입니다. 그런데 마침 이 굴속 깊은 곳에 다윗과 그 일행이 숨어 있었습니다. 다윗은 이미 그 굴속에 오래 있어서 어둠에 익숙했기에, 사울이 들어와 긴장을 풀고 용변을 보는 모습을 똑똑히 볼 수 있었습니다.

만약 우리라면 이 상황을 어떻게 받아들이겠습니까? 이 사람 때문에 지금까지 오랜 시간을 이유 없이 도망 다녔습니다. 그런데 철천지원수인 그가 무장을 해제한 채 긴장을 풀고 앉아 있는 것입니다. 주변 사람들의 의견은 단호했습니다. "단칼에 처단합시다." 호위병도 없이 자신들이 숨어 있는 동굴 깊숙이 들어왔으니 이것은 사울의 생애를 여기서 끝내시려는 하나님의 섭리라고까지 했습니다. 사울은 다윗에게 정말 많은 고통을 준 원수이기에 더욱 그랬습니다. 여기서 사울을 단칼에 날려 버리면 고생은 끝나고 모든 민심이 다윗에게 돌아올 것이 뻔했습니다. 그야말로 하나님이 주신 천재일우(千載一遇)의 기회였습니다.

그러나 다윗은 어떻게 반응했습니까? 그는 사울을 죽이지 않고 겉옷 자락만 살짝 베는 데 그쳤습니다. 그러고도 이 일을 마음에 걸려 했습니다. 축복의 사람 다윗이 얼마나 부드러운 양심과 민감한 영성의 소유자였는지를 알 수 있는 대목입니다.

다윗은 어떻게 이런 반응을 보일 수 있었을까요? 여러 가지 정황을 볼 때 이 일은 여기서 끝을 내야 맞는 것 같았습니다. 미친 왕을 더 이상 방치해 둘 수 없고 단칼에 처단하는 것이 옳아 보였습니다. 그러나 다윗은 우리가 전혀 상상할 수 없는 반응을 보였습니다. 그가 너그럽고 성질이 좋아서가 아니라 하나님의 말씀에 순종하려는 그의 원칙 때문이었습니다. 말씀에 다윗을 깊이 이해하는 대단히 중요한 정보가 들어 있습니다. 당장 원수 사울을 죽임으로써 고통을 끝낼 수 있었으나 그렇게 하지 않는 이유를 다윗이 직접 밝히고 있습니다.

> "내가 손을 들어 여호와의 기름 부음을 받은 내 주를 치는 것은 여호와께서 금하시는 것이니 그는 여호와의 기름 부음을 받은 자가 됨이니라"(삼상 24:6).

하나님의 마음에 맞는 사람 다윗에게는 분명한 신앙의 원칙이 있었습니다. 하나님은 학벌도 미천하고 작은 지파의 연약한 자에 불과한 다윗을 보시고 "내가 이새의 아들 다윗을 만나니 내 마음에 맞는 사람이라 내 뜻을 다 이루리라"(행 13:22)고 말씀하셨습니다. 다윗이 그런 하나님의 평가를 받을 수 있었던 이유가 바로 여기에 있습니다. 다윗에게는 여호와의 말씀으로 정리된 분명한 원칙이 있었던 것입니다. "나는 어떤 경우에도 하나님이 좋아하시는 것을 하고, 하나님이 싫어하시는 것은 절대 하지 않는다."

상황적으로 보면 여기서 끝을 내야 맞는 듯하지만 원칙에 안 맞기 때문에 사울을 살려 준 것입니다. 다윗이 사울을 살려 준 것은 전적으로 이 이유 때문이었습니다. 중요한 것은 이 원칙이 개똥철학이 아니라 하나님의 말씀에서 비롯된 것이라는 사실입니다. 게다가 다윗은 복수심에 불타 있는 부하들도 이 원칙을 바탕으로 설득했습니다.

우리가 예수님을 믿는 것은 고백으로 끝나는 것이 아닙니다. 적어도 하나님이 허락하신 권위를 인정해야 합니다. 성도는 하나님이 세우시고 허락하신 권위를 인정하는 사람입니다. 우리가 "주여"라고 부르며 그분의 주 되심을 인정하는 신앙 안에는 반드시 이 내용이 포함되어 있어야 합니다.

일반적으로 우리는 세 가지 권위를 말합니다. 첫째는 창조주 하나님에 대한 권위이고, 둘째는 부모에 대한 권위이며, 그리고 셋째는 지도자(왕)에 대한 권위입니다. 이 권위를 인정하는 것은 사실 그를 인정하는 것이 아니라 그를 권위자로 세우신 하나님을 인정하는 일입니다. 남편이나 부모 또는 지도자가 지혜롭고 존경받을 만한 자라서 존경한다면 그 일에는 믿음이 필요하지 않습니다. 단지 존경하면 됩니다. 믿음은 항상 거칠 때 진가가 드러나는 법입니다. 돈도 못 벌고 시원찮아도 하나님이 그를 세우셨다는 사실을 인정하는 것이 바로 믿음입니다.

유주현의《조선 총독부》(나남, 2014)에 나오는 일화입니다. 우리나라의 많은 일본 총독 중 마지막에서 두 번째 총독이 한국에 왔을 때였습니다. 그에게는 아들이 한 명 있었는데, 일본인 학교에 다녔습니다. 총독의 아들이니까 매우 오만방자했습니다.

그 학교에는 역사를 가르치는 조선인 선생님이 한 명 있었는데, 일본 아이들의 조롱의 대상이었습니다. 역사 시간이 되자 총독의 아들이 선생님을 골탕 먹이려고 교실 문 위에 백묵이 묻은 지우개를 올려놓았습니다. 교실에 들어온 선생님은 지우개를 머리에 맞고 백묵을 뒤집어썼습니다. 아이들은 모두 웃었고 선생님은 화가 나서 책을 펴지 않고 "누가 그랬느냐. 나와라"고 했습니다. 그러나 아무 대답이 없었습니다. "모두 옆자리로 나와서 무릎을 꿇고 손을 들어라"고 했으나 아무도 나오지 않았습니다. 이번에는 "모두 의자를 들어라"고 말하자 총독의 아들이 '난데 어쩔래?' 하는 표정으로 걸어 나왔습니다.

학생들은 모두 호기심 어린 눈으로 바라보았습니다. 조선인 역사 선생님은 총독의 아들을 단상에 올려놓고 바지를 걷으라고 했습니다. 그리고 회초리로 종아리를 힘껏 쳤습니다. 그 일로 총독의 아들만 놀란 것이 아니라 교실에 있는 모든 아이가 놀랐고 온 학교가 발칵 뒤집어졌습니다. 역사 선생님은 사표를 써서 가지고 다니면서 '나는 언제든지 그만두라고 하면 그만둘 것이다' 하고 각오를 다졌습니다.

며칠 후 총독으로부터 보자는 편지와 함께 총독 관저에서 보낸 차가 왔습니다. 역사 선생님은 비서를 따라 총독 관저로 갔습니다. 이번에는 총독이 직접 나와서 그를 맞았습니다. 그리고 귀빈들을 모시는 곳으로 데려가 총독은 아들을 불러 놓고 아들 앞에서 정중하게 사과를 했습니다. "제가 아들을 바르게 가르치지 못해서 선생님을 조롱했습니다. 정중히 사과드립니다. 용서하십시오." 총독의 아들은 자기 아버지가 조선인 선생님에게 사과하는 것을 보고 놀랐습니다.

당시에 나는 새도 떨어뜨린다는 총독이 일개 조선인 선생님이 두려워서 그에게 사과했겠습니까? 아들을 사랑해서 교권을 바로 세우기 위해, 교권이 무너지면 나라가 무너진다는 사실을 알았기 때문에 선생님에게 사과했던 것입니다. 총독의 사과를 받고 관저를 나온 선생님은 이렇게 탄식했다고 합니다. "아! 일본이 우리나라를 지배하는 것이 무력 때문만은 아니구나!"

사울 왕에 대한 다윗의 태도는 그가 우연히 축복의 자리에 있지 않다는 것을 보여 줍니다. 하나님이 왜 미천한 그를 좋아하시고 마음에 맞는다고 하시며 높은 자리에 세워 역사에 유례없는 축복의 사람으로 만드셨는지 분명히 알 수 있습니다. 말씀에 이렇게 나옵니다.

"다윗이 이 말로 자기 사람들을 금하여 사울을 해하지 못하게 하니라"(삼상 24:7).

여기서 '금하다'라는 말은 원어로 매우 강한 금지를 의미합니다. 다윗이 부하들을 아주 강력하게 제재했다는 것입니다. "절대 안 돼!"라는 단호함이 묻어 있습니다. 다윗이 평생 지켜 온 하나님의 말씀에서 비롯된 원칙에 어긋나는 일을 결코 해서는 안 된다는 강한 의지의 표명이었습니다.

세상에는 크게 두 부류의 사람이 존재합니다. 하나는 다윗처럼 '하나님의 말씀대로 사는 사람'이고, 또 하나는 사울처럼 '생각을 쫓아 자기 마음대로 사는 사람'입니다. 지금 "교회를 다닙니까, 다니지 않습니까?"로 나눈 것이 아니라는 사실에 주목하십시오. "주일에 예배를 드리고 있습니까, 드리지 않습니까?"를 묻는 것이 아닙니다. "오늘 내 삶을 좌지우지하는 원칙이 하나님의 말씀 안에 있습니까, 내 안에 있습니까?"를 묻는 것입니다. 목사든, 장로든, 권사든 직분은 단지 껍데기요, 나를 둘러싼 포장지에 불과합니다. 알맹이는 다를 가능성이 더 높습니다. "나는 말씀대로 사는 자인가, 마음대로 사는 자인가?" 이것이 우리 인생의 화복을 결정짓는 분수령이 됩니다. 다윗처럼 하나님의 말씀을 따라가는 원칙이 분명한 사람이 되십시오.

축복된 삶을 기대한다면 삶의 원칙이 확고해야 합니다. 되는 것과 안 되는 것이 확실히 구분되어 있어야 합니다. 그리고 그 원칙은 나를 구원하신 하나님의 말씀에 근거한 것이어야 합니다. 부모는 그것을 아이들에게 낱낱이 가르쳐야 합니다. "이것은 되지만 이것은 절대 안 된다"라는 원칙이 분명히 있어야 하는 것입니다.

그러나 우리 민족은 전통적으로 원리나 원칙에 무릎니다. 책에서 읽은 내용인데, 일본 사람과 한국 사람이 같이 당구를 시작하면 예외 없이 한국 사람이 빠르게 배운다고 합니다. 한국 사람이 100점을 치면 일본 사람은 50점대에서 낑낑대고, 한국 사람이 200점 정도 칠 때쯤 되면 일본 사람은 겨우 100점을 칠 만큼 보편적으로 일본 사람이 한국 사람에게 당구에서 뒤집니다. 그런데 신기하게도 500점은 일본 사람들이 한국 사람들보다 먼저 칩니다. 대부분 한국의 아마추어 당구인들이 300점을 넘지 못하고 250점 안에서 당구 인생을 끝냅니다. 그만큼 500점은 대단한 것입니다.

그 이유가 무엇일까요? 한국 사람들은 당구를 배울 때 성격이 급해서 꼼꼼히 배우려 하지 않습니다. 어느 정도 기초가 되면 더 이상 배우지 않고 대충 감으로 치려고 하는데, 그 감이 아주 뛰어나서 일본 사람들은 좀처럼 따라오지를 못하는 것입니다. 그러나 일본 사람들은 처음부터 기초를 중요시하기에 더디 가는 한이 있어도 꼼꼼히 배우고 훈련합니다. 감으로 300점은 될 수 있지만 500점은 결코 될 수 없습니다. 기초가 튼튼해야만 칠 수 있는 점수인 것입니다.

경제에도 비슷한 논리가 적용되는데, 우리나라의 국민소득 1만 달러 달성 기록은 세계 어느 나라보다 빠르지만 그 후로는 앞으로 나아가지 못하고 제자리걸음만 하고 있습니다. 그 이유가 무엇일까요? 우리가 기초나 원칙을 등한시하고 모든 일을 요령과 감으로 하기 때문입니다. 우리를 이끌어 가는 정신은 늘 요령이고 감이었습니다. 혹시 있더라도 그것을 매뉴얼로 정리하지 않습니다. 우리가 얼마나 요령이나 감으로 살아가는 것이 익숙한지 우리가 쓰는 말을 보아도 알 수 있습니다. "꿩 잡는 게 매다", "모로 가도 서울만 가면 된다" 등이 그 예입니다.

그러나 공부를 하든, 운동을 하든, 음악을 하든, 사업을 하든 원리와 원칙이 분명해야 합니다. 철학과 원칙이 분명한 사람은 상황이나 시대정신 또는 사람의 말에 휘둘리지 않습니다. 기분이나 감정에 끌려다니지 않고 정도를 가게 됩니다.

축복의 사람 다윗은 '나는 하나님이 싫어하시는 일은 절대 하지 않는다'라는 정신이 누구보다 투철했습니다. '사울이 비록 미쳐서 분별력 없이 행동하지만 하나님이 세우신 기름 부음 받은 자를 치는 것은 하나님이 금하신 것이며, 잘못이 있다면 재판장이신 하나님이 판단하실 것이다. 비록 고통과 고난의 시간이 연장되더라도 내 손으로는 결코 보복하지 않는다.'

실제로 축복된 삶을 산, 정상에 선 사람들은 분야를 막론하고 원칙을 고수한 이들입니다. 연세대학교 총장을 지낸 박대선 목사님도 그런 분입니다. 이분이 연세대학교 총장으로 재직할 때 아들이 합격 점수에 약간 미달되어 연세대학교에 낙방했습니다. 그때 교수회에서 점수 차이도 크지 않고 총장의 아들이니 입학시키자는 의견이 나와 총장에게 보고를 했습니다. 그러자 총장은 두말없이 사직서를 내놓았습니다. 그리고 "내 아들을 떨어뜨리든지, 내 사직서를 받든지 둘 중 하나를 택하시오"라고 완고하게 말했습니다. 결국 아들은 경희대학교에 입학했습니다. 연세대학교 캠퍼스 안에 있는 총장 공관에 살면서 경희대학교를 졸업한 것입니다. 그 후 박대선 총장은 더욱 존경을 받았고 감리교 감독까지 역임했습니다.

1924년 파리올림픽 육상 400m에 출전한 에릭 리델은 예선을 통과할 때 최고 기록을 수립해 금메달 획득이 유력했습니다. 그는 예선 때 출발선에서 흑인 선수와 악수를 나누어 화제를 뿌렸습니다. 인종차별이 심한 당시로는 있을 수 없는 일이었습니다. 그런데 대망의 결승전이 주일에 열리기로 결정되자 그는 주저 없이 출전을 포기했습니다. 영국이 발칵 뒤집어졌습니다. '독선적 기독교인', '이기주의자', '편협한 사람' 등 온갖 비난이 쏟아졌습니다. 그는 비아냥거리는 사람들을 향해 이렇게 말했습니다.

"나는 지금까지 몇 가지 원칙을 지키며 살아왔습니다. 그것은 주일 성수와 인간 평등의 정신입니다."

그는 우연히 그런 일을 한 것이 아니었습니다. 어쩌다가 신앙심에 화가 나서 결정한 것이 아니라 자기 인생의 분명한 원칙과 철칙을 따라 행동한 것이었습니다. 후에 리델은 중국 선교사로 헌신했습니다. 그의 가시밭길 인생은 "불의 전차"라는 제목으로 영화화되었고, 1982년 아카데미 작품상을 받았습니다.

장사나 기업을 잘 운영하는 사람도 크게 다르지 않습니다. 여기서 다양한 사례를 드는 이유는 어떠한 모습이든지 우리 삶에 적용해야 할 중요한 원리이기 때문입니다.

세계적인 패스트푸드점인 맥도날드의 영업 전략이 얼마나 뛰어난지, 사람들은 우스갯소리로 "미국의 정보원들이 뚫지 못하는 나라도 맥도날드 영업 사원들을 보내면 해결된다"라고 말할 정도였습니다. 그들의 성공 비결은 철저한 준비였습니다. 맥도날드 햄버거의 창업주인 레이 크락은 하나의 점포를 개설하기 위해 5만 개의 매뉴얼을 준비하고 그중 하나라도 미흡할 경우 매장을 오픈하지 않는 철저한 원칙주의자로 유명했습니다.

이 매뉴얼에는 햄버거의 고기를 어느 정도 두께로 자르고 몇 도에서 몇 분 동안 익혀야 가장 맛있는지, 감자를 써는 요령과 두께까지 하나하나 꼼꼼하게 기록되어 있습니다. 또 매장을 열고 닫는 시간은 물론 직원들의 복장과 매장의 밝기, 화장실 점검 요령과 사후 조치까지 매장 운영을 위해 필요한 사항이 빠짐없이 들어 있습니다. 초기에 제작된 매뉴얼을 보면 화장실이라는 작은 공간에 필요한 목록만 수십 가지였다고 합니다. 전등 점검, 거울의 청결 상태 확인, 휴지 보충, 변기의 물기 확인, 비누 보충, 악취 제거, 휴지통 비우기, 급수 확인, 환기구 점검, 화장실 1, 2차 점검 등이 빼곡이 적혀 있었던 것입니다.

지금부터라도 삶에 분명한 원칙을 정하고 매뉴얼화하십시오. 가정에서도 예배 때마다 신앙의 원칙을 강조하고 벽에 써 붙이십시오.

중국집을 경영해도 원리는 비슷합니다. 수년 전 〈좋은 생각〉에 실린 이야기입니다. 과거에 중국인이 운영하는 중국집의 종업원으로 일했던 어떤 사람의 이야기입니다. 그가 중국인 주인 왕 씨가 운영하는 중국집에서 배운 것은 요리 솜씨뿐 아니라 왕 씨의 경영 원칙이었습니다. 왕 씨는 음식을 준비하다가 사소한 것 하나라도 재료가 떨어지면 그 재료가 들어가는 요리는 절대 주문을 받지 않았습니다. 그리고 일일이 손님을 찾아가 정중하게 사과하면서 그 메뉴가 나올 수 없는 이유를 설명했습니다. 왕 씨가 이 원칙을 어긴 적은 단 한 번도 없었습니다.

나중에 그는 한국인이 운영하는 중국집에서도 일해 보았지만 그런 일을 본 적이 없었습니다. 자재 값이 오르거나 장사가 여의치 않으면 제일 먼저 재료부터 줄였고 요리를 하다가 재료가 떨어지면 대충 만들어 내놓기가 일쑤였습니다. 이것은 중국인 왕 씨로서는 도저히 용납할 수 없는 불성실이었습니다.

또 왕 씨는 종업원이 나가겠다고 하면 특별한 사정이 없는 한 그날로 당장 내보냈습니다. 일하기 싫은 사람에게 억지로 일을 시키면 음식 맛이 떨어질 것이 뻔하기 때문입니다. 그 음식을 먹고 어느 손님이 행복을 느끼겠냐는 것이 그의 지론이었습니다. 사람이 없어서 일주일 문을 닫게 될지언정 그만두려고 작정한 사람이 건성으로 만든 음식은 내놓지 않겠다는 것이 왕 씨의 원칙이었습니다.

원칙이 있는 삶

"나는 하나님이 좋아하시는 일을 하고 싫어하시는 일은 하지 않는다"라는 다윗의 원칙의 수혜자는 누구일까요? 죽을 뻔한 사울이 살아났으니 그가 수혜자일까요? 아닙니다. 결국 그는 죽었습니다. 가장 큰 수혜자는 바로 다윗 자신입니다. 만일 다윗이 사울을 죽였다면 아마도 그는 그의 신앙에 큰 오점을 남겼을 것입니다. 하나님이 권위를 주셔서 세우신 왕을 죽였다는 것 말입니다. 아니, 어쩌면 다윗은 왕이 되지 못했을지도 모릅니다. 신하들과 온 국민이 가만 놓아 두겠습니까? 설사 왕이 되었어도 백성은 왕을 죽인 지도자를 탐탁지 않게 여겼을 것입니다. 원칙을 쉽게 배반하는 자는 언제든지 대상이 바뀌어도 그럴 수 있기 때문입니다. 백성에게 다윗은 이스라엘 역사에 악한 왕으로 기억 될 수밖에 없었을 것입니다.

혹 백성이 넘어가 왕이 되었다 해도 다윗은 하나님께 인정받지 못했을 것입니다. 그것은 사울에 대한 공격이 아니라 하나님에 대한 공격이었기 때문입니다.

믿음으로 고비를 넘긴 다윗은 마침내 원수로부터 아름다운 증거를 얻게 되었습니다. 그의 철천지원수 사울이 다윗을 향해 쏟아 놓은 고백을 들어 보십시오.

"네가 나 선대한 것을 오늘 나타냈나니 여호와께서 나를 네 손에 넘기셨으나 네가 나를 죽이지 아니하였도다"(삼상 24:18).

축복의 사람이 되려면 원수의 입에서 이런 소리가 나오게 해야 합니다. "저는 매번 당신을 죽이려 하고 함부로 대했지만 당신은 저를 선대했습니다." 덧붙여서 "당신이 바로 하나님의 축복을 받아야 할 사람입니다" 하는 정도가 되어야 다윗이 받은 복이 내 복이 될 수 있는 것입니다. 이런 수준 있는 삶을 기대하고 사모하기 바랍니다.

나를 굳게 세워 주는 원칙은 무엇입니까? 삶에 어떤 원칙이 있습니까? 나에게 "~은 되지만 ~은 절대 안 된다"라는 원칙이 있습니까? 만약 그 원칙을 자녀에게 전달하고 있다면 정말 성공적인 삶을 살고 있는 것입니다. 더 중요한 것은 그 원칙이 하나님으로부터 나온 것이어야 한다는 사실입니다.

교회만 다니는 종교인이 아니라 축복의 사람, 신앙의 사람이 되기를 원한다면 다음과 같은 원칙이 반드시 필요합니다.

첫째, "나는 어떤 경우에도 주일성수하고 예배에 결단코 빠지지 않겠다." 대암클리닉 원장인 이병욱 박사는 고신대학교 의대를 졸업하고 외과를 전공하며 수련의로 병원에 남는 조건으로 주일성수를 제시했습니다. 4년 동안 그 원칙을 지켰고 단 두 번 새벽에 시작한 수술이 계속되는 바람에 예배에 참여하지 못했습니다. 그리고 그날 평소 드리던 예배

시간인 11시가 가까워지자 그는 눈물을 흘렸습니다. 신앙 원칙을 지키지 못하고 하나님께 예배를 드리지 못했기 때문이었습니다. 수술을 집도하던 과장이 "자네는 왜 그렇게 땀을 많이 흘리는가?"라고 물었지만 그것은 땀이 아니라 눈물이었습니다. 오늘날 그는 전 세계 대체 의학계가 주목하는 의사입니다. 물론 본인의 노력이 있었지만 그를 축복의 자리에 세운 것은 이 신앙의 원칙과 무관하지 않습니다.

둘째, "나는 아무리 가난하고 힘들어도 하나님의 것은 반드시 구별하여 드린다." 십일조에 대한 원칙이 철저해야 가난에서 벗어날 수 있습니다. 우리는 돈으로 사는 자들이 아닙니다. 여전히 그렇게 생각한다면 아직 갈 길이 멉니다. 쓰러진 자리에서 '나는 돈으로 사는 자가 아니라 은혜로 사는 자다'라는 원칙이 바로 서야 합니다. 그 믿음이 확실히 정립될 때 두려움 없이 정직한 십일조를 하나님께 드릴 수 있습니다. 최고의 십일조를 믿음으로 드리십시오. 지금까지 최선을 다하지 못한 것이 있다면 회개하는 마음으로 드리십시오. 우리에게는 신앙의 원칙이 필요합니다. 그렇지 않으면 어려울 때 여기저기 방황하며 다닐 수 있습니다.

셋째, "나는 삶을 통해 반드시 하나님을 기쁘시게 하겠다. 이것이 내 인생의 목적이다." 우리는 배우자나 자식들을 기쁘게 해주어 좋은 배우자와 부모가 되려고 노력합니다. 그러나 하나님을 향해 그런 노력을 보인 적이 있습니까? 여호와 하나님을 기쁘시게 하려고 한 일이 무엇입니까? 쉽게 답하기 어려울 것입니다. 그런데 우리는 주님을 위해 굉장히 헌신하고 있다며 착각하고 있습니다. 신앙의 원칙을 분명히 정하고 써서 벽에 붙여 놓고 지키십시오. 그러면 나에서 껍데기 신앙으로 끝나지 않고 다음 대까지 축복이 이어질 것입니다.

5

예수 예수 믿는 것은

인생의 ON/OFF를 주께 맡기는 것입니다

하나님을 삶 속에서 진정 나의 왕으로 모셔야 합니다. 이 말은 "믿습니다!" 라는 구호로 되는 것이 아닙니다. 진정 하나님의 말씀을 따라 그분을 섬겨야 합니다.

예수님을 믿는다고 해서 다 잘 살고 전능하신 하나님의 도우심과 복을 받는 것은 아닙니다. 교회만 겨우 다니는 사람들도 있습니다. 반면 영적으로 육적으로 넘치는 복을 받아 풍성한 삶을 누려서, 누가 보아도 하나님이 도우신다는 사실을 단번에 알 수 있는 사람들도 있습니다. 이런 차이가 생기는 이유는 무엇일까요? 간단하게 말하면 믿음의 문제입니다. 고백은 무성하지만 그 고백에 걸맞는 진짜 신앙이 있느냐가 관건인 것입니다.

하나님은 신앙의 연조나 직분에 연연하시는 분이 아닙니다. 그분은 우리의 진짜 신앙을 정확하게 아십니다. 그래서 어린 다윗을 보고도 "내가 이새의 아들 다윗을 만나니 내 마음에 맞는 사람이라 내 뜻을 다 이루리라"(행 13:22)고 말씀하셨습니다. 주님은 다윗 안에 있는 온전한 신앙을 보셨던 것입니다.

본문에는 아비나답이라는 인물이 나옵니다. 그는 하나님의 임재의 상징인 법궤를 20년간 모셨지만 복은커녕 오히려 초상만 났습니다. 그러나 법궤를 불과 3개월 모신 오벧에돔은 어마어마한 복을 받았습니다.

"하나님의 궤가 오벧에돔의 집에서 그의 가족과 함께 석 달을 있으니라 여호와께서 오벧에돔의 집과 그의 모든 소유에 복을 내리셨더라"(대상 13:14).

유대 역사가 요세푸스는 이렇게 전합니다.
"법궤가 오벧에돔의 집에 들어갈 때에는 그의 집이 제일 가난했는데,

3개월 후 법궤가 나올 때는 그의 집이 가장 부잣집이었다."

아비나답은 법궤를 방치했지만 오벧에돔의 경우는 달랐습니다. 다윗은 수도가 정해지자 그 중심부에 하나님의 법궤를 모시고 싶어 했습니다. 신정정치를 이루고 싶었던 것입니다. 그런데 법궤를 옮기는 중에 아비나답의 아들 웃사가 죽는 불상사가 생기고 말았습니다. 다윗은 너무 두렵고 떨려서 하나님의 법궤를 옮기기를 꺼렸습니다.

누구 하나 왕이 내팽개친 법궤를 모시겠다고 선뜻 나서기 어려울 때, 오벧에돔은 "제가 모시겠습니다!" 하고 말하고는 자기 집으로 모시고 갔습니다. 그리고 온 집안 식구들이 한마음으로 정성껏 하나님의 궤를 모셨습니다.

하나님은 이유 없이 복을 주시는 분이 아닙니다. 그것도 불과 3개월이라는 짧은 기간에 아무런 이유 없이 축복을 주시지는 않았을 것입니다. 오벧에돔의 집에 일어난 놀라운 변화가 어떻게 우연히 생긴 일입니까? 모두 힘들다고 할 때 성과를 남기는 기업이 있다면 그것은 결코 우연이 아닙니다. 한국 교회에 재정 목표를 달성하지 못한 교회가 90%가 넘는데 성장하고 변화를 만들어 내는 교회가 있다면 그것은 우연이 아닙니다. 예수 믿는 사람이 넘쳐나는데 하나님이 유독 축복하시는 가정이 있다면 그것은 저절로 된 일이 결코 아닌 것입니다.

예수님을 믿으려면 오벧에돔처럼 열정적으로 믿어야 합니다. 하나님은 우리에게 복 주기를 원하시는 분입니다. 어느 부모가 자녀가 비참하고 힘들게 살기를 원하겠습니까? 하나님은 우리가 풍성하고 넉넉하게 살기를 원하십니다. 믿음만 반듯하고, 온전한 신앙의 그릇만 준비되면 하나님은 넘치도록 복을 부어 주실 것입니다.

어려움 끝에 다윗은 비로소 이스라엘의 왕위에 올랐습니다. 앞서 언급했듯이, 그가 수도를 예루살렘으로 정하고 가장 먼저 결정한 일은 하나님의 법궤를 옮겨 오는 것이었습니다. 법궤는 엘리 제사장 때 블레셋에게 빼앗겼다가 오랫동안 기럇 여아림의 아비나답의 집에 방치되어 있었습니다(삼상 6:21). 다윗은 하나님의 임재를 가까이에 모시고 싶었습니다(시 16:2, 73:28). 이름만 신정정치가 아니라 하나님이 진짜 중심에 계셔서 친히 다스리시는 나라를 만들고 싶었던 것입니다. 다윗은 이렇게 하나님을 먼저 생각하고 하나님 중심의 삶에 우선순위를 두었습니다.

다윗은 이제 그 거룩한 일을 위해 특별히 선발된 3만 명의 군사들로 법궤를 호위하게 했습니다. 혹시 발생할지도 모르는 사고를 방지하고자 함이었습니다. 더불어 다윗은 이스라엘 무리와 함께 법궤가 운송되는 앞부분에 서서 악기를 동원해 아름다운 연주를 했습니다. 하나님의 임재가 자기 도성에 들어온다는 사실에 너무 기뻐서 어린아이처럼 뛰며 즐거워했습니다. 몇 가지만 살펴보아도 다윗이 이 일을 기뻐하고 세심하게 준비하고 배려를 아끼지 않았다는 것을 알 수 있습니다.

아비나답의 집을 출발한 법궤가 나곤의 타작마당에 이르렀습니다. 그런데 법궤를 실은 수레를 끌던 소들이 덜컹거리면서 갑자기 수레가 옆으로 비틀거렸습니다. 이 광경을 지켜보고 있던 웃사는 하나님의 법궤가 땅에 곤두박질치는 일을 막기 위해 궤를 붙잡았습니다. 그러나 이 일로 웃사는 생명을 잃고 말았습니다.

다윗은 세심하게 배려하며 이 일을 준비했습니다. 어쩌면 돌발 상황에서 하나님의 궤가 바닥에 떨어지지 않도록 붙잡은 웃사의 긴급 대처는 칭찬받을 만한 것인지도 모릅니다. 그런데 왜 하나님은 진노하셨고,

웃사는 현장에서 즉사한 것일까요? 이 상황은 참으로 의아합니다. '하나님이 너무 심하시지 않나?'라는 생각이 들기도 합니다. 독생자를 아낌없이 주시기까지 인간을 사랑하시고 희생하신 분이 왜 그렇게 진노하셨을까요?

무엇이 문제인가?

먼저 우리가 깊이 생각해야 할 것은 웃사의 죽음이 아닙니다. 여기에 너무 집중하면 하나님이 이 사건을 통해 보여 주시려는 진정한 메시지를 놓칠 수 있습니다. 과연 하나님은 한 사람이 현장에서 즉사한 이 일을 통해 그 시대 사람들에게, 또 시대를 초월해 모든 영적 이스라엘에게 주시는 메시지는 무엇일까요?

한마디로 말해서 이 사건은 무지가 부른 비극이었습니다. "무식하면 용감하다"라는 말이 이 경우입니다. 어떤 목사님이 하신 말씀이 떠오릅니다. "야구에서 공이 멀리 날아간다고 해서 홈런이 아닙니다. 방향이 맞아야 합니다. 방향이 벗어나면 다 파울입니다."

벼락부자가 된 청년이 있었습니다. 어버이날이 다가오자 그는 시골에 홀로 계신 어머니에게 특별한 선물을 드리고 싶었습니다. 시장을 돌아다니던 중 애완동물을 파는 가게에 가서 물었습니다. "이 집에 특별한 것이 있습니까? 예수님을 잘 믿는 저희 어머니를 위한 선물이 필요합니다." 그러자 주인은 "아주 특별한 새가 한 마리 있습니다. 주기도문은 물론 시편도 줄줄 외웁니다" 하며 새 한 마리를 보여 주었습니다. 효심이 가득한 청년은 홀로 계신 어머니에게 벗이 되도록 많은 돈을 주고 그 새를 사서 보내 드렸습니다. 며칠 후 어머니로부터 전화가 왔습니다.

"얘야, 참 고맙다. 네가 보내 준 선물 잘 받았다. 정말 맛있더라!"

정말 무지가 부른 참담한 사건입니다. 만약 아들이 보내 준 새가 주기도문은 물론 시편까지 줄줄 외우는 특별한 새라는 사실을 알았더라면 지금쯤 어머니는 마음을 기댈 수 있는 벗 하나를 옆에 두고 있었을 것입니다.

하나님의 궤에는 하나님의 말씀이 들어 있었습니다. 법궤 위의 속죄소를 통해 죄인이 하나님을 만날 수 있었습니다. 하나님의 법궤는 하나님이 그 백성에게 친히 말씀하시는 곳이기도 했습니다. 그러므로 하나님을 경외하고 그 앞에 서고자 할 때는 반드시 말씀에 기초해야 했습니다. 법궤를 옮길 때도 하나님의 말씀에서 정한 절차에 따라 옮겨야 하는 것은 지극히 당연했습니다(대상 15:15).

우리가 정말 하나님을 경외하고 예수님을 잘 믿기 원한다면 하나님의 말씀을 따라야 합니다. 내 생각과 의시로, 전혀 율법에 기초하지 않은 방식으로 얼마든지 신앙생활을 할 수 있습니다. 하나님의 임재의 상징인 법궤를 도시 한가운데 두고 진정한 신정정치를 받고자 하는 열망은 대단하고 준비도 괜찮았지만, 진짜 그 거룩한 일을 행하려면 하나님이 명령하시는 율법에 따라 법궤를 운반해야 했습니다.

하나님은 그분의 임재의 상징인 언약궤를 운반하는 원칙을 분명히 말씀하셨습니다.

"진영을 떠날 때에 아론과 그의 아들들이 성소와 성소의 모든 기구 덮는 일을 마치거든 고핫 자손들이 와서 멜 것이니라 그러나 성물은 만지지 말라 그들이 죽으리라 회막 물건 중에서 이것들은 고핫 자손이 멜 것이며"(민 4:15).

첫째, 법궤는 오직 레위인들 중 고핫 자손들만 어깨에 메고 운반해야 했습니다. 둘째, 어떤 경우에도 만져서는 안 되었습니다. 그런데 이스라엘은 말씀의 규정을 지키지 않고 법궤를 수레에 싣고 운반하다 변을 당한 것입니다. 놀랍게도 다윗조차도 이 사실을 알지 못했습니다. 이스라엘 전체의 신앙에 대한 무지가 얼마나 뼛속 깊이 팽배해 있었는지 알 수 있는 대목입니다. 주경 학자들은 사무엘 사후(삼상 25:1)부터 다윗의 통일 왕국 성립까지 이어진 혼란기에 하나님의 율법에 대한 가르침이 제대로 이루어지지 않아 빚어진 결과라고 봅니다.

당시 이방인들은 우상을 수레에 싣고 운반했다고 합니다. 하나님은 말로 해서는 안 될 만큼 그들의 상황이 심각했기에 웃사라는 사람의 죽음을 통해 일침을 가하셨고, 하나님의 말씀으로부터 멀어진 껍데기밖에 없는 이스라엘의 무지와 거짓된 신앙을 깨닫게 하고자 하셨습니다. 이것이 웃사의 죽음에 담긴 하나님의 의도요, 강력한 메시지입니다. 그 일은 결코 우연이 아니었습니다. 하나님의 말씀을 무시하고 제멋대로 행하는 다윗과 이스라엘의 그릇된 행동에 대한 하나님의 경고요, 징계였습니다.

사무엘하 6장 전반부에서 하나님의 말씀이 던지는 핵심은 한 가지입니다. '하나님의 일은 하나님의 방법대로 해야 한다'라는 것입니다. "모로 가도 서울만 가면 된다"라는 식은 정말 문제입니다. 이 일련의 사건을 통해 우리 역시 깨달아야 합니다. 아무리 선한 동기와 좋은 목적과 헌신적인 열심이 있어도 하나님이 원하시는 방법대로 일하지 않으면 안 됩니다. 말씀대로 하나님을 섬기지 않으면 열심만 있을뿐 그 삶을 깊이 들여다 보면 간증이 없습니다. 그 열심은 사람을 감동시킬지는 모르지만 하나님이 원하시는 것은 아닙니다. 수레를 사고, 호위병을 뽑고,

피리를 부는 것은 하나님과 전혀 상관없는 일입니다. 말씀대로 하나님을 섬기지 않으면 하나님을 기쁘시게 해드릴 수 없는 것입니다. 다윗과 이스라엘의 번영의 관건은 하나님이셨습니다.

우리는 전능하신 하나님이 살아 역사하시는 분임을 믿습니다. 지금도 우리가 어떤 자리, 어느 위치에 있든 하나님의 도우심을 받지 못한다면 우리 삶은 피폐해질 수밖에 없습니다. 그런 의미에서 우리는 끝까지 하나님의 눈치를 살펴야 합니다. 하나님이 역사하시지 않으면 실패할 수밖에 없습니다. 하나님이 축복하시지 않으면 개인의 성공, 교회의 부흥, 우리가 이룬 모든 것이 물거품이 될 수밖에 없습니다.

하나님을 삶 속에서 진정한 나의 왕으로 모셔야 합니다. 이것은 "믿습니다!"라는 구호로 되는 것이 아닙니다. 하나님의 말씀을 따라 그분을 섬겨야 합니다. 이 일은 우리 안에 있는 영적 무지와 모든 편견을 날려 버려야 가능합니다. 그 자리가 바로 종교인과 신앙인이 나뉘는 자리입니다. 교회에 다니는 사람이 종교인이고 예수님을 믿는 사람이 신앙인입니다. 종교인에게는 간증이 없습니다. 그냥 교회에 다니기 때문입니다. 신앙인은 진짜 예수님을 믿고 사는 사람입니다. 그의 삶, 물질, 계획이 다 그분께 있습니다. 나는 지금 어디에 기대어 있습니까?

우리는 하나님이 원하시는 방법으로 그분을 섬겨야 합니다. 하지만 말씀의 홍수 속에서도 하나님의 말씀과 무관하게 살아가는 그리스도인들이 늘어나고 있습니다. 치열하게 성경을 배우고, 그 말씀 앞에 나를 세우고, 성경적으로 그분을 섬기고, 원칙을 지키려는 몸부림이 내 안에 얼마나 있습니까? 진정 서 있는 사람은 '혹 내가 쓰러져 있지는 않은가?' 하고 끊임없이 자문합니다. 주변 사람들에게 "혹시 제가 쓰러져 있지 않나요?"라고 날마다 점검합니다. 그러나 정말 쓰러진 사람은 자신이 누구보다 꼿꼿이 서 있고 누구보다 거룩하다고 생각하며 자기 문제를 전혀 보지 못합니다. 그것이 진짜 무서운 의인입니다. 인간적으로 하나님을 따르는 것이 아니라 성경적으로 그분을 섬기십시오. 그때 하나님의 복을 받고 형통한 자로 살아갈 수 있습니다.

법궤 운반 사건이 주는 교훈

우리가 법궤 사건을 통해 배우는 교훈은 두 가지입니다.

첫째, 교회만 다니는 미신적인 신앙을 청산해야 합니다. 내가 진짜인지 가짜인지는 스스로 가장 잘 압니다. 혹 법궤만 있다면, 그저 교회만 다니면 된다고 믿는 것은 아닙니까? 결코 그렇지 않습니다. 아비나답의 집에 법궤가 있었던 20년뿐 아니라 대대손손 20대가 믿어도 좋은 일이 일어나지 않고 간증도 없습니다. 부뚜막에 소금 3만 가마니를 사다 놓아도 그냥 두면 국 맛에 전혀 변화가 없다는 사실을 알아야 합니다. 한 숟가락이라도 떠 넣어야 합니다. 마찬가지로 하나님의 말씀을 내 삶에 적용하고, 내 삶의 원리요 실천 강령으로 삼아야 변화가 일어나는 것입니다.

어느 추운 겨울날 런던의 한 악기점에 남루한 옷을 입은 여인이 찾아와 먼지 묻은 헌 바이올린 하나를 내놓으며 배가 고프니 그 바이올린을 사 달라고 간청했습니다. 악기점 주인은 동정하는 마음으로 5달러를 주었습니다. 여인이 고맙다는 인사와 함께 사라진 후 주인은 고물 바이올린을 켜 보았습니다. 그러자 놀랄 만큼 맑은 소리가 났습니다. 깜짝 놀라 바이올린의 먼지를 털고 속을 들여다 보니, "Antonio Stradivari 1704"라고 쓰여 있었습니다. 거장 바이올리니스트의 바이올린이었던 것입니다. 악기점 주인은 얼른 나가서 여인을 찾았지만 허사였습니다.

무려 10만 달러를 호가하는 명품을 단돈 5달러에 팔아 버린 여인의 무지는 에서가 팥죽 한 그릇에 장자권을 판 것과 같은 행위였습니다. 최근 경제가 어렵다고 하나님의 것(십일조)을 삼켜 버리는 경우도 심심치 않게 일어납니다. 하지만 기억하십시오. 작은 것을 얻고자 큰 것을 잃는 소탐대실의 우를 범할 수 있습니다.

둘째, 치열하게 말씀을 배우고 공부해야 합니다. 사무엘 사후 혼란하고 어두운 시대 속에 하나님의 말씀을 가르치고 양육하고 물려주는 신앙 교육이 제대로 이루어지지 않았습니다. 우리는 어떻습니까? 자녀들에게 하나님의 말씀을 잘 가르쳐 주고 있습니까? 각종 학원에 보내면서 세상적인 실력을 키우는 일에만 몰두할 뿐 하나님의 말씀을 가르치기 위해 어떤 고민이나 노력을 하지 않습니다. 이것이 바로 우리 신앙의 현 주소입니다.

세상 지식이 충분하지 않아도 하나님이 도와주시면 자녀의 인생이 복될 것입니다. 우리 믿음대로 될 것입니다. 하나님의 말씀을 배우고 자녀들에게 가르치십시오. 우리는 말씀을 따라 사는 참 신앙인으로 살아야 합니다. 그러므로 교회만 다니지 말고 예수를 믿으십시오.

한동대학교 김영길 총장이 쓴 《신트로피 드라마》(두란노, 2014)라는 책이 있습니다. 독일의 물리학자 R. 클라우지우스가 '엔트로피 법칙'을 주창했는데, 다른 말로 '열역학 제2법칙'입니다. 이 법칙에 따라 자연 물질계는 질서에서 무질서 상태로 붕괴, 퇴화, 부패의 변화 과정을 겪습니다. 예를 들어 시간이 지나 금속이 녹슬고 풍화 작용으로 바위가 모래로 바뀌고 나무가 죽어 썩는 것 등입니다.

이러한 엔트로피의 반대 현상을 설명하는 용어가 바로 '신트로피'입니다. 김영길 총장은 이 책에서 물질세계에는 엔트로피의 법칙이 적용되지만, 생명체에는 신트로피의 법칙이 적용되어 질서도가 점점 좋아진다 말합니다. 인간의 타락 이후 물질세계는 정치, 경제, 사회, 문화 전반에 무질서의 법칙인 엔트로피가 증가하고 있습니다. 하나님은 타락한 피조물을 회복시키시기 위해 독생자 예수 그리스도를 보내 주셨습니다. 김영길 총장은 하나님이 예수님의 복음으로 회복 프로젝트를 수행할 신실한 그리스도인들을 찾고 계신다고 합니다. 또한 그는 이 책에서 무신론 과학자에서 신앙을 받아들이고 액면 그대로 믿음을 따르며 살자 기적 같은 일들이 일어났다고 이야기합니다. 우리 삶에도 이런 간증이 쏟아지기를 기도합니다.

진정 세상을 변화시키려면 인간 중심에서 하나님 중심으로 바뀌어야 합니다. 사무엘상·하는 사울과 다윗이라는 두 인물을 극단적으로 비교해 하나님 중심의 사람과 인본주의의 사람의 시작과 끝이 어떠한지를 보여 주고 있습니다. 우리는 무늬만 그리스도인인 종교인이 아니라 하나님 중심의 진정한 신앙인이 되어야 합니다. '엔트로피'의 세상을 '신트로피'의 세상으로 바꾸는 주역은 종교인이 아닙니다. 자신도 변화시키지 못하는 사람이 어떻게 다른 사람을 변화시킬 수 있겠습니까? 세상에는 진짜 믿음으로 살아가는 진짜 신앙인이 필요합니다. 그래서 거창한 구호보다 말씀을 따라 사는 것이 더 중요합니다.

말씀 안에 행복이 있다

걸핏하면 종이를 찢는 사람이 종이를 너무 심하게 찢어 도저히 정상적인 삶이 불가능할 것 같아 정신과를 찾았습니다. 의사에게 종이를 자꾸 찢는다고 이야기했더니, 의사는 아무래도 어릴 때 상처가 있나 싶어 문진도 하고 약도 주었습니다. 하지만 고쳐지지 않았습니다.

그는 이 병원, 저 병원을 다녀 보다가 마지막으로 병원 하나만 더 찾아가 보기로 결심했습니다. 병원에 들어가자 의사가 왜 왔냐고 물었습니다. "제가 앉기만 하면 종이를 찢습니다." 그러자 의사는 단호하게 "앞으로 종이를 찢지 마세요"라고 말했습니다. 그때부터 그는 종이를 다시는 찢지 않았습니다. 의외로 방법은 단순했던 것입니다.

우리는 삶을 너무 복잡하게 살아갑니다. 단순한 순종보다 능력 있는 삶은 없습니다. 하나님의 말씀을 좇은 아브라함은 복을 받았습니다. 그러나 하나님의 말씀을 헌신짝처럼 버린 사울은 하나님께 버림받았습니다. 하나님의 말씀에 순종한 베드로는 좌절과 실패를 청산하고 성공의 사람이 되었습니다. 밤새 한 마리도 잡지 못했지만 예수님의 말씀에 의지해 그물을 내리자 인생의 빈 배가 가득 차는 복을 받았습니다. 말씀 안에 행복이 있습니다.

> "내가 오늘 네 행복을 위하여 네게 명하는 여호와의 명령과 규례를 지킬 것이 아니냐"(신 10:13).

예수님을 만나 행복해졌다면 예수님의 말씀대로 살며 진짜 축복을 마음껏 누려야 합니다. 말씀을 따라 사는 것은 부담이지만 그 삶에 분명 축복을 가져다줍니다. 우리가 모두 오벧에돔과 같은 복을 누릴 수 있기를 바랍니다.

2부
예수를 누리라

1

예수 예수 믿는 것은

반짝이는 성공보다
빛나는 승리를 좇는 것입니다

> 믿음의 사람들은 욕망이 아니라 비전에 이끌려 살아야 합니다. 잘살든 못 살든, 연봉이 적든 많든, 누가 알아주든 알아주지 않든 중요하지 않습니다. 그 길은 요셉처럼 끝까지 가 보아야 알 수 있습니다.

요셉의 생애는 창세기 37장에서 시작됩니다. 그런데 공교롭게도 38장에서 갑자기 유다에 관한 기사 및 생애가 나옵니다. 그리고 39장에 다시 요셉의 이야기가 나오고 50장까지 이어져 창세기가 끝납니다. 위치상 요셉의 생애와 유다의 생애는 비교될 수밖에 없습니다. 유다는 요셉과 같은 아버지를 둔 형제이지만 자기 마음대로 사는 인생을 살았습니다. 그저 되는 대로 충동에 따라 살았던 사람입니다. 반면에 요셉은 전능하신 하나님의 손에 붙들려 하나님이 개입하시고 인도하시는 인생을 살았습니다. 그야말로 두 사람의 삶의 모습은 극명하게 달랐습니다.

요셉은 자기 꿈만 이룬 성공자가 아니었습니다. 단지 자기 가족만 구원하고 자기 영광만 찾는 데서 끝난 것이 아니라 민족을 살려 낸 영웅이었습니다. 하나님이 신택하신 족속 이스라엘을 한 나라로 성립하는 데 크게 공헌했습니다. 당시 초강국이었던 애굽 총리라는 영광의 자리에 앉았을 뿐만 아니라 그 시대의 어두움을 몰아내는 큰 족적을 남기며 세상을 돕고 섬기는 일을 감당했습니다. 그야말로 하나님의 구원 역사에 쓰임 받고 온 세상을 복되게 하는 축복의 사람으로 살았습니다.

그는 성공자를 넘어 승리자의 삶을 살았습니다. 우리의 신앙과 삶의 모델이 되기에 조금도 부족함이 없습니다. 그의 삶은 간증이 넘쳐났습니다. 애굽이라는 이방 나라, 절대권을 행세하던 제3자, 우상을 숭배하던 힘 있는 자들에게도 하나님의 존재를 분명하게 드러냈습니다. 삶의 어느 자리에 있든지 하나님이 함께하심을 드러내며 살았습니다.

성경 인물 중에 요셉만큼 호감이 가는 사람도 드물 것입니다. 17세의 나이에 형들의 미움을 받아 애굽에 노예로 팔려 가서 갖은 고생을 다했습니다. 평생 이방 하늘 아래서 아버지와 형들을 원망하고 신세타령이나 하며 보낼 만합니다. 그러나 요셉은 자신에게 주어진 기구한 상황을 극복하고 축복의 자리, 정상의 자리에 우뚝 섰습니다. 어떠한 혹독한 환경도 그를 절망시키거나 쓰러뜨릴 수 없었습니다. 그 이유가 무엇일까요?

비전을 가지라

요셉은 야곱의 아들 중 한 사람입니다. 특별히 아버지 야곱이 너무나 사랑했던 여인, 첫눈에 반해서 14년간 기꺼이 노동하고 아내로 취한 라헬이 그의 어머니입니다. 야곱은 요셉이 태어날 때부터 유달리 편애가 극심했습니다. 다른 아들과는 다르게 왕자가 입을 법한 채색 옷을 입혀 주었고 요셉을 늘 가까이 두고 좋아하며 사랑했습니다. 이러한 아버지의 편애는 그렇지 않아도 배다른 형제들이 있어서 가계 구조상 많은 문제를 안고 있는 가족 간 갈등 구조를 심화시켰습니다.

그러나 이 모든 상황을 뛰어넘어 요셉의 삶이 다른 사람과 차이가 나는 이유는 그가 꿈꾸는 자이기 때문이었습니다. 어느 날 그는 배다른 형들에게 자신이 꾼 꿈을 이야기했습니다. 형들의 곡식 단이 일어나 요셉의 단에 둘러서서 절하는 꿈이었습니다. 그런 꿈을 또 한 번 꾸었습니다. 해와 달과 열한 별이 절하는 꿈이었습니다. 그는 형들에게 꿈 이야기를 나눈다고 생각했지만 사실은 자랑 삼아 던진 것이었습니다.

요셉의 꿈 이야기를 듣고 형들은 노골적으로 불편함을 드러냈습니다. "네가 우리 왕이라고? 우리가 너의 시중을 들어야 한다는 뜻이야?" 그때부터 형제들은 요셉을 "꿈꾸는 자"라고 부르며 조롱했습니다.

"서로 이르되 꿈꾸는 자가 오는도다"(창 37:19).

이 말은 비꼬면서 하는 말입니다. 새번역성경에는 "야! 저기 꿈꾸는 녀석이 온다"라고 되어 있습니다. 형제들에게 요셉은 입만 뻥긋하면 꿈타령이나 하는 현실감이 떨어지는 사람으로 보였던 것입니다.

그러나 요셉이 꾼 꿈은 단순한 것이 아니라 가족의 미래 모습이었습니다. 좀 더 정확하게 말하면, 하나님이 하찮은 요셉을 구속사의 도구로 쓰시겠다는 신호였습니다. 하나님은 온 우주 만물을 만드시고 역사하시고 주관하시는 분입니다. 그분의 거대한 구속 역사를 이루어 가시려는 계획을 요셉에게 꿈을 통해 보여 주신 것입니다.

창세기 15장에는 이른바 '횃불 언약'이 나옵니다. 믿음의 조상 아브라함과 하나님 사이에 맺은 언약입니다. 당시 계약 당사자들은 제물을 쪼개어 놓고 서로 약속을 신실하게 시키시 못하고 세약을 파기하면 그 제물처럼 쪼개어질 것이라고 약속했습니다. 그렇다면 하나님이 계약 당사자인 아브라함에게 무엇을 요구하셨습니까? "너는 나를 예배하라. 나를 자랑하고 경배하라. 그러면 내가 너를 큰 민족으로 만들고 가는 곳마다 너와 함께하겠다"라는 것이었습니다.

이후 아브라함의 후손은 400년 동안 이방에서 객으로 있었습니다. 그러다가 4대 만에 큰 민족을 이루어 약속의 땅으로 귀환하게 되는데, 그 일을 이루는 대단히 중요한 자리를 요셉에게 맡기신 것입니다. 횃불 언약이 이루어지도록 준비된 사람이 바로 요셉이었던 것입니다.

어쩌다가 아버지의 지나친 편애 때문에 형들에게 미움을 받다가 팔려서 기구한 운명에 내몰린 것이 아닙니다. 오히려 그 일은 하나님의 뜻을 성취하는 계기가 되었습니다. 하나님은 구속사를 이루기 위해 요셉을 먼저 애굽으로 보내신 것입니다. 연단의 과정을 거쳐서 요셉을 중요한 자리에 있게 하시고 이스라엘의 애굽 이주와 출애굽을 준비하는 일을 감당하게 하신 것이었습니다. 또한 요셉은 흉년을 피해 내려온 야곱 가족의 앞날을 준비한 것입니다.

그러므로 사실 이 꿈은 요셉의 꿈이 아닙니다. 정확하게 보면 하나님의 꿈입니다. 인간적으로 요셉의 생애는 굉장히 눈물겹습니다. 그러나 하나님 편에서 보면 하나님의 구속 역사를 이루어 가는 중요한 걸음입니다. 이스라엘을 향한 놀라운 하나님의 계획에 사용된 주인공이 바로 요셉인 것입니다. 요셉은 힘들지만 이 비전을 품고 평생 그 길을 갔습니다.

여기서 요셉이 죽음 같은 시간을 견디며 도망가지 않았다는 사실이 중요합니다. 많은 사람이 기도하고 꿈을 품고 기대를 하지만 때가 이를 때까지 기다리지 못합니다. 하지만 요셉은 답답하고 기막힌 상황이 좀처럼 호전되지 않는데도 발을 빼지 않았습니다. 확실히는 아니지만 어렴풋이 하나님의 놀라운 역사 속에 포함된 일임을 인지하고 있었을 것입니다.

하나님은 일하시되 사람을 통해 일하십니다. 더 정확히 말하면, 하나님은 일반적으로 사람이 아니라 그의 꿈을 통해 일하십니다. 요셉의 삶은 '꿈에 이끌린 생애'라 말할 수 있습니다. 꿈 때문에 고통받고 죽을 고비를 겪고 수모를 겪었습니다. 하지만 그는 꿈 때문에 불행하지 않았습니다. 오히려 꿈으로 인해 행복했습니다.

우리에게는 어떤 꿈이 있습니까? 꿈에는 두 종류가 있습니다. 우리가 만든 꿈과 하나님이 주신 꿈, 즉 비전입니다. 꿈은 자기 안에서 나오는 것이요, 비전은 하나님이 주시는 것입니다. 어릴 때 찢어지게 가난을 겪은 사람은 가난이 한이 되어 부자가 되겠다는 꿈을 꿉니다. 어떤 수모를 겪더라도 돈을 많이 모아서 지난날의 수치를 면하리라 다짐합니다. 키가 작은 남자들은 막연히 키가 큰 여자와의 결혼을 꿈꿉니다. 몇 가지 기준을 낮추더라도 다른 것을 기꺼이 포기합니다. 그러나 이것은 비전이 아닙니다. 욕망이요, 욕심입니다. 꿈이기는 하지만 내 안에서 일어난 소망일 뿐, 인생을 걸 만한 가치는 없습니다.

믿음의 사람들은 욕망이 아니라 비전에 이끌려 살아야 합니다. 잘살든 못 살든, 연봉이 적든 많든, 누가 알아주든 알아주지 않든 중요하지 않습니다. 그 길은 요셉처럼 끝까지 가 보아야 알 수 있습니다. 반드시 비전의 길이어야 합니다. 우리는 욕망을 위한 삶, 욕망에 휘둘리는 삶이 아니라 하늘 비전에 이끌리는 삶을 살아야 합니다. 아무리 잘살아도 욕망을 따라가면 남는 것은 허망뿐입니다. 그러한 성공은 누구에게도 유익이 되지 않습니다. 다 같이 고생해도 끝은 완전히 다를 수 있습니다.

윌리엄 페더의 글에 나오는 이야기입니다. 어떤 사람이 소년 시절에 길에서 5달러짜리 지폐를 주웠습니다. 얼마나 기분이 좋았겠습니까? 그래서 돈 줍는 것에 빠져서 길바닥만 보고 다녔고, 그 일에 전 생애를 소모했습니다. 주운 것을 합쳐 보니 단추가 2만 9,519개, 머리핀이 5만 4,172개나 되었습니다. 그 안에는 동전 수천 개도 있었습니다. 그러나 그는 평생 고개를 숙인 채 살아서 푸른 하늘과 지상의 꽃과 새와 자연과 아름다움을 볼 기회가 없었습니다. 넝마주이 인생을 산 것입니다. 넝마주이에게는 꿈이 있을 수 없습니다.

땅만 보는 인생, 욕심 따라 본능 따라 사는 인생이 그렇습니다. 교회는 다니는데 하나님이 나를 통해 이루기 원하시는 비전과는 상관없이 여전히 세상이 추구하는 것만 좇는 종교인인 것입니다. 그러나 요셉의 꿈은 하나님이 주신 비전이었습니다. 이 비전은 13년 후 현실로 나타났습니다.

꿈을 꾸십시오. 하나님이 주시는 비전을 가지십시오. 나이가 중요한 것이 아닙니다. 30세라도 꿈을 잃어버린 사람은 늙은이요, 노인입니다. 그러나 80세라도 비전이 있으면 젊은이인 것입니다. 아브라함은 75세에, 모세는 80세에 하나님의 부르심을 받았습니다. 갈렙은 85세에 여호수아에게 나아가 "이 산지를 지금 내게 주소서"(수 14:12)라고 하며 다른 사람은 무서워서 감히 탐내지도 못하는 헤브론 땅을 정복하려는 자신의 비전을 목청껏 외쳤습니다. 나이를 초월해서 하나님을 향한 비전을 선포했습니다.

다른 삶을 꿈꾼다면 비전과는 아무 상관없이 단지 먹고살기 위해 살아가는 지금의 인생이 잘못되었다는 사실을 느낄 수 있어야 합니다. 정말 꿈꾸는 자로 살기 원하십니까? 그렇다면 인생의 판을 다시 짜야 합니다. 비전을 발견해야 하는 것입니다. 그리고 하나님이 기대하시는 대로 내 인생의 계획을 다시 짜야 합니다.

비전은 사명입니다. 사명이란 내가 살아 존재하는 이유입니다. 하나님이 지구촌 70억 인구 중에 나를 구원하시고 나와 동역하며 이루기 원하시는 일입니다. 그 일에는 공동체와 온 세상을 섬기고자 하는 대의가 반드시 있어야 합니다. 비전은 사명이고 내 인생의 존재 이유이자 가치인 것입니다. 또한 나이가 많고 힘에 부쳐도 여전히 호흡이 있는 한 멈출 수 없게 하는 열정의 재료입니다.

열심히 사는 것도 좋지만 인생의 목표가 분명해야 합니다. 목표가 잘못되었는데 열심히 가서는 안 됩니다. 차라리 열심이 없는 편이 낫습니다. 신앙은 방향이지 강도가 아닙니다. 인생의 자원과 에너지가 한정되어 있는데 집중해야 할 곳을 모른 채 여기저기 기웃거리고 쾌락, 오락, 유혹에 흔들리면 아무것도 이룰 수 없습니다. 성경은 꿈이 없는 백성은 망한다고 전합니다(잠 29:18). 그러나 비전이 생기고 내가 존재하는 이유를 알고 집중하게 되면 역사가 일어납니다. 하나님을 만난 사람들에게 일어나는 기적은 생각이 달라지는 것입니다. 내가 왜 사는지, 무엇 때문에 살아야 하는지를 알게 되는 것입니다.

인생을 달리며 골인 지점을 모르면 안 됩니다. 먹고 마시다 죽음 앞에 서는 것은 나를 향하신 하나님의 뜻이 아닙니다. 능력이나 자원이 문제가 아니라 계획이 없으면 무모한 것입니다. 본문에는 요셉의 이야기 외에 유나의 이야기가 나옵니다. 그렇게 살면 안 된다는 반면교사의 역할을 하기 위해서입니다.

기도하며 나아가라

꿈은 나를 움직이게 하는 원동력입니다. 꿈은 소망, 삶의 이유, 존재의 근거가 됩니다. 인간은 꿈을 꾸고 성취하며 살도록 만들어졌습니다. 그런데 꿈을 향해 가는 길에 꿈을 무너뜨리는 무서운 복병이 있습니다. 바로 '낙심'입니다. 낙심은 사탄의 강력한 도구입니다. 요셉은 꿈을 꾸었고 그 꿈을 아버지와 형들에게 말했습니다. 하지만 그로써 형들과 갈등의 골이 더 깊어지고 말았습니다. 꿈을 가진 요셉과 그 꿈을 죽이려는 형들 사이에 충돌이 일어난 것입니다.

이 사건 후에 요셉의 형들은 양을 지키기 위해 들로 갔고 요셉은 형들과 함께 가지 않았습니다. 아마도 아버지가 요셉을 곁에 두고 싶어 했기 때문일 것입니다. 요셉은 형들이 잘 있는지 살펴보고 오라는 아버지의 말에 길을 떠났습니다. 형들이 머물던 세겜에 갔으나 형들은 이미 자리를 떴고 결국 요셉은 도단까지 갔습니다. 한편 요셉이 오는 것을 본 형들은 이를 갈며 꿈쟁이 요셉을 당장 죽여 버리자고 모의했습니다. 이는 배다른 형들과의 관계 속에서 미움과 적개심과 소극적인 부모의 태도가 만들어 낸 작품입니다. 요셉을 구덩이에 던져 죽여 버리자고 했을 때 형들의 외침을 들어 보십시오.

"자, 그를 죽여 한 구덩이에 던지고 우리가 말하기를 악한 짐승이 그를 잡아먹었다 하자 그의 꿈이 어떻게 되는지를 우리가 볼 것이니라 하는지라"(창 30:20).

하나님은 우리 각자에게 꿈을 주셨습니다. 그 비전을 품고 앞으로 나아가다 보면 때로는 꿈 때문에 핍박받고 공격받을 수 있습니다. 우리는 항상 꿈 크기만 한 저항을 만나게 됩니다. 꿈에 맞서는 원수의 세력이 다양한 각도에서 계속 등장합니다. 예를 들어 요셉에게는 형들, 보디발의 아내, 기근 등이 있었습니다. 그러나 돌아보면 이런 고난과 역경과 공격은 나를 꿈을 담을 만한 그릇으로 만들고, 그 꿈을 실제로 소유할 만한 근력을 키우는 데 꼭 필요한 일임을 알게 됩니다. 그러므로 우리는 꿈을 무너뜨리는 대적을 넘어서야 합니다. 많은 사람이 비전을 꿈꾸다가 여기에 걸려 다 넘어집니다. 가치 있는 일 중에 대가를 치르지 않고 되는 일은 없습니다.

꿈을 무너뜨리는 대적을 넘어서는 최고의 첩경은 기도의 무릎입니다. 예수님은 "항상 기도하고 낙심하지 말라"고 말씀하셨습니다. 낙심하게 하는 사탄의 공격을 이길 수 있는 무기는 기도입니다. 단지 꿈을 품었다고 해서 모두 승리자가 되지는 않습니다. 그것은 극히 소수에게 해당하는 이야기입니다. 꿈을 품고 정도를 가는데도 점점 상황이 악화될 수 있습니다. 그때 우리에게 어김없이 낙심이 찾아옵니다. 그것은 꿈을 성취하는 과정에서 누구나 경험하는 것입니다. 그러나 그때 손을 놓아서는 안 됩니다. 끝까지 하나님께 기도해야 합니다. 비전을 주신 하나님 앞에 나아가 날마다 비전을 보아야 합니다.

낙심이 찾아오거든 낙심을 정복하신 예수님을 생각하십시오. 기도하는 중에 위로부터 부어 주시는 능력을 덧입으십시오. 비전은 거친 상황에 직면하면 표류하고 방황하지만, 우리가 엎드릴 때 다시 살아납니다. 새벽 기도, 작정 기도, 일천번제는 좋은 채널이 될 수 있습니다.

고수를 만나 보면 그 이유와 비결이 있습니다. 비전이 있고 노력하면 되리라 생각하지만 결코 그렇지 않습니다. 그 과정에 엄청난 기도가 있어야 합니다. 꿈은 결국 죽습니다. 꿈 때문에 지금까지 인간 이하의 대접을 받고도 참았는데 그 꿈이 죽는다고 생각해 보십시오. 그때 우리는 두 가지 기로에 놓이게 됩니다. 꿈을 따라 죽든지, 한 번 더 참고 기도하든지 둘 중 하나입니다. 죽음과 같은 상황을 딛고 선하신 하나님을 기억하고 기도하며 믿음으로 나아가면 다시 죽음에서 부활하는 기적을 누리게 될 것입니다. 그러나 기도가 없으면 비전은 물거품이 되고 맙니다.

비전을 품고 나아가라

하나님의 관점에서 요셉의 인생은 17세부터입니다. 성경에는 그가 꿈을 꾼 시점부터 기록되어 있습니다. 왜 그 이전은 거론되지도 않고 기억하지도 않는 것일까요? 하나님은 요셉이 비전을 품은 그 순간부터 관심을 보이신 것입니다. 마찬가지로 우리의 인생도 비전에서 시작됩니다.

비전은 욕망과 다릅니다. 아파트 구입, 과장 진급, 10억 모으기는 욕심입니다. 하나님은 그러한 일에 목숨걸라고 우리를 구원하지 않으셨습니다. 비전은 하나님으로부터 옵니다. 예수님을 믿고 직분을 받고 꽤 많은 시간이 흘렀지만 하나님이 무엇을 원하시는지 발견하지 못했다면 하나님이 주목하고 인정하시는 진짜 인생은 출발도 못한 것입니다. 과장된 표현으로 하나님은 그 인생을 없는 것같이 보십니다. 열심히 자기 가족만 먹여 살리고 자기 아이들만 위하며 사는 삶은 어찌 보면 살아 있어도 살아 있다고 할 수 없는 인생입니다. 하나님의 비전을 발견하지 못했다면 살 가치가 없는 것입니다. 비전이 나를 잡지 않으면 욕심이 먼저 나를 잡게 되어 있습니다. 내 마음을 누가 먼저 차지하느냐에 따라 결과가 달라지는 것입니다.

하늘 비전을 얻기 위해 기도하십시오. 내가 무엇을 해야 하는지, 어떻게 살아야 하는지 알려 달라고 주님께 간구하십시오. 인생은 짧습니다. 혹 이미 그 비전을 향해 가는데 너무 많은 고난이 있어 낙심하고 있다면 다시 일어나십시오. 우리에게 비전을 주신 하나님이 우리를 새롭게 만나 독려해 주실 것입니다.

하나님을 만난 사람들에게 일어나는 기적은

생각이 달라지는 것입니다.

내가 왜 사는지, 무엇 때문에 살아야 하는지를

알게 되는 것입니다.

2

예수 예수 믿는 것은

성경 매뉴얼대로
인생을 사는 것입니다

예수님을 믿는 신앙인이 축복받는 삶의 원리는 지극히 간단합니다. 특별히 다른 은혜가 필요한 것이 아닙니다. 하나님의 말씀 속에 길이 있다고 믿고, 그 말씀을 인생의 행로로 택하여 따라가면 됩니다.

누구나 복 받기를 원합니다. 복 없는 인생을 꿈꾸는 사람은 아무도 없는 것입니다. 매년 새해 해맞이 행사 때 사람들은 떠오르는 해를 보며 무슨 생각을 할까요? 아마도 무병장수, 물질의 축복 등을 빌 것입니다. 그런데 우리가 복을 기대하면서 분명히 알아야 할 것이 있습니다. 복을 주시는 분은 오직 하나님 한 분이라는 것입니다. 하나님은 우리를 살게도 죽게도 하시고, 흥하게도 망하게도 하시는 분입니다. 인간의 생사화복은 전능하신 하나님의 손에 붙들려 있는 것입니다.

> "여호와는 죽이기도 하시고 살리기도 하시며 스올에 내리게도 하시고 거기에서 올리기도 하시는도다 여호와는 가난하게도 하시고 부하게도 하시며 낮추기도 하시고 높이기도 하시는두다"(삼상 2:6-7).

또한 하나님이 우리에게 복을 주시는 기준도 대단히 명확합니다. 하나님은 모두 사랑하시지만 아무나 축복하시지는 않습니다.

구약성경에서 '복'을 나타내는 단어는 '바라크'와 '아시와르' 두 가지입니다. '바라크'는 누구에게나 일반적으로 주는 복을 가리키는데, 성경에서 415번 사용되었습니다. 하나님이 사람들의 선행과 상관없이 언약 관계 안에서 일방적으로 주시는 복입니다. 이런 의미에서 모든 그리스도인은 이미 복을 받은 사람들입니다. 그런데 시편이 말하는 복은 하나님이 베푸시는 특별한 복을 말합니다. 즉 '아시와르'라는 단어를 쓰는데, 구약성경에서 44번 사용되었습니다. 이 복은 일방적으로 주시는 복이 아니라 삶의 자세와 태도에 따라 받을 수도, 혹은 받지 못할 수도 있는 복입니다. 우리는 먼저 복 있는 자가 되고 하나님이 축복하시는 인생을 살아야 합니다.

소극적으로 악인의 꾀를 좇지 말라

말씀에서 시인은 '의인의 번영'과 '악인의 멸망'을 극명하게 대비시킵니다. 독자들에게 삶의 방향을 어떻게 선택해야 할지를 도전합니다.

> "복 있는 사람은 악인들의 꾀를 따르지 아니하며 죄인들의 길에 서지 아니하며 오만한 자들의 자리에 앉지 아니하고"(시 1:1).

복 있는 사람이 피해야 할 것이 있습니다. 악인들의 꾀, 죄인들의 길, 오만한 자들의 자리입니다. 복을 받으려면 악인이 지향하는 자리에서 떠나야 합니다. 복을 받을 수 없는 곳에서 복을 기대해서는 안 됩니다. 세상은 다 망합니다. 옳아 보이지만 100년도 넘기지 못하고 죽음을 맞이하게 됩니다. 게다가 죽음으로 끝이 아니라 죽음 이후 더 고통스러운 영원한 지옥 형벌이 있습니다. 이것이 악인이 당할 현실입니다. 단지 좋은 차를 타고 사람들이 인정한다고 해서 복 된 삶이라고 말할 수 없는 것입니다.

여기서 '따르다', '서다', '앉다'라는 동사들의 변화를 눈여겨볼 필요가 있습니다. 사람을 점점 더 깊은 수렁으로 끌어들이는 죄의 속성이 고스란히 녹아 있습니다. 처음부터 큰 죄를 짓겠다고 결단하는 사람은 없습니다. 호기심에, 그저 무료함을 달래려고 시작했을 뿐인데 별 생각 없이 마음을 빼앗겨 버립니다. 그러다가 결국 죄의 사슬에 완전히 묶여서 그 자리를 떠나지 못하는 것입니다.

좀 더 깊이 생각할 문제는 시편이 말하는 악인이 누구냐는 것입니다. 시인은 우리가 흔히 알고 있는 죄나 악의 개념이 아니라 조금 다른 차원을 말합니다. 이제껏 죄악이라고 하면 율법이나 법률 규정을 어기는 행위를 뜻했습니다. 즉 살인이나 간음 또는 도둑질 등이었습니다. 그러나 시편은 죄나 악을 그보다 근본적인 측면에서 하나님의 말씀을 벗어나는 행위라고 말합니다. 간단하게 말하면, '자기의 꾀를 의지하는 사람'이 바로 악인인 것입니다. 그는 자기 인생의 길을 스스로 알고 있다고 생각해서 그 길을 갑니다.

악인과 죄인의 결정판이 바로 오만한 자입니다. 오만한 자는 자기 삶의 보좌에 앉아 "내가 내 삶의 주인이다!"라고 외칩니다. 마음대로 인생을 결정짓고 주도해 나갑니다. 하나님과 상관없이 그분의 도움 없이도 얼마든지 살 수 있다고 큰소리칩니다. 그리고 자기 꾀와 능력과 힘을 의지합니다. 하나님을 모르는 자연인들은 '악인의 꾀'로 대표되는 세상을 따라갑니다. 세상의 정신과 가치관을 신봉합니다. 교회에 다니는 우리도 충분히 악인의 꾀를 좇을 수 있고 오만한 자의 자리에 앉을 수 있습니다. 그러나 그곳은 결코 복 된 자리가 아닙니다.

'악인의 꾀'는 '하나님은 없다'라는 사상과 철학을 밑바탕에 깔고 있습니다. 세상에는 세속적으로 성공한 사람들이나 인간적으로 잘된 사람들이 있습니다. 우리는 종종 그들이 주장하는 "이렇게 살면 인생을 행복하게 살 수 있다"라는 말에 쉽게 휘둘립니다. 세상에 길이 있다고 믿기에 연신 세상을 기웃거립니다. 그러나 복 있는 사람이 되려면 이런 생각을 벗어 버려야 합니다.

적극적으로, 하나님의 말씀을 따라 살라

복 있는 사람은 악인의 꾀에 현혹되거나 흔들리지 않습니다. 복은 하나님께 있고 하나님이 복을 주시며 진정한 행복이 하나님께 있음을 굳게 믿기 때문입니다. 그래서 행복의 지침인 하나님의 말씀 속에서 인생의 길을 찾고 그 말씀을 따라 나아갑니다.

"오직 여호와의 율법을 즐거워하여 그의 율법을 주야로 묵상하는도다"(시 1:2).

복 있는 사람으로 살려면 먼저 율법에 헌신해야 합니다. 하나님의 말씀을 사랑하고 즐거워하며 순종해야 합니다. 적극적으로 율법을 실천하는 삶을 살아야 합니다.

그리스도인에게 무엇보다 귀한 것은 믿음입니다. 믿음으로 구원받고 믿음으로 하나님을 기쁘시게 합니다. 그렇다면 믿음의 구체적인 내용은 무엇입니까? 바로 전능하신 하나님이 천지를 창조하셨다는 사실을 믿는 것입니다. 그래서 우리는 사도신경에서 "전능하사 천지를 만드신 하나님 아버지를 내가 믿사오며"라고 신앙고백을 합니다.

우리는 대부분 이러한 믿음을 가지고 있습니다. 하지만 믿음이 여기서 끝나서는 안 됩니다. 하나님이 계신 것을 믿는 믿음만으로는 구원을 얻을 수 없습니다. 그 정도 수준의 믿음은 귀신에게도 있기 때문입니다. 야고보서 2장 19절에는 "네가 하나님은 한 분이신 줄을 믿느냐 잘하는도다 귀신들도 믿고 떠느니라"고 나옵니다. 귀신은 믿음의 세 가지 요소 중 지적인 요소와 감정적인 요소를 가지고 있습니다. 그런데 그 믿음이 온전할 수 없는 이유는 마지막 요소, 즉 의지적인 요소가 없기 때문입니다. 우리의 믿음이 귀신의 믿음보다 못할 수 있습니다. 따라서 '내 믿음은 문제가 없어!'라고 생각하는 것은 정말 위험한 태도입니다.

믿음은 전능하신 하나님의 존재를 인정하고 그 사실에 감정을 싣는 정도가 아니라 지난날의 삶의 방식과 원리를 떠나는 것입니다. 그리고 하나님의 말씀을 삶의 방식과 원리로 택하는 것입니다. 이것이 복 있는 자의 삶의 방식입니다. 다시 말해, 믿음은 전능하신 하나님의 말씀을 믿는 것입니다. 하나님을 내 삶의 주인으로 받아들이고 그분의 말씀을 따라 살아가는 것입니다.

우리가 사는 세상에는 나름의 길과 방법이 있습니다. 그러나 신앙인에게는 참 행복으로 인도하는 하나님의 길과 방법이 따로 존재합니다. 인류의 첫 번째 사람인 아담과 하와는 선악과를 따 먹고 범죄했습니다. 그들은 하나님이 원하시는 행복한 길을 포기하고 사탄, 즉 세상의 길과 가치관을 믿고 따르기로 결정한 것입니다. 스스로 불행을 선택했습니다. 그리고 그 결정이 죄의 뿌리, 즉 원죄가 되었습니다.

우리는 원죄를 안고 태어납니다. 아담과 하와의 자손인 우리는 본능적으로 하나님의 길을 거부하는 기질이 있습니다. 우리의 타락한 본성과 본능은 세상의 길과 방식에 잘 길들여져 있습니다. 하나님이 계시고 그분이 천지를 창조한 창조주시라는 사실을 인정하고 고백하는 것은 그렇게 어렵지 않습니다. 누구나 할 수 있습니다. 그러나 하나님의 방법, 즉 그분의 말씀이 옳다고 인정하고 따라 사는 일은 결코 쉽지 않습니다. 물론 평생 노력해서 작은 승리의 간증이 있기는 하지만 또다시 절박한 상황에 부딪히고 문제 앞에 서면 여전히 어렵고 힘듭니다. 그런 면에서 믿음으로 사는 것은 언제나 모험이고, 그래서 결단이 필요합니다.

그 증거를 바로 출애굽 당시 이스라엘 백성에게서 찾아볼 수 있습니다. 출애굽한 이스라엘은 광야에서 40년 동안 고통받았습니다. 하나님은 지나간 세대를 다 죽이시고 새로운 세대만 축복의 땅에 들어가게 하셨습니다. 하나님이 복 주려고 부르신 그분의 백성을 전멸시키는 큰 희생을 치르면서까지 이스라엘 백성에게 가르치고자 하셨던 것은 무엇입니까?

"너를 낮추시며 너를 주리게 하시며 또 너도 알지 못하며 네 조상들도 알지 못하던 만나를 네게 먹이신 것은 사람이 떡으로만 사는 것이 아니요 여호와의 입에서 나오는 모든 말씀으로 사는 줄을 네가 알게 하려 하심이니라"(신 8:3).

하나님께 은혜를 받고 하나님의 복 없이는 살 수 없음을 고백하게 하시려는 것이었습니다. 그들에게 사람이 떡으로만 사는 것이 아니라 하나님의 말씀으로 산다는 것을 가르치시는 데 40년이 걸린 것입니다. 바로 여기서 광야가 끝났습니다.

시편에 나타난 복 주시는 하나님을 만나기 원한다면 단순히 복을 구하고 갈망하는 데 그쳐서는 안 됩니다. 먼저 하나님의 말씀에 헌신해야 합니다. 시편 기자처럼 하나님의 말씀을 사랑하고 즐거워해야 합니다. 그는 말씀이 행복이며 즐거움이라는 사실을 알았습니다. 은혜를 받은 사람은 말씀을 사랑하고 그 말씀을 따르기를 즐거워합니다.

2절의 '주야'는 '낮과 밤', '온종일'이라는 의미 외에도 '평생', '지속적으로'라는 의미를 가지고 있습니다. 말씀을 꾸준히 삶의 원리로 택한다는 뜻입니다. 어느 한순간 제약을 받는 것이 아닙니다. 우리는 평생 말씀대로 살겠다는 결단이 필요합니다.

복 있는 사람은 하나님의 말씀을 삶의 원칙으로 삼습니다. 이는 하나님이 내 삶의 왕이라는 고백입니다. 즉 왕이신 하나님의 말씀이 삶의 원리요, 지침과 방식이 되어야 하는 것입니다. 악인은 꾀로 살지만, 의인은 하나님의 말씀으로 삽니다. 믿지 않는 사람들은 세상이나 자기 소신 또는 철학을 따라 살지만 성도는 하나님의 말씀을 생명처럼 여기고 따라 삽니다. 하나님의 말씀이 그들의 발에 등이요, 빛입니다. 생각해 보면 세상은 언제 어디서 터질지 모르는 지뢰 투성이입니다. 그런데 어떻게 무방비 상태로 뛰쳐나가겠습니까? 그것은 정말 무모한 행동입니다. 그러므로 하나님의 말씀을 따라 사는 것이 복임을 믿고 살아야 합니다.

미국 사우스다코타 주에 있는 러시모어 산에는 미국 역대 대통령 중 가장 존경받는 이들이 애굽의 피라미드보다 더 크게 조각되어 있습니다. 그런데 그곳에 조각된 네 명의 대통령에게는 공통점이 있습니다. 하나같이 하나님의 말씀을 사랑했다는 것입니다. 단지 하나님의 말씀을 사랑한다고 말만 한 것이 아니라 하나님의 말씀을 정치 철학과 인생 철학으로 받아들이고 실천한 신앙인들이었던 것입니다.

초대 대통령인 조지 워싱턴은 대통령으로 취임하는 자리에서 "성경이 아니면 세계를 올바로 다스릴 수 없습니다"라고 말했습니다. 3대 대통령인 토마스 제퍼슨은 독립선언서를 작성할 때 "미국은 성경을 반석으로 삼아 서 있습니다"라고 했습니다. 16대 대통령인 에이브러햄 링컨은 "이 세상에서 하나님이 주신 선물 중 가장 귀한 것은 성경입니다"라고 말했습니다. 최연소 대통령이 되었고 네 번이나 연임하여 기록을 갱신한 32대 대통령 프랭클린 루즈벨트는 "누군가 인생을 참되게 살기 원한다면 그에게 성경을 주십시오"라고 말했습니다.

그러나 우리는 항상 엉뚱한 데서 길을 찾고 있습니다. 무엇이 중요한지를 잘 모르는 것입니다. 축복 받는 길은 너무 간단합니다. 내가 복을 찾을 필요가 없습니다. 하나님의 말씀 안에 행복이 있기 때문입니다. 하나님의 말씀을 내 삶의 원리로 받아들이고 따르다 보면 자연스럽게 복을 누릴 수 있습니다. 신명기에서 모세는 가나안 입성을 앞둔 이스라엘 백성에게 이렇게 말했습니다.

"내가 오늘 네 행복을 위하여 네게 명하는 여호와의 명령과 규례를 지킬 것이 아니냐"(신 10:13).

하나님의 말씀인 성경은 축복의 매뉴얼입니다. 성경은 인생을 만드신 하나님의 제품 설명서라 할 수 있습니다. 어떤 물건이든 수명대로 고장 없이 사용하려면 매뉴얼을 숙지해야 합니다. 성경은 우리에게 "이렇게 살면 건강하고 행복하고 장수할 것이다. 이렇게 살면 망가지고 힘들어질 것이다. 이렇게 하면 회복될 것이다"라고 하나하나 자세히 가르쳐 줍니다. 따라서 우리는 나보다 나를 더 잘 아시는 하나님의 말씀을 따라 살아야 합니다.

행복한 삶을 사는 비결은 하나님의 말씀을 가까이하는 데 있습니다. 우리는 인간적인 힘이나 능력을 의지하지 말고 하나님의 말씀을 진심으로 즐거워해야 합니다. 2절의 '즐거워하다'라는 단어는 영어 성경에는 'delight'로 되어 있습니다. 이 말은 보통 좋아하는 정도가 아니라 '크게 기뻐하는 것'을 뜻합니다. 시편 기자는 하나님의 말씀을 따라 사는 행복을 맛보았기 때문에 크게 기뻐할 수 있었던 것입니다.

모든 일에 형통함을 누리라

하나님의 말씀을 따라 사는 것이 복입니다. 하나님의 말씀을 삶의 원리로 받아들이면 모든 일이 잘되는 형통의 복을 누리게 됩니다.

> "그는 시냇가에 심은 나무가 철을 따라 열매를 맺으며 그 잎사귀가 마르지 아니함 같으니 그가 하는 모든 일이 다 형통하리로다"(시 1:3).

시편 기자는 율법을 사랑하는 삶을 나무에 비유했습니다. 나무가 잘 자라느냐는 나무가 심긴 땅에 달려 있습니다. 본문의 배경이 되는 이스라엘 땅은 물길을 찾기가 쉽지 않은 지역입니다. 물이 있는 곳이 크게 두 곳인데, 가끔 비가 올 때만 물이 있는 '와디'와 끊임없이 물이 공급되는 인공 수로인 '악카디안'입니다. 시편 기자가 언급한 '시내'는 '악카디안'에 해당합니다. '악카디안'은 저절로 형성된 시내가 아니라 누군가 목적을 가지고 마른 땅을 파서 수로를 만들어 물을 흘려보낸 시내입니다. 따라서 '악카디안'에 심긴 나무는 비와 상관없이 늘 푸르고 철마다 풍성한 열매를 맺습니다.

예수님을 믿는 신앙인이 축복받는 삶의 원리는 지극히 간단합니다. 특별히 다른 은혜가 필요한 것이 아닙니다. 하나님의 말씀 속에 길이 있다고 믿고, 그 말씀을 인생의 행로로 택하며 따라가면 됩니다. 그러면 하나님의 복을 받습니다. 내 인생을 돌아보면 복 받을 만한 요소가 전혀 없을 수 있습니다. 그러나 하나님이 약속하신 복 있는 삶의 태도로 나아갈 때 축복의 물꼬는 터질 것입니다.

'아시와르'의 복은 무조건 주어지는 것이 아닙니다. 하나님 안에 들어가 그분의 말씀을 삶의 원리로 받아들여야만 받을 수 있습니다. 그때 어떤 가뭄에도 마르지 않고 상황에 끌려다니지 않습니다. 하늘에서 은혜를 주시면 상황이나 환경을 뛰어넘어 축복 받은 사람으로 살게 됩니다. 예수님을 믿으면 '와디' 같은 인생이 '악카디안' 같은 인생, 시냇가 인생으로 바뀝니다. 하나님이 메마른 광야 같은 인생을 뚫으셔서 생수를 흘려보내시고 아름다운 열매를 맺는 풍성한 인생으로 만들어 주실 것입니다.

성경을 보면 메마른 광야에서 시냇가로 옮겨 심긴 인물들이 많습니다. 종교인에서 신앙인으로 거듭난 이들입니다. 아브라함도 그렇습니다. 그는 갈대아 우르에서 벗어난 것이 전부가 아니었습니다. 하나님의 부르심을 받고 말씀을 좇아 약속의 땅으로 나아갔습니다. 그리고 마침내 믿음과 물질의 복을 받아 거부가 되었습니다. 또 베드로는 어떻습니까? 그는 자기 생각대로 살 때 실패했으나, 하나님의 말씀에 의지해 살 때 풍성한 결실을 거두는 복을 받았습니다.

복 있는 사람이 받는 복은 그저 말씀을 따라 걸어온 인생의 열매입니다. 악인의 꾀를 버리고 토라를 즐거워하는 사람은 당연히 형통할 것입니다. 예배를 한 번 더 드린다고 해서 의미 있는 것이 아니라 우리 안에 진정한 주인이 바뀜으로 삶의 원리가 달라지는 변화가 우리 안에 일어나야 합니다.

의인의 길을 선택하라

시편 기자는 의도적으로 우리에게 도전하고 있습니다. 의인의 길과 악인의 길이 있는데, 선택은 우리의 몫이라는 것입니다. 악인과 같이 세상의 길을 따라갈 것인지, 하나님의 말씀을 따라갈 것인지 또한 내가 내 삶의 주인이 될 것인지, 하나님을 내 삶의 왕으로 모실건지 선택해야 합니다. 단지 고백에 그쳐서는 안 되고 말씀을 삶의 원리로 받아들여야만 합니다. 악인은 바람에 나는 겨와 같이 심판을 견디지 못합니다. 하나님께 인정받지 못하는 인생을 겨에 비유한 것입니다. 결국 하나님이 지켜주시지 않으면 바람 한 번에 날아가는 인생에 불과합니다.

무릇 의인의 길은 하나님이 인정하십니다. 기독교 신앙을 오해하지 마십시오. 얼마나 착하게 사느냐의 문제가 아닙니다. 그것은 모든 종교에서 하는 것입니다. 기독교 신앙은 얼마나 하나님을 신뢰하느냐의 문제입니다. 우리가 돈을 믿고 내 방식을 고수하면 진정한 그리스도인이 아닙니다. 하나님의 방법을 받아들이는 것, 이것이 시편이 우리에게 던지는 도전입니다.

3

예수 예수 믿는 것은

하나님의 재단에
나를 맞추는 것입니다

> 하나님의 뜻을 행하는 삶은 힘들어도 포기할 수 없습니다. 비록 시행착오의 대가를 치를지라도 내려놓을 수 없습니다. 언제나 가장 안전하고 가장 좋은 길이기 때문입니다.

미국 메이저리그 시카고 화이트삭스 팀에서 코치로 있었던 이만수 씨는 유명한 야구 선수였을 뿐 아니라 예수님을 잘 믿는 집사입니다. 지금은 한국에서 프로야구 팀 코치를 하고 있는데, 자신의 야구 인생을 돌아보면서 가장 기본으로 꼽고 싶은 것 두 가지를 이야기했습니다.

첫째는, 고집입니다. 그는 고집이 기본에 대한 신뢰라고 설명했습니다. 현역 시절부터 '운동에 방해되는 것은 어떤 것도 결코 하지 않는다'라는 원칙을 굳게 세우고 30년 야구 인생 동안 철저하게 지켜 왔습니다. 그런데 나중에 미국 메이저리그에 가서 놀랐다고 합니다. 이미 선진 야구에서는 모터사이클이나 스카이다이빙 등 선수 생활에 치명적인 지장을 주는 여가 활동을 문서로 금지하고 있었던 것입니다.

둘째는, 섬세함입니다. 그분은 야구를 처음 시작했던 고등학생 시절부터 쓰기 시작한 야구 일지를 30년 넘게 계속 쓰고 있었습니다. 경기가 끝나면 그날의 경기 상황, 느낀 점, 보완해야 할 점을 꼼꼼히 일지에 기록했습니다. 그것을 통해 야구에 대한 감각을 칼끝처럼 유지할 수 있었던 것입니다.

거친 운동을 하는 야구 선수들에게 섬세함은 자칫 낯설게 여겨질 수 있습니다. 그러나 고급 선수들에게는 상식이요, 필수인 것입니다. 신앙생활도 마찬가지입니다. 단지 교회를 왔다 가는 종교인에게 이번 주제는 기대되지 않을지 모릅니다. 그러나 진정 살아 계신 하나님을 누리고 경험하는 그리스도인이 되려면 반드시 섬세함이 필요합니다. 이 세상에 대충 해서 되는 일은 없습니다. 좋은 신앙인에게 섬세함은 필수입니다.

하나님은 살아 계셔서 주권을 가지고 만물을 다스리시며 지금도 일하십니다. 그러나 인간의 눈으로는 하나님을 볼 수 없고 그분의 음성을 듣지 못합니다. 그럼에도 하나님은 일하십니다. 따라서 우리는 하나님의 뜻을 분별하기 위해 노력해야 합니다. 이것은 마치 청각장애인이 입술 모양을 주목하며 상대방의 말을 읽어 내려고 애 쓰는 것과 같습니다. 그들은 극도의 집중력을 발휘합니다. 우리도 그렇게 노력할 때 겉핥기 식의 신앙생활이 아니라 신앙의 연수를 초월해 하나님을 경험하는 축복을 누리게 될 것입니다. 그것을 위해 우리에게는 섬세함과 예민함이 필요합니다.

복잡한 상황 속에서 하나님의 뜻을 찾고 하나님의 마음을 읽고 하나님과 함께하는 일을 분별하는 것은 간단하지 않습니다. 그러나 우리는 결코 그 일을 포기해서는 안 됩니다. 고통이 따르고 힘들지만 매우 중요한 일이고 그것이 우리를 최고의 길로 인도하기 때문입니다. 하나님의 뜻은 항상 우리를 최고의 길로 인도합니다. 그분이 어디로 인도하시든, 무엇을 명령하시든 그것은 최상의 삶입니다.

과거를 돌아보면 내가 좋아서 간 길이 많지만 그때의 선택이 후회되는 것이 한두 번이 아닙니다. 반면 나는 정말 가고 싶은 마음이 없었지만 하나님이 등을 떠미셔서 마지못해 갔는데 길이 열리고 꽃이 피고 축복의 열매가 맺힌 일이 있지 않습니까? 그런 일이 한두 번 삶 속에 쌓이면 진정 나보다 나를 더 잘 아시는 하나님의 인도하심이 최고라는 사실을 깨닫게 됩니다. 그리고 이후에 하나님이 나를 어디로 어떻게 인도하시든 하나님의 뜻을 좇고 그분을 따라가겠다는 결심을 확고히 하게 됩니다.

하나님의 뜻을 행하는 삶은 힘들어도 포기할 수 없습니다. 비록 시행착오의 대가를 치를지라도 내려놓을 수 없습니다. 언제나 가장 안전하고 가장 좋은 길이기 때문입니다. 지금도 믿음의 사람들 중 상당수가 이 문제로 고민하고 있습니다. 인생이 꽉 막혀서 도대체 어디가 어디인지 분별할 수 없는 기가 막힌 상황에서 '내 삶이 여기서 이렇게 끝나는가!' 하고 절망하고 좌절하며 길을 찾는 이들이 있습니다. 그러나 걱정하지 마십시오. 하나님이 반드시 우리를 인도하시고 현실 속에서 하나님의 뜻이 무엇인지 가르쳐 주실 것입니다.

하나님은 애굽에서 고통으로 부르짖는 이스라엘 백성을 구원해 주셨습니다. 출애굽 이후 하나님은 그들을 광야에 버려두지 않으시고 필요한 모든 것을 채워 주셨습니다. 만나와 메추라기로 주린 배를 채우시고 반석의 물로 갈한 목을 축이시면서 40년간 인도하시고 보호하셨습니다. 구름 기둥과 불 기둥으로 젖과 꿀이 흐르는 가나안까지 인도하셨습니다.

이러한 하나님의 인도하심과 축복은 영적으로 우리에게 그대로 적용됩니다. 하나님은 영 죽을 우리를 찾아오셨습니다. 우리의 죄를 씻고 덮어 주셔서 우리를 하나님의 자녀로 삼아 주셨습니다. 부족과 결핍 속에 늘 허덕이는 우리 인생을 버려두지 않고 우리 삶 깊이 간섭하셔서 이끄시고 먹이시고 입히십니다. 그리고 의심하는 자들을 향해 "들의 백합화가 어떻게 자라는가 생각하여 보라 수고도 아니하고 길쌈도 아니하느니라…오늘 있다가 내일 아궁이에 던져지는 들풀도 하나님이 이렇게 입히시거든 하물며 너희일까 보냐"(마 6:28-30)라고 말씀하시며 확신도 주십니다. 또한 우리를 지키실 뿐 아니라 영원한 천국까지 인도하십니다. 하나님은 결코 우리를 방치해 두지 않으십니다.

"이 하나님은 영원히 우리 하나님이시니 그가 우리를 죽을 때까지 인도하시리로다"(시 48:14).

여기서 "이 하나님"이란 '진실로 이는 하나님이시다'라는 의미입니다. 시편 기자는 48편을 시작하면서 "여호와는 위대하시니"라고 선포하고 찬양했습니다. 하나님이 얼마나 크고 전능하신 분인지 노래하며 시를 시작했고, 마무리하면서 "진실로 이는 하나님이시다"라고 합니다. 오직 하나님만 참 하나님이시고 다른 신은 없다는 뜻입니다.

시편 기자는 왜 이렇게 확신 있게 말했을까요? 그는 시온에서 이 사실을 체험했기 때문입니다. 그가 처한 상황은 해산하는 여인의 고통 같았습니다. 죽음 같은 공포에 직면해 있었던 것입니다. 그러나 그는 절망과 두려움 속에서 하나님 앞에 문제를 들고 나갔고, 하나님은 모든 원수를 물리쳐 주셨습니다. 여기서 '죽음'은 모든 위협과 장애물을 상징합니다. 하나님이 죽음을 넘어 영원히 우리를 인도하신다는 뜻입니다.

이 하나님의 인자하심에 이르자 그는 입을 다물고 있을 수 없었습니다. 그래서 결론적으로 확신에 찬 고백을 쏟아놓은 것입니다. "여호와 하나님은 광대하시다. 죽음 같은 상황에서 나를 구원하신 하나님은 힘들고 어려운 때뿐 아니라 영원까지 우리를 인도하신다." 이것은 진실로 살아 계신 하나님을 경험한 자만이 할 수 있는 고백입니다.

기가 막힌 상황을 안고 떨리는 다리로 겨우 하나님의 말씀 앞에 나온 우리의 고민과 눈물과 암담함이 탄성으로 바뀌기를 간절히 소원합니다. 막연하던 하나님, 다른 사람의 간증이나 설교 속에만 계시는 하나님이 아니라 우리 삶 속에 함께하셔서 내 문제를 해결해 주시는 하나님을 확신 있게 체험하기를 바랍니다.

　이번에는 어떻게 하면 우리의 남은 생애가 하나님을 손으로 만지듯 실제로 경험하는 인생이 될 수 있는지, 하나님의 마음을 읽기 위한 몇 가지 지침을 나누고자 합니다. 대단한 내용이 아니라 신앙의 기본기에 해당하는 내용입니다. 결과를 만들어 내는 것은 고도의 기술이 아닙니다. 문제는 항상 기본에서 결판이 납니다.

하나님의 뜻에 수용적 자세를 가지라

"나는 어떤 대가를 치르더라도 하나님의 뜻을 따라 살겠다"라고 결단할 때 우리는 하나님을 경험할 수 있습니다. 이것은 하나님과 함께하고 하나님의 인도하심을 받기 위한 신앙의 기본입니다. 진정으로 하나님의 뜻을 알기를 소원해야 합니다. 힘들더라도 하나님의 뜻이면 수용하겠다는 마음을 가져야 합니다. 하나님은 "하나님이 부르신다면 이 일을 할 수 있습니다"라는 간절함과 갈증을 가진 사람을 인도하십니다. 간절히 소망하지 않는 자에게는 은혜를 주시지 않습니다. 주어도 도움이 되지 않고 받은 줄도 모르기 때문입니다. 이런 고민이 없으면 하나님은 하나님대로, 나는 나대로 살며 겉돌 수 밖에 없습니다. 그러면 간증도, 경험도 없습니다.

　미국에 샘이라는 사람이 있었습니다. 그는 자동차에 기름을 넣기 위해 잠시 멈추었는데 출발하고 5시간이 지난 후에야 아내를 주유소에 두고 왔다는 사실을 알아챘습니다. 그래서 다음 도시에 도착해 경찰에게 아내와 연락이 닿을 수 있게 해 달라고 부탁했습니다. 그는 아내가 없는 것을 전혀 알아차리지 못한 자신을 부끄러워하며 잘못을 인정했습니다.

어떻게 이런 일이 있을 수 있습니까? 그런데 하나님과 우리의 관계에서 이런 일이 가능합니다. 신앙생활은 하나님과 동행하는 것이지만 우리는 자주 하나님을 잊어 버리고 혼자만 질주합니다. 신앙생활은 결혼과 같습니다. 혼자 사는 것이 아닙니다. 하지만 하나가 되는 것은 그리 간단한 일이 아닙니다. 늘 함께할 수 있다는 기쁨이 있지만 의견 일치 등 상당히 복잡한 상황을 맞닥뜨리게 됩니다. 이런 문제들로 고민하지 않는다면 신앙과 분리된 채 얼마든지 살아갈 수 있습니다. 그러므로 우리는 하나님과 동행하면서 하나님을 체험하고 누릴 수 있어야 합니다. 여기서 신앙인과 종교인이 구별되는 것입니다.

이런 잘못에서 벗어나려면 하나님의 뜻을 받아들이는 자세가 필요합니다. 하나님의 인도하심을 받으려면 겸손해야 합니다. 내 생각을 내려놓고 하나님의 도우심을 구해야 합니다. 마이스터 에크하르트는 이런 유명한 말을 했습니다.

"진정한 영성은 비우는 것과 관계가 있다."

우리는 진정한 신앙생활이라고 하면 무언가를 더하는 것으로 아는데 그렇지 않습니다. 철저히 내 생각을 내려놓아야 합니다. 그러면 하나님은 내가 내려놓은 분량만큼 완벽하게 내 안에 찾아오셔서 내 삶을 인도하십니다. 이것이 바로 하나님을 누리고 경험하는 삶입니다. 우리가 너무 진하기 때문에 하나님이 드러나지 않는 것입니다. 하나님을 경험하기 원한다면 반드시 우리 안에 "나는 하나님의 뜻이라면 어떤 일이든 수용하고 순종하겠습니다"라는 결단과 각오가 새롭게 이루어져야 할 것입니다.

하나님의 말씀에 비추어 보라

어떤 사람은 하나님이 안개가 잔뜩 낀 신비한 기도원의 돌담 사이에 계신다고 생각합니다. 그렇다면 하나님의 뜻은 어디 있을까요? 하나님의 뜻은 그분의 말씀 가운데 있습니다. 우리에게 하나님의 마음을 읽고 하나님의 뜻을 분별하라고 주신 책이 성경입니다. 축복의 매뉴얼이요, 제품 설명서입니다. 우리를 만드신 하나님이 "이렇게 하면 너희가 행복하고, 이렇게 하면 안 된다"라고 적어 주신 내용이 성경에 다 들어 있습니다. 하나님의 뜻은 결코 하나님의 말씀인 성경과 모순되지 않습니다.

하나님의 말씀은 우리 삶의 나침반이자 거울입니다. 하나님의 가장 분명한 뜻이 성경에 있기에 우리는 하나님의 말씀 속에서 길을 찾아야 합니다. 하나님의 말씀은 우둔한 자도 지혜롭게 합니다. 하나님의 말씀은 나를 원수보다 지혜롭게 하고 어떤 스승들에게 얻는 것보다 더 많은 통찰을 얻게 하며 노인을 능가하는 명철을 선물로 줍니다.

> "주의 계명들이 항상 나와 함께하므로 그것들이 나를 원수보다 지혜롭게 하나이다 내가 주의 증거들을 늘 읊조리므로 나의 명철함이 나의 모든 스승보다 나으며 주의 법도들을 지키므로 나의 명철함이 노인보다 나으니이다"(시 119:98-100).

여기서 '읊조린다'라는 표현은 묵상을 말합니다. 우리는 하나님의 말씀을 묵상하면서 지혜를 발견하고 인생의 길을 찾으며 해답을 얻습니다. 그러므로 하나님의 말씀을 사랑하고 묵상해야 합니다. 하나님의 말씀은 우리가 궁금해서 던지는 대부분의 질문에 대한 답을 제공해 줍니다. 물론 답을 찾는 데는 시간과 인내와 노력이 요구됩니다.

신동아건설의 부회장을 만나 이야기를 나눈 적이 있습니다. 그는 평생 잠언과 전도서를 읽으면서 경영의 지표로 삼아 왔다고 말했습니다. 혹 잠언과 전도서는 금방 다 읽는데 무슨 말이냐고 할지 모르겠습니다. 그러나 하나님의 말씀은 파낼수록, 퍼 올릴수록 더 값진 보화와 생수를 우리에게 공급해 줍니다. 그러므로 진정 하나님의 뜻을 알기 원한다면 그분의 말씀 앞에 가까이 나가야 합니다.

영국 수상을 지낸 윈스턴 처칠과 아내는 늘 하나님의 말씀에서 위로와 지침을 얻었다고 합니다. 1911년 윈스턴 처칠은 해군 장관에 임명되기를 간절히 고대하면서 후보 명단에 올랐지만 탈락할까 봐 두려운 마음을 아내에게 털어놓았습니다. 그러나 아내는 강한 확신을 보이며 잘 될 것이라고 말해 주었습니다. 기도하는 마음으로 성경을 펼쳤을 때 이 구절을 발견했기 때문입니다.

> "배들을 바다에 띄우며 큰 물에서 일을 하는 자는 여호와께서 행하신 일들과 그의 기이한 일들을 깊은 바다에서 보나니"(시 107:23-24).

말씀대로 윈스턴 처칠은 해군 장관에 임명되었고, 영국 해군을 이끌어 세계대전에 참전하는 과업을 달성할 수 있었습니다. 그리고 그 공로로 영국 수상의 자리까지 오를 수 있었습니다. 자신의 이해를 넘어선 성경의 인도를 받아 역사상 중요한 시기에 지도자 역할을 감당해 낼 수 있었던 것입니다. 약삭빠른 정치인들은 국민의 기독교 정서를 자극하려고 성경을 인용하는 것이 아니라 이용하기에 버림받았습니다. 그러나 처칠은 달랐습니다. 성경의 영감과 진리를 믿고 말씀 속에서 길을 찾았습니다.

하나님의 길을 찾고 하나님과 함께하는 축복을 소망하면서 하나님의 말씀을 묵상하고 보는 자에게 그분은 그 길을 지도하시고 이끌어 주십니다. 하나님의 말씀을 사랑하고 하나님을 가까이하십시오. 그때 말씀의 주인 되신 하나님이 우리를 끝까지 책임져 주실 것입니다. 또한 말씀의 역사를 마음껏 누리고 하나님을 경험하게 될 것입니다.

우리가 말씀을 떠나서 하나님의 인도하심을 받으려고 하면 자칫 잘못될 수 있습니다. 그러므로 늘 부지런히 말씀을 읽고 열심히 말씀을 들어야 합니다. 성령과 말씀은 일체이기 때문에 그분은 말씀으로 우리를 인도하십니다.

끝까지 기도하며 기다리라

하나님을 경험하려면 끝까지 기도하며 기다려야 합니다. 하나님의 뜻이 분명하고 사람들에게 조언도 받고 성경의 지원도 있었는데, 이상하게 상황이 개선되기는커녕 복잡해지고 꼬이는 경우가 있습니다. 이럴 때는 서두르거나 조급해하지 말아야 합니다. 대개 기다리는 것이 최선일 때가 많습니다. 인생은 사실 기다림의 연속입니다. 추운 겨울이 되면 따뜻한 봄을 기다리듯 어려운 사람은 좋아질 때, 더 나은 시간을 기다리고, 신앙적으로도 늘 하나님의 은혜와 기도 응답을 기다립니다.

기다림은 사실 힘듭니다. 그러나 신앙 여정을 돌아보면 알 수 있듯 하나님 앞에서 기다린 시간은 헛되지 않습니다. 그 기다림은 반드시 큰 보상이 되어 하나님의 시간에 그분이 더 많은 것으로 역사해 주십니다. 결정할 사안이 클수록 기다리는 시간이 더 길어질 수 있습니다. 그러나 조급해하거나 초조해하지 마십시오.

때로 사람들은 "아무리 물어도 응답이 없을 때는 어떻게 합니까?"라고 묻습니다. 답은 간단합니다. 응답하실 때까지 기다리십시오. 하나님이 "내가 영원히 너희를 인도하겠다"라고 하신 약속의 말씀을 붙잡고 끝까지 기다려야 합니다. 또 다른 사람들은 "저는 그런 기도를 드릴 힘도 없고 기도가 안 됩니다"라고 말합니다. 그 답도 간단합니다. 기도할 수 있는 힘을 달라고 기도하십시오. 그러면 하나님이 기도할 힘을 주실 것입니다.

성령의 인도하심은 서두르면 안 됩니다. 확신이 설 때까지 오래 기다리고 자리를 지키면 일을 그르치지 않습니다. 몇 가지 상황이나 환경을 섣불리 조합해서 자기 뜻을 합리화해 '이것이 하나님의 뜻이다'라고 결단을 내리고 갔다가는 사고가 나기 쉽습니다. 확신을 가지고 끝까지 기다리십시오. 이것도 훈련이 되어야 가능합니다. 거듭 말하지만 분명히 응답하신다는 확신을 갖는 것이 중요합니다. 심리학자 스코트 펙은 이렇게 말했습니다.

"잘 모르겠다는 사실을 인정하고 그 딜레마 속에 그냥 있으라. 그것이 최선은 아닐지라도 최악은 아니다."

하나님의 뜻이 굳게 설 때까지 기도하며 기다리십시오. 그리고 확실하지 않으면 차라리 기다리십시오. 그것이 최선은 아닐지라도 섣불리 내린 인간적인 결정으로 고통당하는 것보다는 훨씬 나을 수 있습니다. 역사 속에서 최악은 내 생각이 옳다고 의심 없이 밀어붙일 때 발생했습니다. 적어도 내가 틀릴 수 있다는 점을 인정만 해도 최악은 일어나지 않습니다.

모든 과정에 기도로 일관해야 합니다. 지금까지 기도했지만 그때 필요한 것은 깊은 기도의 시간입니다. 기도는 내 주장과 고집을 관철시키는 성토의 시간이 아니라 하나님 앞에 내 주장을 내려놓고 하나님의 뜻을 분별하는 장이어야 합니다. 기도는 내 뜻을 죽이고 하나님의 뜻을 찾아가는 조금은 긴 시간이 필요한 과정입니다. 자기 욕심과 생각으로 가득하면 하나님의 뜻을 분별할 수 없습니다.

기도에는 두 가지가 있습니다. 첫째는 내 뜻을 관철시키려는 기도로 초보적인 기도입니다. 하늘의 뜻을 내게로 끌어내리기 위해 기도합니다. 하지만 성숙한 그리스도인은 하나님을 끌고 다니려고 하지 않습니다.

어느 날 개미들이 길을 가는데 코끼리가 나타났습니다. 쾅 하고 한 번 밟았는데 친구들 수십 마리가 죽었습니다. 화가 잔뜩 난 개미 세 마리가 "안 되겠다. 우리 동료를 죽게 한 코끼리를 그냥 두지 말자"라고 말했습니다. 그리고 개미 한 마리가 코끼리 목을 잡고, 한 마리는 등에 올라탔고, 한 마리는 꼬리를 삼았습니다. 목을 삼은 개미가 말했습니다. "코끼리를 목 졸라 죽이자." 그러자 등에 탄 개미가 말했습니다. "밟아 죽이는 게 낫다." 그때 꼬리를 잡고 있던 개미가 이렇게 말했다고 합니다. "일단 끌고 가자."

우스운 이야기지만 오늘날 많은 그리스도인의 모습을 반영하는 것 같습니다. 많은 성도들은 하나님을 알라딘의 요술 램프 속에 계시다가 우리가 힘든 일이 생겨 램프를 살살 문지르면 짠하고 나오셔서 소원을 이루어 주고 다시 램프 속으로 들어가시는 분으로 착각합니다. 그것은 하나님을 끌고 가려는 생각입니다. 하나님은 우리에게 휘둘리시는 분이 아닙니다. 거룩하신 하나님은 지금도 아주 섬세한 손길로 만물을 움직이고 계십니다. 우리가 하나님의 완벽한 구조 속에 들어가야 하는 것입니다. 내 뜻을 내려놓고 하나님이 역사하시는 시간, 하나님의 섭리 안으로 들어갈 때 간증이 쌓이고 광야 같은 세상에서 하나님과 동행하는 축복을 누릴 수 있습니다.

둘째는 하나님의 뜻을 이루려는 기도입니다. 궁극적인 최선의 기도는 이것이어야 합니다. 예수님이 겟세마네 동산에서 드린 기도처럼 내 뜻은 죽고 하나님의 뜻이 살아나야 합니다.

"내 원대로 마시옵고 아버지의 원대로 되기를 원하나이다"(눅 22:42).

깊은 기도 속에서 예수님이 죽으셨듯이 우리도 죽어야 합니다. 기도가 어렵거든 마지막에 주님의 기도를 덧붙일 것을 권합니다. 얼마나 안전한 기도의 문구인지 모릅니다. 하나님은 항상 최고요, 최선의 길로 우리를 인도하시기 때문입니다.

영적 민감함을 기르라

우리는 성령의 역사에 민감해야 합니다. 세상의 유행은 잘 따라가고 온갖 세상의 소리는 잘 듣고 이 시대의 흐름을 간파하는 눈은 가지고 있는데 영적 민감함이 없다면 하나님과 동행하기 어렵습니다. 그런 사람에게 하나님을 경험하는 일은 요원하기만 합니다. 말씀이나 기도뿐 아니라 하나님을 경험하는 삶 역시 계속해서 쌓여야 합니다. 요셉은 극한 고난 가운데서도 하나님의 역사를 읽고 있었기에 절망적인 상황에서 도망치지 않을 수 있었습니다.

개미 수백 마리가 과자 조각을 옮긴다고 끙끙댔습니다. 안타까워서 살짝 옮겨 주었더니 오히려 당황하며 도망쳤습니다. 도와주려고 한 일인데 개미들이 헤아리지 못하니 결과는 정반대가 된 것입니다. 우리를 향한 하나님의 마음도 이와 같습니다. 하나님은 믿음의 사람들이 길을 찾지 못해 방황할 그들을 돕고 인도하기를 원하십니다. 그런데 하나님의 마음을 깨닫지 못하면 도망칠 것입니다. 그러므로 말씀과 기도를 통해 민감한 영성의 소유자가 되어야 합니다. 그 길만이 끝까지 하나님의 인도하심을 받는 지름길입니다.

4

예수 예수 믿는 것은

하나님이 알려주신 길을
한 결 같이 걷는 것입니다

> 하나님의 말씀을 사모하는 것은 종교인의 삶을 끝내고 진정한 영적 세계로 들어가 참된 신앙을 시작하는 데서 나타납니다. 말씀 사랑은 하나님과의 진정한 교제의 시작입니다.

시편 119편은 성경의 위대한 가치를 예찬하는 말씀으로, 많은 내용을 담고 있습니다. 성 어거스틴은 시편의 다른 부분의 주석을 마칠 때까지 시편 119편의 주석을 미루어 두었습니다. 그러다가 마지막까지 망설임 속에서 주석을 마칠 수 있었다고 합니다. 우리는 어거스틴의 심정을 이해할 수 있을 것 같습니다. 우선 말씀이 너무 길기 때문입니다. 무려 176절이나 됩니다. 마음을 단단히 먹지 않고는 끝까지 읽기도 쉽지 않습니다. 뿐만 아니라 그 내용이 크고 깊습니다. 도대체 어떻게 접근해야 할지 감이 잡히지 않습니다.

이장의 제목은 유진 피터슨이 쓴 《메시지》(복있는사람, 2015)의 시편 119편 1절 말씀을 인용한 것입니다.

C. S. 루이스는 《시편 사색》(홍성사, 2004)에서 이렇게 말했습니다.

"이 시편은 모든 시편 중에 가장 짜임새 있고 가장 잘 다듬어져 있다. 시편 119편은 오랫동안 조용한 시간에 한 뜸 한 뜸 수를 놓듯이, 마치 숙련된 장인이 여가를 즐기면서 만든 작품과 같다."

시편 119편으로 깊이 들어가기 전에 이 시편이 가진 특징을 몇 가지 살펴보겠습니다.

몇 가지 특징

시편 119편은 시편 전체뿐 아니라 성경 중에서 가장 긴 장입니다. 길이가 길 뿐만 아니라 깊이도 깊고 예술성도 뛰어납니다. 시편 119편은 알파벳 순서대로 각 절을 시작합니다. 이를 '답관체'라고 하는데, 답관체시 중에서도 가장 길고 잘 다듬어졌습니다. 히브리어에는 알파벳이 알렙, 베트, 기멜, 달렛, 헤 등 22개가 있습니다. 그것을 "가, 가라사대…" 하는 식으로 알파벳당 8행으로 만들어 합이 176절이 된 것입니다. 알파벳 시로서는 가장 발전된 형태를 보여 줍니다.

알파벳 순서를 따르다 보면 사상의 흐름이 없을 것만 같습니다. 또 너무 인위적이어서 각 절의 흐름이 끊길 것이라고 생각합니다. 그러나 시편 119편의 각 연은 분명한 중심 사상을 가지고 있고, 길고 복잡한 시에는 부인할 수 없는 통일성이 있습니다.

이 시의 전체 주제는 하나님의 말씀, 즉 토라에 대한 찬양입니다. 하나님의 말씀을 향한 사모함과 말씀을 따라 살고 싶어 하는 간절한 순복의 열정이 곳곳에 역력하게 묻어 있습니다. 시인은 다양한 언어로 '말씀'을 표현합니다. 유사어가 여덟 개 등장하는데, '말씀', '율례', '약속', '계명', '규례', '판단', '규범', '증거'입니다. 이 놀라운 작품을 만든 시인은 누구이고 어디서 언제쯤 이 시를 완성했을까요? 많은 추측이 난무한데 실제로 정확히 밝혀지지는 않았습니다. 하지만 시편 119편이 우리에게 전하는 교훈 속으로 들어가는 데는 아무 문제가 없습니다.

하나님의 말씀에 대한 태도

시편 119편은 앞서 언급했듯이 무려 176절로 구성되어 있기 때문에 그 내용을 살피는 것이 쉽지 않습니다. 여기서는 시 전체가 말하는 핵심을 나누고자 합니다. 말씀에는 하나님의 말씀에 대한 시인의 태도가 담겨 있습니다. 몇 가지 정리한 내용을 통해 교훈을 얻기를 바랍니다.

1. 말씀을 사랑한다

시편 119편에 흐르는 말씀에 대한 첫 번째 태도는 하나님의 말씀을 매우 사랑한다는 것입니다. 이 시편에서 가장 중심적으로 등장하는 단어는 '토라'(율법)로, 무려 25번이나 반복되었습니다. 시인이 율법을 매우 사랑하고 좋아한다는 것을 알 수 있습니다.

"주의 율례들을 즐거워하며 주의 말씀을 잊지 아니하리이다"(시 119:16).

율법은 자칫 자유를 빼앗고 구속하는 말씀이라고 생각하기 쉽습니다. 아마도 하나님의 말씀을 원심분리기에 넣으면 "하라"와 "하지 말라" 두 가지로 나뉠 것입니다. "하라"는 명령은 힘들고 부담스러워서 안 하고 싶은 것들입니다. 또 "하지 말라"라는 명령은 죄성이 부채질하는 것들로 말씀을 대할 때마다 은연중에 거부하게 됩니다. 그러나 시인에게는 그런 마음을 전혀 느낄 수 없습니다. 하나님의 말씀은 그에게 기쁨이고 즐거움이고 위로이며 주야로 생각할 주제이고 인생의 역경과 환난 중에 신뢰와 희망을 주는 원천입니다. 또한 어두운 세상에서 길을 잃었을 때 그 길을 밝혀 주는 등불입니다.

"주의 말씀은 내 발에 등이요 내 길에 빛이니이다"(시 119:105).

시편 119편은 다소 길고 지루하기도 하지만 고전 음악처럼 진한 감동을 선사해 줍니다. 말씀에 대한 정통하고 깊이 있는, 결코 빠뜨릴 수 없는 내용을 모두 포함하고 있기 때문입니다. 시인은 얼마나 하나님의 말씀을 사랑하고 좋아하는지, 하나님의 말씀이 꿀보다 더 달다고 했습니다.

"주의 말씀의 맛이 내게 어찌 그리 단지요 내 입에 꿀보다 더 다니이다"(시 119:103).

이런 고백을 해보았습니까? 당시를 추측해 보면 예루살렘 성전 중심의 의식법이 강조되던 시대였습니다. 율법주의를 강제하는 상황이요, 엄격한 기준이 있고 의식과 제사에 연연하는 시대였습니다. 그러나 그런 내용은 일절 언급되지 않습니다. 시인은 구절마다 율법의 내면적 차원의 깊이와 영성을 강조합니다. 하나님의 말씀을 매우 사랑하기에 바리새인의 율법주의를 자연스럽게 극복하고 있는 것입니다. 그는 율법을 사랑하고 그 말씀을 껴안고 있습니다.

하나님의 말씀을 사모하는 것은 종교인의 삶을 끝내고 진정한 영적 세계로 들어가 참된 신앙을 시작하는 데서 나타납니다. 말씀 사랑은 하나님과의 진정한 교제의 시작입니다. 그런데 하나님의 말씀을 사랑하고 사모하는 단계까지는 쉽게 갈 수 없습니다. 클래식 음악을 듣는다고 생각해 보십시오. 교향곡의 경우 3악장이 1시간 10분이 넘습니다. 처음에는 귀에 잘 들리지 않지만 오랫동안 듣다 보면 그 깊이를 깨닫게 됩니다.

누군가 정말 가치 있고 재미있다고 느끼는 것을 전혀 그렇지 않다고 여기는 것은 그 일이 가치 없어서가 아니라 내가 그 일의 가치를 제대로 알 때까지 진지하게 해보지 않았기 때문입니다. 말씀을 사랑하는 일도 마찬가지입니다. 사랑하면 말씀을 매일 읽게 될 것입니다.

미국에 벤 카슨이라는 유명한 외과의사가 있습니다. 《크게 생각하라》(알돌기획, 2002)라는 책으로 유명세를 얻은 그는 흑인으로 미국의 저명한 외과의사가 되었습니다. 그는 불우한 어린 시절을 보냈지만 매일 잠언을 읽으며 축복된 삶의 비결을 찾았습니다. 잠언(총 31장)을 하루에 한 장씩 읽어 한 달에 한 번 완독했습니다. 유명한 전도자 빌리 그레이엄도 매일 시편과 잠언을 읽었다고 고백했습니다. 우리의 삶 속에 꿀보다 더 달고 좋은 말씀이 그리워서 하루를 시작하는 바쁜 시간에도 반드시 말씀을 읽는 모습이 있습니까? 만약 없다면 스스로 진짜 신앙인인지 냉철하게 돌아볼 필요가 있습니다.

2. 말씀을 묵상한다

시편 119편에서 볼 수 있는 하나님의 말씀에 대한 두 번째 태도는 하나님의 말씀을 묵상한다는 것입니다. 시인은 율법을 사랑하기에 그 사랑에서 끝나는 것이 아니라 말씀을 더 깊이 깨달아 아는 묵상의 자리로 나아갔습니다.

> "내가 주의 법을 어찌 그리 사랑하는지요 내가 그것을 종일 작은 소리로 읊조리나이다"(시 119:97).

묵상은 대단히 중요한 과정입니다. 일반적인 말씀은 하나님의 말씀이기는 하지만 나와는 거리가 있습니다. 그러나 묵상을 거치면 말씀이 내게 찾아옵니다. 좀 더 익숙한 표현으로 묵상을 통해 머리의 지식이 가슴으로 내려옵니다. 그때 삶의 변화로 이어질 수 있습니다.

찰스 스펄전은 "시인이 말씀을 사랑함으로 묵상하게 되었고 말씀을 묵상함으로 이를 더욱 사랑하게 되었다"라고 말했습니다. 이 구조는 악순환이든, 선순환이든 그대로 일어납니다. 살짝 읽어 보고 '별것 아니네' 하고 끝내면 성경은 영원히 별것 아닌 것이 되어 버립니다. 그러나 하나님의 말씀이 소중해서 깊이 들여다보면 보통 때 보지 못했던 말씀이 폐부에 다가오고 깊이 있게 느껴지며 그것이 말씀에 대한 집중으로 이어져 말씀을 더 사랑하게 됩니다.

시편 119편은 소중한 내용들로 가득합니다. 95절이 대표적입니다. 95절에 의하면 시인은 지금 공격을 받고 있습니다. 악인들이 그를 위협하고 있습니다. 우리는 살다가 위기를 만나면 위기를 피할 방법을 찾고 도움을 줄 대상을 물색하며 피난처를 찾아 기웃거립니다. 그러나 시인은 적의 공격을 받는 이렇게 불안한 날 어디로 달려갔을까요?

"악인들이 나를 멸하려고 엿보오나 나는 주의 증거들만을 생각하겠나이다"
(시 119:95).

시인은 하나님의 말씀 앞으로 달려갔습니다. 말씀의 축복을 알고 있었기 때문입니다.

독일의 산간 마을에 다섯 형제 중 막내로 태어난 소년이 있었습니다. 그는 태어난 지 9개월 만에 어머니를 잃었고 결국 남의 손에 맡겨졌습니다. 그가 다섯 살이 되었을 때 아버지의 재혼으로 새 어머니를 맞았고, 그 후로 새어머니의 냉대와 멸시에 시달렸습니다. 사랑의 결핍 속에서 그의 어린 시절은 우울했고 성격은 매우 폐쇄적으로 변했습니다.

그러나 이 불행한 소년에게 꿈과 용기를 준 책이 있었습니다. 바로 성경입니다. 소년은 성경을 묵상하는 일을 거르지 않았고, 말씀을 통해 잘 성장했습니다. 그리고 한 가지 결심을 했습니다. '나처럼 어린 시절을 불우하게 보내는 어린이들이 있어서는 안 된다.' 그는 자신의 아픈 과거를 거울삼아 어린이를 사랑과 정성으로 가르칠 교육 기관을 만들었습니다. 그가 바로 유치원을 최초로 설립한 프뢰벨입니다.

하나님의 말씀은 고장 난 우리 인생을 고치고 치료하는 치료제입니다. 겉으로만 보면 잘 살 것 같지만 죄로 말미암아 죽을 수밖에 없고 마침내 영원한 지옥에 가는 것이 우리의 모습입니다. 그런 우리를 복음의 능력이 살린 것입니다. 깨진 관계든 마음의 상처든 어떤 흔적도 하나님의 말씀 안에서 다 해결할 수 있습니다.

시인은 보물을 찾듯이 율법을 연구했습니다.

"주의 입의 법이 내게는 천천 금은보다 좋으니이다"(시 119:72).

사람은 가치를 느끼고 인정할 때 시간과 물질을 투자합니다. 그래서 돈이 없고 시간이 없어 못한다는 것은 다 핑계입니다. 사실은 그 일의 가치를 인정하지 않는 것입니다. 하나님의 말씀의 가치를 제대로 인정한다면 그 말씀을 더 비중 있게 다루고 읽고 연구하고 묵상하는 데 노력할 것입니다.

"여호와여 주의 율례들의 도를 내게 가르치소서 내가 끝까지 지키리이다"(시 119:33).

시인은 주의 도를 연구했습니다. 그는 주의 법을 삶의 지배 원리로 받아들였습니다. 자신의 아집을 꺾고 전 생애를 주님의 뜻에 온전히 맡겼습니다. 하나님의 말씀을 사랑하고 그 가치를 어렴풋이나마 깨달은 사람은 말씀을 연구하고 배우게 됩니다.

3. 말씀을 실천한다

시편 119편에서 발견하는 말씀에 대한 세 번째 태도는 말씀을 실천한다는 것입니다.

참된 행복과 만족을 확실하게 보장받는 삶은 어떻게 가능할까요? 하나님의 말씀이 좋아서 즐거워하고, 그 말씀을 듣고 읽고 배우고 연구하며 암송하는 것일까요? 이것은 부뚜막의 소금에 불과합니다. 우리 속담에 "부뚜막의 소금도 집어넣어야 짜다"라는 말이 있습니다. 결국 직분이 있고 교회에 다닌 지 30년이 되었고 설교를 수천 편 들었다 해도, 말씀을 삶의 원리로 적용하고 실천하지 않으면 아무런 가치가 없는 것입니다.

저희 집에는 아버지가 손톱과 발톱을 깎아 주는 전통이 있었습니다. 하루는 제가 어머니, 아버지의 발톱을 한 번 깎아 드린 적이 있었는데, 그때 느낀 것은 내 발톱은 얇은데 부모님의 발톱은 두껍다는 것이었습니다. 어느덧 시간이 지나 제 손톱과 발톱이 두꺼워져 작은 손톱깎이로 물지도 못하는 것을 보면서 많은 생각을 하게 되었습니다. 내 신앙이 그럴 수 있습니다. 각질이 너무 두꺼워져서 은혜도 못 받고 오히려 주변 사람을 힘들게 하지는 않은지 스스로 돌아볼 필요가 있습니다.

한국 교회에는 예배에 나오면서 말씀을 듣기 전 이미 마음속으로 결심을 하고 오는 이들이 많습니다. '나는 말씀을 듣기는 하지만 그렇게 살지는 못해.' 그러나 시인은 먼저 여호와의 증거를 지키겠다고 선포합니다. 또한 지키기로 결심하고 각오하는 자신을 도와 달라고 하나님께 기도합니다. 1-8절에서 시인은 토라를 '행한다'(1, 3절), '지켰다'(2, 4, 5, 8절)라는 말을 6번이나 했습니다.

"행위가 온전하여 여호와의 율법을 따라 행하는 자들은 복이 있음이여"(1절).

"여호와의 증거들을 지키고 전심으로 여호와를 구하는 자는 복이 있도다"(2절).

"참으로 그들은 불의를 행하지 아니하고 주의 도를 행하는도다"(3절).

"주께서 명령하사 주의 법도를 잘 지키게 하셨나이다"(4절).

"내 길을 굳게 정하사 주의 율례들 지키게 하소서"(5절).

"내가 주의 율례들을 지키오리니 나를 아주 버리지 마옵소서"(8절).

여호와의 법을 행하는 것이 참된 행복과 번영으로 가는 지름길입니다. 말씀대로 살아야 이 복을 누릴 수 있습니다. 하나님이 알려 주신 길을 한결같이 걷는 사람은 복이 있습니다. 말씀대로 살고자 애쓰며 한 걸음씩 가면 하나님의 말씀의 진짜 깊이를 알게 됩니다. R. A. 토레이는 이렇게 말했습니다.

"성경에는 많은 번역이 있고 번역이라는 것은 옮기는 작업이다. 이 세상에서 가장 위대한 성경 번역이 있다면 그것은 내 삶으로 성경을 번역하는 것이다."

유명한 전도자 D. L. 무디의 기념관에는 무디에 관한 자료가 많이 비치되어 있는데, 그의 손때가 묻은 성경도 놓여 있습니다. 그런데 그 성경 여백에는 군데군데 'T' 혹은 'P'라고 표시가 되어 있다고 합니다. 'T'는 'Tried'(실천해 보았다)의 약자이고, 'P'는 'Proved'(검증되었다)의 약자입니다. 무디는 성경구절을 하나하나 묵상하고 구체적으로 실천해 보았던 것입니다. 그때마다 그는 하나님이 그대로 이루어 주시는 것을 체험할 수 있었습니다.

주변을 돌아보십시오. 말씀대로 살고 하나님이 알려 주신 길을 한결같이 믿음으로 걸어가는 사람이 힘들게 고전하는 것을 본 적이 있습니까? 모두 날아가도 그런 자들은 쟁쟁합니다. 혹 날아갔어도 그곳이 바로 축복의 자리였습니다. 하나님은 그들로 하여금 어려움을 피하게 하시고 새롭게 하십니다.

행복 매뉴얼 성경

시인은 주의 법을 따라 걸으며 그의 계명을 지키는 사람을 복 있는 사람이라고 했습니다. 하나님이 알려 주신 길을 평생 한결같이 걷는 사람은 복이 있습니다. 하나님은 우리를 사랑하셔서 우리가 잘되고 행복하기를 원하십니다. 그분은 우리의 행복을 위해 아들까지 포기하셨습니다. 나보다 나를 더 잘 아시고 사랑하시는 그 하나님이 행복의 매뉴얼로 주신 것이 바로 성경입니다. 하나님의 법을 사랑하십시오. 이 말이 부담스럽다면 하나님의 법을 즐거워하십시오. 그리고 하나님의 말씀에 더 깊이 들어가 묵상하십시오. 또한 그 말씀을 따라 순종하며 사십시오. 그것이 바로 행복한 사람의 모습입니다.

그 구체적인 적용이 말씀 묵상, 즉 큐티입니다. 하나님 앞으로 나아가기를 원한다면 말씀을 깊이 있게 묵상할 수 있도록 도와주는 다양한 매체를 찾아 새롭게 도전하십시오. 시편 119편의 시인이 말하는 깊은 단계까지 나아가겠다는 믿음의 결단이 필요합니다.

주님의 임재를 경험하고 싶다면 성경에 귀를 기울이십시오. 성경을 펼 때마다 하나님을 만나게 될 것입니다. 이것이 바로 경건의 시간이 주는 위력입니다.

신학교 교수인 브루스 윌킨슨은 《야베스의 기도》(디모데, 2001)라는 책에서 야베스의 기도를 40년간 반복했다고 했습니다.

> "주께서 내게 복을 주시려거든 나의 지역을 넓히시고 주의 손으로 나를 도우사 나로 환난을 벗어나 내게 근심이 없게 하옵소서 하였더니 하나님이 그가 구하는 것을 허락하셨더라"(대상 4:10).

그랬더니 하나님이 주신 복이 너무 많아 다 받을 수가 없어서 하나님께 멈추어 달라고 기도했다고 합니다. 그는 경건의 시간을 가질 때 기도가 깊어지면서 놀라운 경험을 했다고 고백했습니다.

"한 위대한 존재가 내 방으로 들어와 내 곁에 앉아 있는 것 같았다."

그 고백처럼 말씀을 편 순간, 우리도 하나님을 느끼고 경험할 수 있기를 바랍니다.

5

예수 예수 믿는 것은

갈급한 인생을 성령으로 충만케 하는 것입니다

하나님의 영에 붙잡힌 사람, 시대와 상황을 넘어 왕 같은 삶을 사는 그리스도인은 함께하시는 하나님을 확신합니다. 상황이 더디 열리고 응답이 지체되어도 끝까지 인내할 수 있습니다.

성도가 들을 수 있는 가장 멋진 칭찬은 '성령 충만한 사람', '성령의 인도하심을 받는 사람'이라는 말일 것입니다. 창세기 41장에서 만난 요셉이 바로 그런 칭찬을 받은 사람이었습니다. 그것도 세계 최대 강국이었던 애굽 왕 바로에게 축복의 고백을 들었습니다.

"바로가 그의 신하들에게 이르되 이와 같이 하나님의 영에 감동된 사람을 우리가 어찌 찾을 수 있으리요 하고"(창 41:38).

이러한 극찬은 듣기 어렵습니다. 한때 다니엘이 이국 땅에 살 때 느부갓네살 왕에게 비슷한 말을 들은 적이 있습니다. 다니엘 4장과 5장에 반복해서 나옵니다.

"그의 안에는 거룩한 신들의 영이 있는 자라"(단 4:8).

"왕의 나라에 거룩한 신들의 영이 있는 사람이 있으니"(단 5:11).

모두 하나님을 알지 못하는 이방의 왕들에게 들은 평가입니다.
그렇다면 '하나님의 영에 감동한 사람'은 어떤 사람일까요? 여기서 '감동된 사람'은 '사로잡힌 사람' 또는 '감격해서 흠뻑 빠진 사람'을 의미합니다. 술에 완전히 묶여서 끌려다니는 인생을 '술 취한 사람'이라고 하듯 하나님의 영, 곧 성령에 붙들려 포로 된 사람을 '하나님의 영에 감동된 사람'이요, '성령 충만한 사람'이라고 합니다.

요셉은 형제들에게 버림받고 노예의 몸으로 이국땅에 갔습니다. 기구한 운명을 타고난 그는 하늘을 쳐다보면서 원망하고 가슴을 칠 만큼 삶이 절박했습니다. 게다가 그는 노예에서 그치지 않고 죄인으로 오해받아 점점 더 어둠 속으로 끌려 내려갔습니다. 상상할 수 없는 절망이 요셉을 두르고 있었습니다.

그런데 신기하게도 요셉은 절망 위에서 왕처럼 살았습니다. 온 우주 만물의 주인 되신 하나님이 그와 함께하셨기 때문입니다. 하나님이 척박한 환경 속에 살았던 요셉의 최고 자원이 되셨습니다. 양지가 음지가 되고, 오르막이 있으면 내리막이 있고, 해가 떴다가 비가 오듯이 우리의 상황과 형편은 언제든지 바뀔 수 있습니다. 그러나 전능하신 하나님이 함께하시면 어떤 상황이나 형편에서도 왕처럼 당당하게 살 수 있습니다.

예수님이 십자가에 못 박히시자 제자들은 두려워 떨며 뿔뿔이 흩어졌습니다. 그러나 오순절 마가의 다락방에서 약속하신 성령을 받고 나서는 도망은커녕 오히려 사람들 앞에 나가 "너희가 십자가에 못 박은 예수를 하나님이 그리스도가 되게 하셨다!" 하고 외치며 다녔습니다. 아무리 겁을 주고 협박해도 굴하지 않았습니다. 하나님의 영의 포로가 되었기 때문에 가능한 일입니다. 하나님의 영에 감동한 사람들은 그 정도에서 멈출 수 없습니다.

오랜 고통의 시간이 끝나고 요셉의 비전이 아름답게 이루어졌습니다. 그가 비전을 품은 지 13년 만에 비로소 애굽의 총리라는 막강한 자리에 오르게 된 것입니다. 바로가 호의를 베풀어서 된 일이 아닙니다. 요셉을 붙들고 계신 하나님, 그와 함께하신 성령 하나님이 친히 축복의 자리에 그를 세우신 것입니다. 하나님은 우리의 수치를 가리시고 우리를 새롭게 하시는 전능하신 분입니다. 하나님을 인정하지 않는 사람이 보아도 요셉이 하나님의 손에 붙들렸고 성령의 인도하심을 받는 하나님의 영이 가득한 사람이라는 것을 알 수 있었습니다. 요셉의 삶을 통해 절망 속에서도 왕처럼 살 수 있는, 하나님의 영이 감동한 사람의 모습을 살펴보겠습니다.

끝까지 참고 인내하며 기다린다

"만 이 년 후에 바로가 꿈을 꾼즉 자기가 나일 강 가에 서 있는데"(창 41:1).

성경에는 짧게 2년 정도 흘렀다고 기록되어 있습니다. 우리에게는 단지 '만 2년이 지났구나' 하고 지나가는 짧은 문구이지만 요셉에게 이 2년은 이전 11년간의 고통에 비해 너무 길고 힘든 시간이었을 것입니다. 그러나 41장의 메시지가 "만 이 년 후"라는 말로 시작된다는 사실을 주목할 필요가 있습니다. 하나님이 정하신 시간에 역사는 시작됩니다. 이 말을 뒤집으면, 이제 하나님이 일하실 시간, 하나님이 역사하실 때가 되었다는 뜻입니다.

옥에 갇혀 있는 동안 요셉은 잊혀진 사람이었습니다. 모든 사람에게 섬김의 도를 다했지만 아무도 그를 기억해 주지 않았습니다. 고통이 더 깊어져서 살아서 갈 수 있는 최악의 상황까지 내려간 요셉은 감옥살이까지 해야 했습니다. 도와주리라고 일말의 희망을 품었던 술 관원장은 자신을 기억조차 하지 못했습니다. 버려진 자처럼 힘든 2년을 보냈습니다. 로맹 롤랑은 "가장 불쌍한 여인은 버려진 여인이 아니라 잊혀진 여인이다"라고 했는데, 그런 점에서 요셉은 가장 불쌍한 사람이었습니다. 사람들에게 잊혀지는 것은 인격적으로 모독감과 자괴감을 느끼게 합니다. 바로 요셉이 그런 시간을 보낸 것입니다.

하나님이 요셉을 2년 더 고통스런 감옥에 머물게 하신 의도는 무엇일까요? 깨닫기는 쉽지 않지만 그것도 사실은 하나님의 섭리이자 배려였습니다. 만일 술 관원장이 요셉의 도움을 받고 자유의 몸이 되어 다시 관직을 회복했을 때 요셉을 감옥에서 빼 주었다면 요셉의 꿈은 어떻게 되었을까요? 단지 노예와 죄수라는 억울한 자리에서는 벗어날 수 있었겠지만 비전의 사람이 되는 하나님의 꿈은 이루어지지 않았을 것입니다. 가족을 살리는 일이나 구속사를 수종드는 일도 불가능했을 것입니다. 꾹 참고 기다리면 다시 기억되는 날이 옵니다. 요셉은 끝까지 하나님의 시간까지 참고 기다렸기에 총리가 되었습니다. 요셉이 바로를 찾았다면 일이 꼬였을 텐데 급한 바로가 요셉을 찾았으니 일이 이루어진 것입니다. 고통의 2년은 요셉에게 하나님의 때가 찬 경륜을 위해 꼭 필요한 시간이었던 것입니다.

당시 이집트의 법에는 남자가 공직자가 되기 위해서는 30세가 되어야 한다는 규정이 있었습니다. 더도 말고 덜도 말고 하나님은 가장 최고의 때에 가장 최선의 방법으로 손을 쓰신 것입니다. 믿음은 기다리는 것입니다. 약속하는 것만큼, 기도할 때 온 감동만큼, 상황이 빨리 열리지 않아도 일하시는 하나님을 믿고 기다려야 합니다. 물론 쉬운 일은 아닙니다. 다른 사람의 일이면 받아들이는데 내가 당하면 정말 견디기 힘듭니다. 그러나 사람들이 나를 비웃고 멸시하고 기억조차 하지 않는 그 시간에도 하나님이 나를 기억하고 계심을 믿고 끝까지 기다려야 합니다. 도망가서는 안 됩니다. 스펄전은 이렇게 말했습니다.

"우리는 하나님을 기다릴 가치가 있다. 그 이유는 하나님이 우리를 유익하게 할 정 시각에 도착하시기 때문이다. 그분은 그 시각보다 이르게 오시지도 않고 늦게 오시지도 않는다."

하나님만 최적의 때를 알고 계시기에 우리는 하나님을 기다릴 가치가 있습니다. 하나님은 그분의 시간, 결정적인 때에 움직이시며 믿음의 줄을 놓지 않고 전능자의 일하심을 기대하는 자기 백성을 이끌어 주십니다.

"그러므로 하나님의 능하신 손 아래에서 겸손하라 때가 되면 너희를 높이시리라"(벧전 5:6).

성령의 역사에 민감한 사람은 자기 때가 아니라 하나님의 시간에 관심이 많습니다. 하나님의 생각은 어떠한지를 생각하며 더 기도하고 더 귀를 기울여 주의 음성을 듣습니다. 가나 혼인 잔칫집의 예수님의 모습 속에서도 이런 면을 발견할 수 있습니다. 어머니 마리아가 포도주가 다 떨어져 잔치가 엉망이 될 상황에서 도움을 요청하자 예수님은 이렇게 말씀하셨습니다.

"예수께서 이르시되 여자여…내 때가 아직 이르지 아니하였나이다"(요 2:4).

예수님은 하나님이시지만 늘 자기 계획이나 열정에 끌리기보다 하나님의 시간에 관심을 가지고 계셨습니다. 힘들고 어려워도 걱정하지 마십시오. 칠흑같은 어둠이 둘러싸고 있어도 그 위를 뚫고 올라가면 광명한 해가 존재합니다. 상황이 나를 마음대로 휘두르는 것처럼 보이지만 사실은 그렇지 않습니다. 세상은 지금까지 하나님의 손에 이끌려 왔고 앞으로도 전능하신 하나님이 이끄실 것입니다. 하나님의 때를 기다리는 믿음이 우리에게 필요합니다. 하나님의 인도를 확신하며 기도하고 기다리십시오.

자신이 아니라 하나님을 드러낸다

술 관원장의 소개로 요셉은 드디어 바로 앞에 서게 되었습니다. 왕은 요셉을 보고 "너는 꿈을 들으면 능히 푼다 하더라"(창 41:15)고 말했습니다. 왕이 추켜세우자 요셉은 이렇게 말했습니다.

> "내가 아니라 하나님께서 바로에게 편안한 대답을 하시리이다"(창 41:16).

이처럼 하나님의 영에 붙잡힌 사람, 절망 위에서 왕 같은 삶을 사는 사람은 매 순간 하나님을 고백합니다. 요셉의 말을 옆에서 듣고 계셨던 하나님이 얼마나 감동을 받으셨을까요? 그저 한번 해보거나 상황에 떠밀려 거룩한 척 임기응변식으로 내뱉은 대답이 아니었습니다. 창세기 41장에서만 세 차례 강조되는 것만 보아도 알 수 있습니다(16, 25, 39절). 아무 말도 하지 않고 2초만 버티면 자신이 반짝하고 지나갈 수 있었을 텐데 요셉은 끝까지 "제게는 그런 능력이 없습니다"라고 고백했습니다. 이 겸손한 고백은 쉽게 나오는 것이 아닙니다. 고통과 절망의 터널을 통과하고 나는 결코 할 수 없는 상황에서 하나님이 되게 하시는 은혜를 경험하고 그분의 크심을 알고 나면 어떠한 축복의 날에도 교만할 수 없는 안정된 상태에 비로소 들어가게 되는 것입니다.

우리는 여기서 작은 것부터 철저하게 하나님을 인정하는 요셉의 모습을 볼 수 있습니다. 이것이 성령 충만한 사람의 모습이요, 하나님의 영에 완전히 사로잡힌 사람의 모습입니다. 이렇게 하나님 중심의 삶을 사는 요셉을 보고 주변의 이방인들은 "당신은 하나님의 영에 감동된 사람입니다"라고 외쳤습니다.

성령 충만한 사람은 하나님 중심의 사람입니다. 어떤 경우에도 하나님이 받으셔야 할 영광을 갈취하지 않고 하나님을 온전히 드러냅니다. 이것은 자신을 홍보하는 데 익숙한 오늘날 그리스도인들에게 시사하는 바가 매우 큽니다. 우리는 시류를 따라서는 안 됩니다. 우리가 추켜세우고 내세울 분이 있다면 전능하신 하나님 한 분뿐입니다. 하나님이 우리 교회의 왕이시고 우리 삶의 대상이십니다.

초대 기독교의 교부였던 성 어거스틴은 그의 저서 《하나님의 도성》 (크리스천다이제스트, 2016)에서 이렇게 말했습니다.

"두 개의 사랑이 두 가지 나라를 이룩했다. 하나님을 멸시하는 자기애가 지상의 나라를 세우고, 자기를 낮추는 사랑이 천국을 세운다. 전자는 자기를 뽐내고, 후자는 주의 이름으로 자랑한다."

인간의 자기 사랑이 세상의 나라를 만들었다면 인간의 하나님 사랑이 하나님 나라와 생명을 만들고 교회를 굳건히 세웁니다. 나는 어떻습니까? 사람들이 나를 주목하고 추켜세울 때 슬쩍 지나가지는 않습니까? 아니면 그저 의례적으로 "아닙니다. 은혜입니다"라고 말하지만 사실은 그 영광을 자신이 받고 넘어가지는 않습니까? 그때 우리는 정색하면서 단호하게 의사 표시를 해야 합니다. "아닙니다. 저는 아무것도 할 수 없는 존재입니다."

저도 한때 교회를 내가 살려야 한다고 생각한 적이 있었습니다. 하지만 결코 그렇지 않습니다. 우리가 500억을 헌금해도 우리 스스로는 교회를 살릴 수 없습니다. 교회를 지키고 살리고 이끄시는 분은 하나님입니다. 그 모든 것이 착각에 불과합니다.

어떤 자리든, 어떤 경우든 하나님만 높이고 인정하는 자로 살아갑시다. 하나님은 그분을 온전히 인정하고 드러내는 자를 기뻐하시며 크게 세워 주십니다. 더 크고 강하게 하나님을 인정할 때 하나님은 더 선명한 모습으로 우리와 함께하시면서 그분의 권능을 드러내실 것입니다.

링컨 대통령이 해리엇 비처의 《톰 아저씨의 오두막》(중앙출판사, 2007)이라는 소설을 읽고 저자인 스토우 부인을 만났을 때의 일입니다. 스토우 부인은 소설에서 흑인 노예들의 비참한 삶을 과감하게 묘사했기에, 노예 문제에 관심을 가지고 있던 링컨이 평소 존경하던 인물이었습니다.

그런데 스토우 부인을 만난 링컨은 깜짝 놀라서 이렇게 말했습니다.

"스토우 부인, 반갑습니다. 실례가 될지 모르나 저는 부인을 보고 놀랐습니다. 소설에 나오는 내용을 보고 씩씩하고 힘찬 여성으로 생각했는데 이렇게 자그마한 체구에 연약해 보이는 분이라니요."

링컨의 말에 미소 지으며 부인은 이렇게 답했다고 합니다.

"그거야 당연하지요. 《톰 아저씨의 오두막》이 어디 제 소설입니까? 그것은 하나님이 이 시대를 탓하며 쓰신 것입니다. 그래서 힘이 있고 교훈을 주는 소설이 될 수 있었던 것이지요."

링컨은 스토우 부인에게 위대한 소설가의 면모 외에 위대한 신앙을 보았다고 감탄했습니다. 스토우 부인은 자신의 능력이 하나님으로부터 왔다는 점을 분명히 밝혀서 하나님이 받으셔야 할 영광을 그분께 돌린 것입니다.

힘 있고 능력 있는 사람이 강한 사람이 아닙니다. 크신 하나님을 분명하게 인정하고 드러내는 사람이 큰 사람입이다. 바울은 이렇게 말했습니다.

> "그런즉 너희가 먹든지 마시든지 무엇을 하든지 다 하나님의 영광을 위하여 하라"(고전 10:31).

하나님의 영에 붙잡힌 사람, 시대와 상황을 넘어 왕 같은 삶을 사는 그리스도인은 함께하시는 하나님을 확신합니다. 상황이 더디 열리고 응답이 지체되어도 끝까지 인내할 수 있습니다. 그리고 늘 삶 속에서 은혜를 베푸시고 간섭하시고 섭리하시는 하나님을 날마다 고백합니다.

받은 축복으로 세상을 섬긴다

> "각국 백성도 양식을 사려고 애굽으로 들어와 요셉에게 이르렀으니 기근이 온 세상에 심함이었더라"(창 41:57).

요셉은 힘들게 정상에 섰습니다. 애굽의 총리라는 직책을 맡았지만 그 직분을 자기 유익을 위해 사용하지 않았습니다. 하나님이 주신 지혜와 명철로 7년 동안 세상을 섬기는 기회로 사용했습니다. 성경에는 요셉을 통해 하나님이 기근 문제를 해결하시는 내용이 자세히 나와 있습니다. 요셉은 세계적 경제 불황을 믿음으로, 하나님의 지혜로 멋있게 해결했습니다. 그것은 극심한 불황의 늪에 빠진 우리가 진짜 도전받아야 할 모습입니다.

오늘 우리나라는 심각한 경제적, 정치적 어려움으로 혼란을 겪고 있습니다. 지구촌 다른 나라들도 조금씩 차이는 있지만 영향을 주고받기에 별반 다르지 않습니다. 이러한 혼란의 시대에는 상황을 탓하고 지도자들에게 성토하는 사람이 아니라 절망에서 희망을 이끌어 내고 위기를 기회로 만들 수 있는 요셉과 같은 인물이 필요합니다. 욕심의 포로가 아니라 하나님의 영에 붙잡힌 사람이 필요합니다. 모든 그리스도인은 불황 가운데 변화의 주역이 되어야 합니다. 비판자가 아니라 세상을 살리고 문제를 해결하는 통로로 쓰임을 받아야 할 것입니다.

흔히 "공부해서 남 주냐?"라고 이야기하는데 공부해서 남 주어야 합니다. 그런 마음으로 살아야 지치지 않습니다. 사업하는 이들도 마찬가지입니다. 100억을 벌려고 하면 결코 벌 수 없습니다. 더 가치 있는 일, 더 위대한 일, 더 대의가 있는 일에 소망을 두어야 작은 것들이 채워지고 해결될 것입니다. 우리가 너무 작은 문제에 연연하기 때문에 그 문제조차 채우지 못하는 상황에 매이게 되는 것입니다.

요셉은 어느덧 하나님의 비전을 이루고 있었습니다. 말씀에 나온 하나님의 축복의 약속을 떠올려 보십시오.

"내가 너로 큰 민족을 이루고 네게 복을 주어 네 이름을 창대하게 하리니 너는 복이 될지라 너를 축복하는 자에게는 내가 복을 내리고 너를 저주하는 자에게는 내가 저주하리니 땅의 모든 족속이 너로 말미암아 복을 얻을 것이라 하신지라"(창 12:2-3).

우리는 복의 사람이 될 뿐 아니라 복을 나누어 주는 자로 살아야 합니다. 내가 믿고 의지하는 좋으신 하나님은 성령에 감동된 사람을 찾고 계십니다. 하나님은 그런 자를 통해 국가와 교회와 가정과 지역이 안고 있는 문제를 해결해 주십니다. 택한 자들이 온 세상을 섬기며 많은 이들에게 예수 생명을 나누어 주기를 원하십니다.

지금까지 우리는 성령 충만을 너무 아전인수격으로 생각해 왔습니다. 자기 유익이나 추구하고 기껏해야 교회 안에서 은사를 행하는 정도로만 여겼습니다. 그러나 그것은 성령 충만한 모습이 아니라 욕심 충만한 모습입니다. 하나님이 그의 은사와 재능과 믿음을 쓰실지 모릅니다. 그러나 그는 결국 버림받을 것입니다. 따라서 이제 우리는 하나님이 기대하시는 세상 속에서 세상을 살리는 축복의 통로가 되어야 합니다.

하나님의 영으로 감동된 삶

요셉은 한마디로 하나님의 영에 감동된 사람이었습니다. 적어도 주변 사람들의 눈에 비친 요셉은 그러했습니다. 이 힘으로 그는 당당하게 왕처럼 살아갈 수 있었습니다. 세상 사람들에게 비친 내 모습은 과연 어떨까요? 사람은 자기 자신을 정말 모릅니다.

이제 하나님 앞으로 나아갑시다. 상황이나 환경은 언제나 바뀔 수 있습니다. 우리 안에는 그것을 밀어낼 힘이 없습니다. 우리가 안고 있는 절망을 이겨 낼 힘도, 죽음 같은 상황에서 왕같이 살 수 있는 은혜도, 기도의 응답이 더디어 절망이 깊어지지만 끝까지 버티면서 아름다운 결말을 볼 수 있는 힘도 우리 안에는 없습니다. '나의 것', '우리 것' 등 소유격이 강한 우리가 누구와 무엇을 나눌 수 있겠습니까? 위로부터 오는 하나님의 은혜가 없으면 우리는 빵 한 조각도 나눌 수 없는 이기적인 존재일 뿐입니다. 그래서 주의 은혜가 필요합니다.

"주의 영으로 저를 감동시켜 주소서. 제가 욕망이나 정욕에 끌려다니지 않고, 오직 성령의 인도하심을 받는 하나님의 영에 감동된 사람이 되게 하여 주옵소서. 언젠가 믿지 않는 사람들이 저를 보면서 이런 고백을 하는 날이 오게 하소서."

성령 하나님이 함께하시어 감동할 때 모든 것이 가능합니다. 하나님과 교제함으로 그분의 영으로 충만해지십시오. 이를 위해 끝까지 참고 기다리십시오. 철저하게 하나님을 드러내십시오. 축복을 받아 누리며 세상을 섬기기를 바랍니다.

우리는 복의 사람이 될 뿐 아니라

복을 나누어 주는 자로 살아야 합니다.

내가 믿고 의지하는 좋으신 하나님은

성령에 감동된 사람을 찾고 계십니다.

3부
예수와 함께하라

1

예수 예수 믿는 것은

고난이 끝이 아님을
믿는 것입니다

> 하나님이 우리가 고난 속에서 한 번의 응답을 받는 것보다 더 가치 있게 여기시는 것이 있습니다. 그것은 바로 우리를 축복의 사람으로 다듬으시는 것입니다.

구원받은 성도들의 최대 특권은 하나님의 인도하심을 받는 것입니다. 하나님은 단순히 우리를 구원하시고 광야 같은 세상에 내팽개쳐 두지 않으십니다. 구원의 은총을 베푼 백성을 끝까지 책임져 주십니다.

"내가 네 갈 길을 가르쳐 보이고 너를 주목하여 훈계하리로다"(시 32:8).

하나님의 마음은 마치 길 밖에 어린 자식을 내어 놓은 부모와 같습니다. 자식을 걱정하는 부모의 마음은 자식이 80세가 되어도 마찬가지입니다. 언젠가 TV에서 100세가 넘으신 할머니가 출근하는 아들에게 "얘야, 차 조심해라" 하고 당부하시는 모습을 보았습니다.

사실 구원받은 성도가 하나님의 인도하심을 받는 것은 특별한 모습이 아닙니다. 성령의 인도하심을 받는 삶이 신앙생활의 핵심이라고 할 수 있습니다. 신앙생활은 곧 하나님의 인도하심을 받는 것이요, 지극히 정상적인 것입니다. 교회에서 예배를 드리고 종교적인 활동을 하는 것은 신앙생활과 다릅니다. 구원의 은총 속에 만난 하나님이 나와 동행하시면서 나를 인도하시는 것은 신앙생활의 매우 본질적인 부분입니다. 신앙은 삶이기 때문입니다.

우리는 종종 구원받고 마음대로 삽니다. 때로 사고를 치기도 하고 문제가 일어나면 하나님 앞에 나아가 도움을 구하기도 합니다. 그러나 이처럼 악순환을 거듭하는 삶은 건강한 신앙인의 모습이 아닙니다. 성도의 삶은 마음대로 사는 것이 아니라 하나님과 동행하는 것이기 때문입니다.

오늘날은 혼돈과 불확실의 시대입니다. 미래가 불확실하다는 사실 하나 외에 확실한 것이 아무것도 없습니다. 이런 혼란의 시대를 살면서 자기 생각과 자기 지혜만으로 판단하고 결정하는 것은 정말 위험하고 무모한 행동입니다. 잘 몰라서 용감하게 결정하고 선택하는 것일 뿐입니다. 그리스도인은 그런 자신의 연약함을 깨닫고 전능하신 하나님의 도우심과 인도하심을 받는 존재입니다. 처음에는 큰 차이가 없을 수도 있습니다. 그러나 세월이 지나면서 자기 생각을 좇아 사는 자와 하나님의 인도하심을 받는 자의 삶은 확연히 차이가 납니다.

출애굽기 13장은 하나님의 인도하심을 눈에 선하게 보여 줍니다. 우리가 기도할 때 인용하는 매우 익숙한 표현도 등장합니다. 하나님은 이스라엘을 출애굽시킨 후 광야에 버리지 않으시고 가나안에 들어갈 때까지 구름 기둥과 불 기둥으로 보호하고 인도하셨습니다.

하나님은 그때나 지금이나 변함이 없으십니다. 과거에 하나님의 백성을 인도하신 하나님은 지금도 그분의 백성을 인도하기 원하십니다. 광야를 지나는 우리에게는 무엇 하나 충분하지 않고 모든 것이 불확실한 것 투성이입니다. 어디서 무엇을 어떻게 해야 할지 모릅니다. 그런 연약한 우리에게 갈 길을 알려 주시는 하나님의 인도하심은 감격과 축복이 아닐 수 없습니다. 이번에는 광야의 하나님이 우리에게 주시는 메시지에 대해 살펴보겠습니다.

더 좋은 것을 주시려는 하나님의 사랑

이상하게도 하나님은 이스라엘을 곧장 가나안으로 인도하지 않으시고 광야로 먼 길을 돌아 이끄십니다. 애굽에서 가나안으로 가는 가장 가까운 길은 블레셋을 경유해 지중해를 따라 가는 것으로 일주일이면 도착하는 거리였습니다. 길어야 10-20일이면 충분했습니다. 출애굽기 기자도 이 길이 가장 가까운 길이라고 밝히고 있습니다. 그러나 하나님은 이스라엘 백성을 그 길로 인도하시지 않고 오히려 먼 길을 돌아 인도하셨습니다. 또한 애굽에서 가나안까지는 광야를 가로질러 약 320km에 불과해 직선으로 쉼 없이 걸어가면 40일이면 갈 수 있는데 40년이 걸렸습니다. 하나님이 그분의 백성을 이리저리 떠돌아다니게 하신 것입니다.

> "바로가 백성을 보낸 후에 블레셋 사람의 땅의 길은 가까울지라도 하나님이 그들을 그 길로 인도하지 아니하셨으니…그러므로 하나님이 홍해의 광야 길로 돌려 백성을 인도하시매"(출 13:17-18).

왜 하나님은 진히 갈 길을 인도하겠다고 약속하시고 사랑하는 백성을 쉽고 빠른 길이 아니라 복잡하고 먼 길로 인도하셨을까요? 과연 광야 길이 주는 의미와 메시지는 무엇일까요?

하나님이 우회하는 여정을 가나안 길로 삼으신 데는 큰 의미가 있습니다. 단순히 생각해서 하나님을, 자기 백성을 광야에서 고생시키는 잔혹한 분으로 오해할 수 있습니다. 그러나 말씀에는 오히려 그것이 하나님의 사랑이자 배려라고 분명히 나와 있습니다.

> "이는 하나님이 말씀하시기를 이 백성이 전쟁을 하게 되면 마음을 돌이켜 애굽으로 돌아갈까 하셨음이라"(출 13:17).

그 이유는 바로 전쟁을 피하게 하기 위해서였습니다. 물론 출애굽기 17장에 나오듯이, 하나님이 선택하신 길에도 아말렉과의 전쟁이 있기는 했습니다. 그러나 이제 갓 애굽을 벗어난 이스라엘은 아직 전쟁을 치를 준비가 되어 있지 않았습니다. 만일 처음부터 전쟁을 겪고 어려운 일을 당한다면 틀림없이 애굽을 떠난 것을 후회하고 다시 돌아가려 했을 것입니다. 하나님은 그러한 유혹을 차단하고자 하신 것입니다. 여기에는 이스라엘을 향한 하나님의 사랑의 배려가 담겨 있다는 것을 알 수 있습니다.

하나님은 감당할 시험만 주십니다. 그분은 우리의 사정과 형편을 잘 헤아리시어 최선의 길로 이끄십니다. 하나님은 이스라엘이 준비될 때를 기다리신 것입니다. 육신의 눈으로는 힘들고 오래 걸리고 잘못된 길처럼 보였지만 백성을 향한 의심할 수 없는 하나님의 사랑의 배려였던 것입니다. 이것이 바로 우리가 본문에서 배워야 할 첫 번째 교훈입니다.

가깝지만 먼 길이 있습니다. 또 멀지만 가까운 길이 있습니다. 우리는 하나님의 사람으로 세상을 살아가면서 계속해서 하나님의 인도하심과 도우심을 구합니다. 종종 기도하지만 많은 부분에서 길이 멀게만 느껴집니다.

지인 중에 대구에서 아주 유명한 부자가 있습니다. 하지만 그의 할아버지는 돌아가실 때까지 그에게 자전거를 한 대도 사 주지 않았다고 합니다. 그 일이 그에게는 평생 한이 되었습니다. 어떻게 부자 할아버지가 사랑하는 손자에게 그럴 수 있느냐는 것이었습니다. 그가 장성해서 결혼한 후 대구에서 가장 부자들이 모여 사는 아파트에 살았습니다. 어느 날 아들이 자전거를 사 달라고 하기에 바로 사 주었습니다. 그런데 아들이 3일 만에 자전거를 잃어버렸습니다. 아들의 말에 의하면 잠시 한눈판 사이에 자전거가 사라졌다는 것이었습니다. 그는 그때야 비로소 할아버지의 마음을 알 수 있었다고 합니다. "쉽게 얻은 것은 절대 무가치하다"라는 것을 가르쳐 주고 싶으셨던 것입니다.

그리스도인으로서 인생 길을 가면서 길이 유난히 멀게 느껴질 때가 있습니다. 때로는 지름길이 아니라 멀고 험난한 길로 돌아가는 것처럼 느껴질 때도 있습니다. "다른 사람은 몇 번이나 응답받고 문제가 해결되는 것 같은데 내 길은 왜 이렇게 더디고 점점 더 힘들고 어렵습니까? 왜 이렇게 힘든 길을 돌아가야 합니까?" 하고 따지고 싶을 때가 있습니다. 그러나 이해되지 않을 때도 우리는 전능하신 하나님, 우리를 가장 좋은 길로 인도하시는 하나님을 믿어야 합니다.

장지연이 편찬한 《일사유사》(逸士遺事)라는 우리나라 고전에는 다음과 같은 감동적인 이야기가 실려 있습니다.

한양에 김학성이라는 유명한 분이 살았습니다. 그분의 어머니는 일찍이 남편을 여의고 삯바느질을 하면서 아들 형제를 서당에 보냈습니다. 그날도 어머니는 보통 때와 같이 집에서 삯바느질을 하고 있었는데, 비가 내렸습니다. 그런데 처마끝에 달린 물이 뚝뚝 떨어지는 소리가 울림이 되어 긴 여운을 남겼습니다. 이상하게 생각해 처마 밑 땅을 파 보니 커다란 가마솥이 있었고 솥뚜껑을 열어 보니 그 속에 은전이 가득 들어 있었습니다. 아마도 난리가 잦았던 당시에 누군가 은전을 가마솥에 넣어 땅에 묻어 놓고 피난을 갔다가 영영 돌아오지 못한 것 같았습니다.

이때 의아한 어머니의 행동이 이어집니다. 가난한 어머니는 재빨리 솥뚜껑을 덮고 흙으로 되묻은 뒤 그 집을 팔고 조그마한 오막살이로 거처를 옮겼습니다. 그리고 여전히 삯바느질을 하면서 두 아들을 가르쳤고 마침내 훌륭한 사람으로 키워 냈습니다. 어머니는 임종이 가까웠을 때 두 아들을 불러 놓고 그 옛날 있었던 이야기를 들려주었습니다. 그리고 이렇게 말했습니다.

"땀 흘리지 않고 갑작스럽게 얻은 재물은 재앙을 부른단다."

아마도 오늘날 이런 일이 일어났다면 대박 맞았다며 잔치를 했을 것입니다. 보통 어머니 같으면 "이제 삯바느질은 끝났다. 너희는 이제 더 이상 힘들게 공부할 필요 없다. 이 돈이면 충분히 떵떵거리며 잘살 수 있다! 드디어 우리가 복을 받았다!"라며 기뻐 소리쳤을 것입니다. 그러나 땀 흘리지 않고 얻은 것은 결코 내 것이 될 수 없습니다. 우리는 이 지혜로운 어머니에게 배워야 합니다. 공짜, 횡재, 불로소득을 무서워할 줄 알아야 합니다.

하나님이 우리가 고난 속에서 한 번의 응답을 받는 것보다 더 가치 있게 여기시는 것이 있습니다. 그것은 바로 우리를 축복의 사람으로 다듬으시는 것입니다. 우리가 절망 속에서 고난과 시련과 역경을 통과하며 하나님 앞에 기도할 때 하나님은 우리를 그 고통의 자리에서 단번에 끌어내 주시지 않습니다. 여기에는 문제를 벗어 버리는 것보다 우리를 온전하게 하시려는 더 깊은 섭리가 들어 있습니다. 하나님은 우리가 무엇을 하는지보다 어떤 사람이 되는지에 관심이 많으십니다.

그러므로 우리는 정상에 서는 것도 좋지만 그 높은 곳에서 온몸으로 맞을 바람의 세기도 걱정해야 합니다. 성공 다음에는 분명히 무서운 시련이 있습니다. 하나님은 이런 면에서 대단히 교육적이십니다. 매우 느리고 점진적인 방법으로 우리를 다듬어 이끄십니다.

교회 부흥도 마찬가지입니다. 인간적인 생각으로는 교회가 100-200명씩 금세 늘어나는 것이 좋을 것 같지만 사실 그것은 매우 위험한 현상입니다. 사람의 건강도 체중이 10-20kg 급격히 증가할 때 면역 체계가 무너지고 몸에 틈이 생겨 병균이 자리를 잡는다고 합니다. 하나님은 체력을 단련시키어 맷집을 키우시고 온 세상이 돌아앉는 절대 절망의 순간에도 전능하신 주를 바라보게 하시며 고독 속에서 부르짖고 통곡하게 하십니다. 그로써 우리를 절대 신앙의 사람으로 세워 가시는 것입니다. 그 과정을 다 통과한 사람은 말 한마디를 해도 가슴에 꽂히는 위로를 던집니다. 자신이 고난을 통과하면서 유사한 처지에 놓인 다른 사람을 위로할 수 있게 된 것입니다.

우리는 조급한 마음을 버려야 합니다. 탈무드에는, "가득 찬 잔을 들어 옮기기 위해서는 떨리지 않는 믿음의 손부터 준비해야 한다"라는 말이 있습니다. 손이 벌벌 떨리는데 날마다 "주여, 가득 채워 주소서" 하고 기도하면 어떻게 될까요? 떨리는 손으로 채워 주신 것을 쏟고 깨뜨릴 것입니다. 살다 보면 하나님이 우리를 함부로 대하시는 것 같을 때가 있습니다. 하지만 사실 그 속에는 우리를 더 많이 준비시키고 배려하시는 하나님의 마음이 담겨 있는 것입니다. 그러므로 성공과 실패를 두려워하며 가슴 졸이기보다 과정 자체를 즐기십시오. 우리를 축복의 사람으로 다듬어 가시는 하나님을 묵상하십시오.

반드시 비전을 이루시는 하나님

지도자 모세는 출애굽하면서 요셉의 해골을 취해 나왔습니다. 왜냐하면 요셉이 죽기 전에 이스라엘 자손에게 "하나님이 반드시 당신들을 돌보시리니 당신들은 여기서 내 해골을 메고 올라가겠다 하라"(창 50:25) 하고 단단히 맹세시켰기 때문입니다. 하나님은 오래전에 아브라함과 이삭과 야곱에게 가나안을 주겠다고 약속하셨습니다. 요셉은 이 약속이 그대로 이루어지리라 굳게 믿었습니다. 물론 그가 이 약속을 하나님께 직접 들은 것은 아닙니다. 아마도 아버지 야곱에게 들어서 확실하게 믿고 있었을 것입니다.

이스라엘 백성이 출애굽하고 가나안 땅을 향해 새로운 출발을 한 것은 갑자기 이루어진 사건이 아닙니다. 하나님이 아브라함과 이삭과 야곱에게 하신 약속으로 이루어진 것입니다. 이 세상에 우연은 없습니다. 가나안 여정은 우연이 아니라 비전으로 가는 길이었습니다.

우리도 하나님이 주신 비전과 언약을 굳게 잡으면 하나님이 반드시 그 약속을 이루어 주실 것입니다. 사람은 잊을지 모르나 하나님은 기억하십니다. 하나님은 먼저 비전을 주시고 그 비전을 따라 축복하십니다. 요셉을 보십시오. 13년이라는 긴 세월 동안 고난을 받았습니다. 그에게는 고난도, 시련도, 기가 막힌 일도 너무나 많았습니다. 그러나 만약 그의 삶이 순탄했다면 정상에 설 수 없었을 것이고 마침내 애굽의 총리가 되어 비전을 이루지 못했을 것입니다.

비전을 이루는 주역이 되려면 그 비전을 담을 믿음의 그릇이 필요합니다. 하나님은 무조건 생각 없이 주시지 않습니다. 그분은 고난과 시련을 통해 정금같이 다듬어 축복하십니다.

많은 사람이 조급해서 기다리지 못하고 뛰쳐나갑니다. 그 이유는 단한 가지, 하나님의 인도하심을 확신하지 못하기 때문입니다. 하나님은 요셉과 그의 조상들과 맺은 약속을 하나님의 때에 지키셨습니다. 신실하신 하나님은 반드시 언약을 이루시는 분입니다. 그러므로 중요한 것은 포기하지 않고 믿음으로 기다리는 것입니다.

우리가 대부분 성령의 인도하심을 받지 못하는 결정적인 이유가 바로 이것입니다. 기억하십시오. 성급함은 성령의 역사를 죽이는 무덤입니다. 우리는 상황이 준비될 때까지, 또 그 일을 감당할 만큼 연단될 때까지 조급함 없이 기도하고 기다려야 합니다. 그러면 하나님은 반드시 최선의 때에 최고의 방법으로 우리를 인도하실 것입니다. 하나님이 우리 안에서 세상의 것들을 뽑아내시고 그분의 거룩한 사역에 동역할 수 있는 새로운 것들을 집어넣으시려면 우리를 먼저 깨끗하게 하셔야 합니다.

이스라엘에게 하나님의 비전을 확고히 세우기 위해서는 훈련이 필요했습니다. 그것이 바로 광야 훈련입니다. 훈련 없이는 가나안 땅에 들어가도 주인이 아니라 셋방살이에 불과했습니다. 이 훈련은 예진 것을 도해 내고 가나안을 누리는 백성이 되는 변화입니다. 하나님은 40년 동안 불평의 세대를 제거하셨습니다. 세상을 끄집어내고 하나님을 집어넣는 데 그렇게 긴 시간이 걸린 것입니다.

신명기 8장 3절을 기억하십시오. 이스라엘이 40년 걸려서 그 땅에 들어가게 된 것은 "사람이 떡으로만 사는 것이 아니요 여호와의 입에서 나오는 모든 말씀으로 사는 줄을 네가 알게 하려 하심이니라"고 합니다. 한 성경학자는 이렇게 표현했습니다.

"이스라엘 백성이 애굽을 빠져나오는 데는 하루가 필요했지만 이스라엘 백성 안에서 애굽을 빼내는 데는 40년이 필요했다."

내가 예수를 믿고 구원받는 것은 복음을 받아들인 순간에 이루어집니다. 그러나 내가 축복받은 예수의 사람답게 말씀을 따르는 삶의 방식을 좇는 자로 준비되는 데는 많은 시간이 걸립니다. 그러므로 고난 속에서 철저히 준비하십시오. 조급해하지 마십시오.

언제나 함께하시는 하나님

하나님은 구름 기둥, 불 기둥으로 광야의 이스라엘과 함께하셨습니다. 그분은 자기 백성을 버리지 않고 주야로 함께하셨습니다.

> "여호와께서 그들 앞에서 가시며 낮에는 구름 기둥으로 그들의 길을 인도하시고 밤에는 불 기둥을 그들에게 비추사 낮이나 밤이나 진행하게 하시니"(출 13:21).

광야가 아니면 누릴 수 없는 체험이요, 은혜입니다. 사실 고난 때문에 죽을 것 같은 상황을 빠져나와 보면 그때만큼 주님과 가까웠던 적이 없습니다. 하나님이 고통 중에 위로하시는 것이 많습니다. 우리는 극심한 고난을 통해 좋은 날에 알지 못했던 새로운 은혜를 맛보게 됩니다.

우리는 종종 선교지나 교회를 개척하거나 건축하는 과정에서 놀라운 기적이 일어났다는 소식을 듣습니다. 비전을 가지고 꿈꾸며 가는 길에는 간증이 많고 기적도 많은 것입니다. 광야가 바로 그 현장입니다. 그런데 왜 내 삶의 현장에는 그런 놀라운 일이 일어나지 않는 것일까요? 우리가 하나님께 기회를 드리지 않기 때문입니다. 우리는 절박한 상황에 몰릴 때까지 기다리지 않고 반칙을 써서라도 해결해 버립니다. 그래서 전능하신 하나님의 역사하심을 경험할 수 없는 것입니다.

우리의 짧은 생각으로는 다 이해할 수 없지만 한 가지 분명한 사실은 하나님이 자기 백성을 반드시 인도하신다는 것입니다. 시편 기자는 "내 부모는 나를 버렸으나 여호와는 나를 영접하시리이다"(시 27:10)라고 말했습니다.

믿음으로 하나님의 인도하심을 확신하십시오. "나는 하나님이 정확한 사인으로 인도하실 때까지 절대 움직이지 않겠다"라는 확신이 필요합니다. 하나님의 인도하심을 확신하고 나아가면 질문도 적어집니다. 부모가 어린 아이와 차를 타고 가면 어김없이 듣는 말이 있습니다. "얼마나 남았어요?" 5분도 안 갔는데 자꾸만 묻습니다. 그러면 아빠는 "다 왔다. 조금만 더 가면 된다"라고 답합니다. 그런데 아이들이 크면 더는 묻지 않습니다. '아빠가 알아서 가시겠지' 하며 그의 인도를 믿고 따르고 기다리는 것입니다.

하나님은 자기 백성을 구원하시고 광야에 두시지 않았습니다. 그들은 광야 길에서 어디에 장막을 쳐야 할지, 계속 앞으로 가야 할지 아니면 서야 할지, 무엇을 해야 할지 전혀 몰랐습니다. 구원받은 이스라엘 백성이 할 일은 하나님의 인도하심을 따르는 것뿐이었습니다. 아브라함과 모세를 인도하신 하나님이 반드시 우리도 인도하실 것입니다. 중요한 것은 우리가 이 사실을 확신하는 것입니다. 요동하지 말고 끝까지 믿음으로 하나님의 인도하심을 기다리십시오.

하나님을 믿고 기도하라

인간은 너무나 연약한 존재이기에 하나님이 인도하신다는 사실을 반복해서 익혀도 상황이 닥치면 허사인 경우가 많습니다. 언젠가 권투를 두 달 정도 배웠습니다. 잽과 스트레이트를 열심히 익히다가 마침내 실전에 투입되었습니다. 그런데 막상 글러브를 끼고 3분간 쳤더니 완전 싸움판이 되었습니다. 몇 대 맞고 나니 머릿속이 백지장같이 하얘져 잽이 무엇인지, 스트레이트는 언제 날려야 하는지 아무 생각도 나지 않았습니다. 직접 당해 보니 아무것도 생각나지 않고 기가 막힐 뿐이었습니다.

그러나 죽음 같은 날에도 할 수 있는 일이 있습니다. 일하시는 하나님을 믿고 기도하는 것입니다. 그 외에는 아무것도 할 일이 없습니다. 고비를 넘길 수 있도록 하나님이 도우십니다. 사실 이 말조차 고난의 한가운데 있으면 전혀 기억나지 않습니다. 죽을 고비를 빠져나온 뒤에야 할 수 있는 말입니다.

한 사람을 소개하고 싶습니다. 36세에 맞이한 아내는 몇 년이 못 되어 결핵으로 죽었고 재혼으로 얻은 아들도 러시아의 추위를 이기지 못하고 죽고 말았습니다. 그 자신도 평생 간질로 고통받았습니다. 이 고난의 주인공은 러시아의 대문호 도스토예프스키입니다. 그는 견디기 힘든 고난을 믿음으로 이겨 내며 누에고치가 명주실을 뽑아내듯 불후의 명작인 《죄와 벌》, 《카라마조프의 형제들》 등을 썼습니다.

고통의 현장에 있을 때는 너무 힘들고 어렵지만 바로 그 자리에서 여호와를 부르짖게 됩니다. 그때만큼 기도가 간절한 적이 없고, 그때만큼 하나님과 더 가까운 적이 없습니다. 그리고 그 기도는 눈물 너머 소망으로 우리를 안내합니다.

"이에 그들이 근심 중에 여호와께 부르짖으매 그들의 고통에서 건지시고 또 바른 길로 인도하사 거주할 성읍에 이르게 하셨도다"(시 107:6-7).

인생 끝까지 하나님을 믿고 승리하는 방법은 간단합니다. 오늘 내 상황이 매우 좋고 전혀 부족함이 없어도 마치 절망의 자리에 있는 것처럼, 하나님의 은혜 없이는 한 걸음도 일어설 수 없는 것처럼 간절히 부르짖고 낮은 마음으로 은혜의 자리로 나아가십시오. 그러면 하나님이 끊임없이 우리를 인도하실 것입니다.

2

예수 예수 믿는 것은

새 길이 아닌 주어진 길을 걷는 것입니다

> 최악의 상황도 받아들이는 태도에 따라 달라질 수 있습니다. 슬기롭게 대처하고 믿음으로 반응하면 오히려 더 큰 기적을 경험하고 승리의 사람이 되는 간증을 얻게 됩니다.

인생을 살다 보면 사면초가에 이를 때가 종종 있습니다. 기막힌 웅덩이와 수렁에 떨어져 전혀 앞뒤를 알 수 없는 캄캄한 때를 만나기도 합니다. 그때 우리를 더 힘들게 하는 것은 분명 나는 믿는 사람이고 나름대로 성실하게 믿음으로 살려고 고민하며 노력했는데 상황이 더 어려워졌다는 이해할 수 없는 사실입니다.

이스라엘은 감격의 출애굽을 했고 430년간 포로였던 고통의 땅에서 풀려나 하나님의 은혜로 자유를 얻었습니다. 그리고 생각만 해도 환상적인 구름 기둥, 불 기둥으로 하나님의 인도하심을 받았습니다. 그러나 그들은 어려움에 봉착했습니다. 양쪽에는 높은 산이 치솟아 있고 앞에는 홍해의 푸른 물결이 놓여 꼼짝도 할 수 없게 된 것입니다. 이런 형편에 엎진 데 덮진 격으로 뒤늦게 200만 가까운 노예를 놓치고 아쉬워한 애굽 왕 바로가 군사를 동원해 추격해 오기까지 했습니다. 이스라엘은 코너에 몰렸습니다. 그야말로 진퇴양난, "독 안에 든 쥐" 꼴이었습니다.

우리는 삶의 여정에서 가끔 이런 경험을 하게 됩니다. 사업이나 인간관계의 어려움 또는 자녀 문제 등 다양합니다. 도저히 내 힘으로는 감당할 수 없고 풀려고 하면 점점 더 깊은 수렁으로 빠지는 절망의 자리요, 막다른 자리에 서게 됩니다. 그러나 벼랑 끝에 서서 전혀 길이 보이지 않을 때 반드시 기억해야 할 사실이 있습니다. 문제가 문제가 아니고 상황이나 어려움도 전혀 문제가 되지 않는다는 사실입니다. 중요한 것은 태도입니다. 상황이나 문제를 어떤 자세로 받아들이고 반응하느냐가 관건인 것입니다. 전능하신 하나님을 믿는 신앙인으로서 사건에 반응하는 삶의 태도, 신앙의 태도가 훨씬 더 중요합니다.

최악의 상황도 받아들이는 태도에 따라 달라질 수 있습니다. 슬기롭게 대처하고 믿음으로 반응하면 오히려 더 큰 기적을 경험하고 승리의 사람이 되는 간증을 얻게 됩니다. 하지만 문제가 까다롭거나 사안이 깊고 크지 않은데 잘못 대처하고 반응하면 넘어지거나 낙심하는 자리에 이를 수도 있습니다. 또한 신앙에 큰 타격을 받을 수도 있습니다. 같은 홍해이지만 누구에게는 죽음이고 또 다른 자에게는 구원의 은혜와 기적을 체험하는 축복이 될 수 있는 것입니다. 결국 이스라엘은 하나님의 은혜로 홍해를 건넜지만 바로의 군대는 홍해에서 멸절되었습니다.

길이 보이지 않을 때 우리는 어떻게 해야 할까요? 앞뒤가 캄캄한 절망을 만나 막다른 길에 들어섰을 때 어떻게 해야 할까요?

하나님의 섭리가 있음을 깨달아야 한다

절망의 순간을 만난 성도의 고통에는 하나님의 섭리가 있습니다. 어쩌다 당하는 고난은 결코 없습니다. 말씀을 보면 이스라엘이 길이 없는 막다른 곳까지 어떻게 이르게 되었는지 알 수 있습니다.

> "여호와께서 모세에게 말씀하여 이르시되 이스라엘 자손에게 명령하여 돌이켜 바다와 믹돌 사이의 비하히롯 앞 곧 바알스본 맞은편 바닷가에 장막을 치게 하라 바로가 이스라엘 자손에 대하여 말하기를 그들이 그 땅에서 멀리 떠나 광야에 갇힌 바 되었다 하리라"(출 14:1-3).

사실 선민 이스라엘을 진퇴양난의 협곡으로 몰아넣은 분은 하나님입니다. 하나님이 이스라엘에게 앞에는 바다가 있고, 뒤에는 두 산이 있는 곳에 장막을 치라고 하셨습니다. 게다가 말씀을 보면 이스라엘 백성을 애굽에서 내보내고 아쉬워하던 바로의 마음을 충동하신 분도 하나님이 심을 알 수 있습니다. 하나님이 축복하고 잘되고 승리하는 사람으로 세우려고 선택하신 이스라엘 백성을 오히려 절망의 자리로 몰아넣으신 이유는 무엇일까요?

> "내가 바로의 마음을 완악하게 한즉 바로가 그들의 뒤를 따르리니 내가 그와 그의 온 군대로 말미암아 영광을 얻어 애굽 사람들이 나를 여호와인 줄 알게 하리라"(출 14:4).

하나님이 고난을 허락하신 데는 분명한 목적이 있었습니다. 하나님이 이스라엘을 인도하셔서 선민을 절망의 자리에 내치신 것은 하나님이 누구이신 줄 알리시려는 의도였습니다. 즉, 하나님의 영광을 위한 일이었던 것입니다. 애굽 사람들은 여호와가 하나님이라는 사실을 전혀 알지 못했습니다. 하나님은 그들에게 그 사실을 알리기 원하셨습니다.

앞서 출애굽기 5장에서 모세는 바로에게 나아가 여호와의 이름으로 "내 백성들을 보내라"(출 5:1)고 요구했습니다. 그때 바로는 "여호와가 누구이기에 내가 그의 목소리를 듣고 이스라엘을 보내겠느냐 나는 여호와를 알지 못하니 이스라엘을 보내지 아니하리라"(출 5:2) 하며 거절했습니다. 그러자 하나님은 열 가지 재앙을 애굽 땅에 내리셨습니다. 결국 바로는 마지막 장자의 재앙으로 인해 아들을 잃자 두 손 두 발 다 들고 이스라엘의 출애굽을 허락했습니다.

열 가지 재앙은 애굽에 있는 우상들을 깨뜨리는 것이었습니다. 하나님은 그분을 전혀 알지 못하고 인정하지 않으며 우상 천지인 애굽 사람들에게 여호와 하나님이 어떤 분인지 보여 주기를 원하셨던 것입니다.

하나님은 자신이 어떤 분인지 이 세상에 보여 주기 원하십니다. 그리스도인과 교회는 바로 이 일을 위해 존재합니다. 성도가 믿음의 여정 가운데 만나는 어려움과 고난은 한 사람의 신앙 성장에 유익이 될 뿐 아니라 나아가 하나님을 영화롭게 할 기회가 됩니다. 보이지 않는 하나님을 만방에 증거할 기회인 것입니다. 우리는 보이지 않는 것을 믿을 수 없다며 살아 계신 하나님을 인정하지 않는 사람들에게 죽음 같은 상황을 믿음으로 돌파하고 위기를 기회로 만들면서 하나님의 살아 계심을 드러내야 합니다. 그때 하나님은 존재를 드러내시고 비로소 그분이 만드신 자들에게 찬송과 영광을 받으십니다.

다니엘은 신앙의 절개와 순수함을 지키려고 애쓰다가 결국 타협하지 않는 신앙 때문에 사자 굴에 던져졌습니다. 그러나 그는 결코 위험 앞에서 좌절하거나 믿음을 잃어버리지 않았습니다. 그때 하나님은 천사를 보내 사자의 입을 봉하심으로 기적적으로 그를 건져 주셨습니다. 이처럼 고난을 정면으로 돌파하면서 끝까지 믿음으로 반응한 다니엘에게 어떤 일이 일어났습니까?

"내가 이제 조서를 내리노라 내 나라 관할 아래에 있는 사람들은 다 다니엘의 하나님 앞에서 떨며 두려워할지니 그는 살아 계시는 하나님이시요 영원히 변하지 않으실 이시며 그의 나라는 멸망하지 아니할 것이요 그의 권세는 무궁할 것이며 그는 구원도 하시며 건져내기도 하시며 하늘에서든지 땅에서든지 이적과 기사를 행하시는 이로서 다니엘을 구원하여 사자의 입에서 벗어나게 하셨음이라 하였더라"(단 6:26-27).

하나님은 전혀 하나님을 인정하지 않는 이방 왕 느부갓네살을 통해 이방 땅에 신앙 간증과 고백을 드러내셨습니다. 이처럼 신앙인에게 위기는 하나님의 능력과 신실하심을 경험할 수 있는 좋은 기회가 됩니다.

성도의 고난은 이외에도 유익이 많습니다. 하나님은 한 사람을 축복하시기 전에 먼저 복을 담을 그릇부터 준비하십니다. 믿음이 바로 축복을 담는 그릇입니다. 우리는 무조건 복을 달라고 기대하고 사모하지만 명확한 하나님의 순서가 있습니다. 이것이 육신의 부모와 영적인 부모의 차이입니다. 육신의 부모는 자녀에게 무조건 물려줍니다. 그러나 하나님은 그것이 전혀 무익하다는 사실을 아시기에 한 사람을 하나님의 도구로 쓰시기 전에 철저하게 다듬고 준비시키십니다.

축복의 사람, 한 시대에 신앙의 거목으로 쓰임 받았던 단 세 사람을 떠올려 보십시오. 성경 인물이든 성경 외 인물이든 누구든지 예외 없이 크게 쓰임 받은 만큼 고통의 시간을 통과했다는 사실을 알 수 있을 것입니다. 세상이 완전히 돌아앉고 누구 한 사람 도와주지 않을 때 '죽느냐, 믿음으로 반응하느냐'의 경계선에서 죽을 수도 없어 통곡하다가 그 자리에서 은혜 받고 새롭게 빚어진 사람이 한둘이 아닙니다. 하나님은 우리를 고난과 역경 속에서 단기 속성 과정으로 정금같이 다듬어 가십니다. 10-20년 걸려야 가능한 믿음을 일순간에 빚어내시는 것입니다.

죽음 같은 상황에 몰리면 선택할 수 있는 것이 별로 없습니다. 죽든지, 매달리든지 처절한 한계 상황을 돌파하면서 자신도 모르는 사이에 거목으로 빚어지는 것입니다.

> "내 형제들아 너희가 여러 가지 시험을 당하거든 온전히 기쁘게 여기라 이는 너희 믿음의 시련이 인내를 만들어 내는 줄 너희가 앎이라 인내를 온전히 이루라 이는 너희로 온전하고 구비하여 조금도 부족함이 없게 하려 함이라"(약 1:2-4).

고난의 한가운데 있다면 절대 절망하지 않기를 바랍니다. 하나님이 사랑하시는 사람, 자기 아들을 십자가에 못 박으면서까지 축복하고 싶은 사람이 바로 우리이기 때문입니다. 그런 그분이 우리를 왜 절망의 자리에 두시겠습니까? 단지 더 아름답게 사용하려고 준비시키시는 것입니다. 여러 가지 시험을 당하거든 온전히 기쁘게 여겨서 결국 인내로 온전함을 이룰 수 있기를 바랍니다.

믿음으로 기도해야 한다

하나님의 섭리를 믿는 사람은 신앙으로 반응합니다. 오늘 내가 당한 기막힌 일이 어쩌다 일어난 것이 아니라 하나님의 뜻이라고 믿으면 당연히 신앙으로 반응할 수밖에 없습니다. 그러나 이스라엘은 어떻게 반응했습니까?

> "바로가 가까이 올 때에 이스라엘 자손이 눈을 들어 본즉 애굽 사람들이 자기들 뒤에 이른지라 이스라엘 자손이 심히 두려워하여 여호와께 부르짖고"(출 14:10).

양옆은 산으로 막혔고 앞은 홍해이고 뒤에는 추격해 오는 애굽의 군대가 있었습니다. 이 상황을 인지한 이스라엘은 심각한 두려움에 붙잡혔습니다. '심히 두려워했다'에서 '심히'(메오드)는 열렬한 두려움을 뜻합니다. 정신을 잃을 정도로 극심한 두려움을 말하는 것입니다.

사실 여기서 이스라엘 백성의 부르짖음은 엄밀히 말해 기도라고 할 수 없습니다. 위험에 처해 너무 두려운 자들의 허망한 외침에 불과합니다. 믿음에 근거한 제대로 된 기도로 보기에는 아쉬움이 있습니다. 진정한 기도는 하나님이 살아 계시며 그분이 필히 응답하신다는 믿음으로만 가능합니다. 이스라엘 백성은 이어서 지도자에 대해 원망했습니다.

> "그들이 또 모세에게 이르되 애굽에 매장지가 없어서 당신이 우리를 이끌어 내어 이 광야에서 죽게 하느냐 어찌하여 당신이 우리를 애굽에서 이끌어 내어 우리에게 이같이 하느냐 우리가 애굽에서 당신에게 이른 말이 이것이 아니냐 이르기를 우리를 내버려 두라 우리가 애굽 사람을 섬길 것이라 하지 아니하더냐 애굽 사람을 섬기는 것이 광야에서 죽는 것보다 낫겠노라"(출 14:11-12).

아직도 이스라엘은 노예근성에서 벗어나지 못했습니다. 출애굽을 가능하게 한 열 가지 놀라운 재앙을 보고도 믿음이 없어 흔들리며 떨고 있었습니다. '이들이 과연 어린양의 피로 구속함을 받은 백성인가?' 하고 의심하지 않을 수 없습니다. 하나님은 고난과 역경, 때로는 감당할 수 없는 절망을 통해 껍데기만 하나님의 사람일 뿐 여전히 삶의 태도는 그리스도인답지 못한 우리를 깨뜨려 가십니다.

그러나 그들의 불평은 시작에 불과했습니다. 광야 생활 40년 동안 계속되었습니다. 여기서 우리가 알아야 할 사실이 하나 있습니다. 불평도 기도라는 것입니다. 성도의 말은 다 기도입니다. 이스라엘 백성의 부르짖음 역시 그대로 응답되었다는 것을 출애굽의 역사를 통해 잘 알 수 있습니다.

통성 기도와 부르짖는 기도가 중요한 이유는 심호흡과 같기 때문입니다. 부르짖을 때 우리 내면의 기저에 있던 순수하지 못하고 더럽고 추한 것들을 다 토합니다. 정말 심각한 상황에서는 조용히 기도하기보다 믿음으로 부르짖으며 기도하는 것이 좋습니다. 다리를 건너던 사람이 실수로 물에 빠지고 말았습니다. 그때 속삭이며 살려 달라고 하면 누가 살려 주겠습니까? 크게 부르짖어야 합니다.

특별한 고난이 없더라도 우리의 삶과 형편은 비슷합니다. 힘들고 어려운 일이 곳곳에 있고 뜻하지 않은 복병이 우리를 넘어뜨리는 상황이 수없이 일어납니다. 그때마다 부르짖으며 기도하기를 바랍니다.

사실 이스라엘 백성은 두려워할 수밖에 없었습니다. 10절에는 "바로가 가까이 올 때에 이스라엘 자손이 눈을 들어 본즉"이라고 나옵니다. 그들의 눈에는 추격하는 바로의 군대만 보였기 때문입니다. 신앙인은 무엇을 보느냐가 중요합니다. 믿음의 분수령이 여기서 결정됩니다. 견딜 수 없는 상황, 꽉 막혀 길이 보이지 않는 상황, 해결할 수 없는 수많은 문제의 현실에서도 그 너머에 계신 하나님을 바라볼 수 있어야 합니다.

상황만 보면 떨며 절망할 수밖에 없습니다. 그러나 외마디 비명을 지르는 듯한 수준 미달의 기도라도 그 기도가 쌓이면 내 앞을 가로막고 있던 절망이 물러가고 문제 위에 계시는 더 크신 하나님을 바라보게 될 것입니다. 두려움이 사라지고 불평이 입술에서 사라지게 될 것입니다. 그러므로 두려움이 문을 두드릴 때 믿음으로 응답하기를 바랍니다.

그렇다면 백성들의 원망과 불평 안에 지도자 모세는 어떻게 대처했을까요?

"모세가 백성에게 이르되 너희는 두려워하지 말고 가만히 서서 여호와께서 오늘 너희를 위하여 행하시는 구원을 보라 너희가 오늘 본 애굽 사람을 영원히 다시 보지 아니하리라"(출 14:13).

모세는 문제를 보지 말고 하나님을 보라고 촉구했습니다. 모든 이스라엘이 뒤쫓아오는 애굽 군대를 보며 떨고 있을 때 지도자 모세는 오직 위에 계신 여호와를 바라보았습니다. 하나님의 도우심과 능력의 손길을 의뢰했던 것입니다. 문제를 보지 말고 구원하시는 하나님을 바라보십시오.

모세의 반응은 정말 훌륭합니다. 충분히 기도함으로 신령한 세계를 보는 영안이 열리면 새로운 세계에서 일하시는 하나님을 보게 됩니다. 물론 문제를 바르게 인식하는 것도 필요합니다. 그러나 그보다는 크신 하나님을 바라보는 믿음의 눈이 열려야 합니다. 열왕기하에 기록된 아람과 이스라엘이 싸울 때를 생각해 봅시다. 엘리사 선지자는 도단 성을 둘러싼 하나님의 군대를 보았지만, 사환은 자신들을 둘러싼 아람의 군대와 병거만 보았기에 두려워했습니다. 그때 엘리사는 "두려워하지 말라 우리와 함께한 자가 그들과 함께한 자보다 많으니라"(왕하 6:16)고 말하며 힘과 용기를 북돋워 주었습니다.

우리도 우리를 둘러싼 불 말과 불 병거를 보는 눈이 열려야 합니다.

신령한 눈이 열리면 모든 상황이 달라집니다. 불평과 원망 대신 기도와 찬양을 하십시오. 하나님은 절망을 끌어안고 간절히 기도할 때 역전과 변화의 은혜를 베풀어 주십니다. 말씀을 듣고 기도할 때 변화가 시작됩니다. 하나님은 기도하는 자에게 길을 보여 주십니다.

확신하며 나아가라

절망의 순간에 드린 간절한 기도를 통해 하나님은 이스라엘 백성에게 어떤 은혜를 주셨을까요?

> "여호와께서 모세에게 이르시되 너는 어찌하여 내게 부르짖느냐 이스라엘 자손에게 명령하여 앞으로 나아가게 하고 지팡이를 들고 손을 바다 위로 내밀어 그것이 갈라지게 하라 이스라엘 자손이 바다 가운데서 마른 땅으로 행하리라"(출 14:15-16).

하나님은 이스라엘 백성에게 이제 기도는 그만큼 하면 되었으니 일어나 가라고 말씀하셨습니다. "어찌하여 내게 부르짖느냐"라는 하나님의 말씀은 기도만 하지 말고 믿음의 행동을 담대히 취하라고 명령하신 것입니다. 하나님은 마음의 신뢰뿐 아니라 믿음의 실천을 요구하십니다. 행함이 없는 믿음은 헛될 뿐이기 때문입니다(약 2:17). 믿음은 행동하는 것입니다.

또한 여기서 "앞으로 나아가게"라는 말은 히브리어로 '이사우'이고 '장막 말뚝을 뽑아 챙긴 후 곧장 전진해 가다'라는 뜻입니다. 장막에 머물러 있으면서 될 대로 되라는 식으로 기다리지 말라는 것입니다. 비록 위험 요인이 사라지지 않았지만 하나님의 명령에 순종해 홍해 쪽으로 발길을 돌리라는 의미입니다.

고난 속에서 하나님께 간구하면 하나님은 우리를 인도하시는 축복의 음성을 들려주십니다. 이때 가장 위험한 것은 성급함, 조급함입니다. 성령의 인도하심을 방해하는 가장 큰 요인입니다. 조급할 바에는 하나님의 때가 올 때까지 기다리며 하나씩 준비해야 합니다. 충분히 기도한 후에 하나님의 인도하심을 받아야 합니다.

믿음의 사람들이 하는 공통된 충고가 있습니다. 특히 믿음의 사람 조지 뮬러는 이렇게 말하기를 좋아했습니다.

"절대로 주님보다 앞서지 말자. 성령님보다 앞서지 말자. 기도보다 앞서지 말자."

그러나 하나님이 특별한 음성을 들려주시고 깨닫게 하시면 담대하게 일어서야 합니다. 기도할 때가 있고 행해야 할 때가 있는 것입니다. 성령님의 음성을 듣는 것도 쉽지 않지만 상황과 역행하는 성령의 음성에 나를 맡기며 순종하는 일은 더 어렵습니다. 고백하는 믿음보다 행동하는 믿음은 훨씬 더 차원이 높은 믿음입니다.

이스라엘이 하나님의 말씀을 듣고 일어나 나갔을 때 하나님은 그들을 책임져 주셨습니다. 밤새 구름 기둥으로 간격이 좁혀진 이스라엘과 애굽 군대 사이를 막아 주셔서 애굽이 이스라엘 진영으로 진입하지 못하게 하셨습니다. 또 급하고 강한 바람으로 물을 좌우로 밀어 벽이 되게 하셨고 습하고 질퍽한 바다 바닥을 마른땅이 되게 하셔서 이스라엘이 안전하게 건널 수 있게 해주셨습니다.

깊이 기도하고 도전받고 깨닫고 하나님의 음성이 확증되면 담대히 일어나 앞으로 나아가야 합니다. 그러면 머리털 하나도 상하지 않게 배려하시는 하나님의 손길을 느끼게 될 것입니다. 마태복음 10장 30-31절은 "너희에게는 머리털까지 다 세신 바 되었나니 두려워하지 말라 너희는 많은 참새보다 귀하니라"고 전합니다.

진짜 믿음은 기도하고 그 뜻대로 행하는 것입니다. 믿음대로 살아갈 때 기적이 우리를 따라올 것입니다. 신학자 프리드리히 슐라이어마허는 "기독교 신앙의 위기는 기도 없는 행동이고 행동 없는 기도이다"라고 했습니다. 확신이 생기면 움직여야 합니다.

위기를 기회로 만들라

영국의 괴짜 기업가인 버진 그룹의 리처드 브랜슨 회장은 즐기며 일하는 사람일 뿐 아니라 도전하는 사람입니다. 그의 삶의 원동력은 도전이었습니다. 15세의 나이에 〈스튜던트〉라는 잡지를 만들어 기업가로서의 인생을 시작했습니다. 장난 정도로 여기는 사람이 많았지만 열정과 반짝이는 아이디어로 큰 성공을 거두었습니다.

그의 도전은 여기서 멈추지 않았습니다. 어느 날 여자 친구와 영국 버진 제도라는 섬에 놀러갔다가 다음 여행지인 푸에르토리코로 가기 위해 공항에 갔을 때였습니다. 무슨 이유인지 비행기가 결항되었고 승객들은 어쩔 줄 몰라 하며 발만 동동 구르고 있었습니다. 그때 그가 나섰습니다. 그는 2,000달러에 비행기 한 대를 전세 냈습니다. 한 사람당 39달러면 충분하다는 계산이었습니다. 그리고 그는 큰 칠판을 빌려 이렇게 썼습니다.

"버진 항공사: 푸에르토리코행 편도 39달러."

이것이 오늘날 버진 그룹의 주력 사업인 버진 애틀랜틱 항공의 시작이었습니다. 휴가 중의 작은 에피소드가 새로운 사업으로 연결된 것입니다. 오늘날 버진 항공은 전 세계 30여 곳에 취항하는 세계적인 항공사입니다.

신자와 비신자를 구분 짓는 가장 중요한 차이는 위기에 대처하는 방법과 태도입니다. 믿지 않는 사람들은 위기 앞에서 불평하고 원망하며 탄식을 쏟아 놓습니다. 충분한 은혜가 없을 때의 이스라엘 백성처럼 "애굽의 고기 가마 옆에 있다면 좋을 텐데" 하며 작은 어려움도 두려워하며 어찌할 바를 몰라 당황합니다. 문제만 바라보기 때문입니다. 그러나 진정한 신앙인은 문제 위에 계시는 전능하신 하나님을 바라보며 회복될 줄 믿습니다.

14절은 "여호와께서 너희를 위하여 싸우시리니 너희는 가만히 있을지니라"고 전합니다. 기도는 하나님을 내 삶의 최전방에 세우고 나 대신 싸우시게 하는 가장 중요한 일입니다. 역사의 주인 되시는 하나님, 우리를 위해 일하시는 하나님을 신뢰하고 바라보며 기도하십시오. 그분의 음성에 귀를 기울이며 모든 절망을 내려놓고 간절히 기도하십시오. 하나님을 참으로 믿는 자는 고난 속에도 하나님의 섭리가 있음을 깨닫고 하나님의 음성에 귀를 기울입니다. 그리고 간절히 기도하고 믿음으로 움직이기를 바랍니다.

3

예수 예수 믿는 것은

왕의 길을
함께 걷는 것입니다

> 하나님과 동행하지 못하면 간증도 없고 하나님께 영광을 돌릴 수도 없습니다. 그저 신앙생활을 했다는 흔적으로 다 떨어진 성경과 찬송가만 남을 뿐, 전능하신 하나님이 내 삶을 축복하신 흔적은 찾을 수 없을 것입니다.

신앙생활에 중요한 두 가지가 있습니다. 하나는 하나님과의 '만남'이고, 또 하나는 하나님과의 '동행'입니다. 둘 다 간단하지 않지만, 만남과 동행 중 어느 쪽이 우리에게 더 부담이 될까요? 물론 만남 없이 동행이 불가능하다는 측면에서 보면 만남이 우선이고 중요할지 모릅니다. 그러나 만남보다 동행이 훨씬 더 까다롭고 힘이 듭니다. 왜냐하면 하나님 편에서 볼 때 만남은 자신의 노력과는 무관하게 강권적으로 찾아오시는 하나님의 은혜와 사랑이기 때문입니다. 반면에 그렇게 만난 하나님과 광야 같은 인생길을 날마다 동행하는 일은 우리의 자의적인 노력이 필요합니다.

결혼을 예로 들면 이해가 쉽습니다. 두 사람이 만나 사랑하고 결혼하고 꿈같은 신혼여행을 떠납니다. 하지만 신혼여행은 길어야 일주일에서 한 달일 뿐 정작 힘든 것은 그다음입니다. 여행지에서 돌아와서 20-30년간 습관과 생각과 가치관이 다른 두 사람이 가정을 이루고 동거하는 일은 참 어렵습니다. 당장 식사할 때 음식의 간부터 맞지 않습니다. 수십 년간 전혀 다른 환경에서 자란 이성이 함께 살아가는 것은 그만큼 간단한 문제가 아닙니다.

그뿐만이 아닙니다. 아이는 밤새 울고, 남편은 씻지 않고 자려 하고, 세금 고지서는 꼬박꼬박 날아오고, 결혼으로 인해 맺은 복잡한 관계 속에서 두 사람이 함께 살아가는 것은 결코 쉽지 않습니다. 그래서 결혼에는 '생활'이라는 단어를 꼭 붙여야 합니다. 두 사람이 함께 살아가는 삶의 과정이기 때문입니다.

그러다가 노력하고 애써도 조정이 이루어지지 않으면 서로 포기한 채 살아가게 됩니다. 엄연히 부부이고 가끔은 서로 부르기도 하고 차려 주는 밥도 먹지만 남남처럼 살아가는 부부가 생각보다 많습니다. 만남은 있었지만 동행에 실패한 비극적인 가정의 모습입니다.

신앙생활도 다르지 않습니다. 많은 성도가 그리스도를 통해 전능하신 하나님을 만나고 구원의 은총을 누리며 값없이 하늘 소망을 붙잡은 축복의 사람이 되었습니다. 능력이 많고 부자이신 하나님을 아버지로 부르게 되었습니다. 그러나 막상 신분과 지위가 바뀌었는데 그에 맞는 복과 풍성함을 누리지 못한 채 여전히 고아처럼 살 때가 많습니다. 예전에 우리를 억누르던 것은 지금도 우리를 억누르고 부요함과 풍성함은 어디에도 나타나지 않습니다.

이것은 우리가 누릴 축복의 전부가 아닙니다. 이것 역시 하나님과의 만남은 있었지만 그분과 삶의 여정을 동행하는 일에는 실패한 신앙인의 모습입니다. 우리는 감격의 하나님, 나의 구주 하나님과 인생길을 동행해야 합니다. 동행해야 간증이 있고 축복이 있습니다.

말씀에서 하나님과 완벽하게 동행했던 한 사람 에녹을 만나게 됩니다. 그는 무려 300년을 하나님과 동행했습니다. 오랫동안 살아 계신 하나님과 동행하는 축복을 누린 사람이었습니다.

에녹이 살았던 시대상을 살펴보면 더 큰 감동으로 다가옵니다. 에녹은 그야말로 죄가 관영하고 악이 창궐한 어두운 시대를 살았습니다. 하나님이 자기 형상대로 사람을 지으셨음을 한탄하사 세상을 물로 심판하신 노아 바로 직전 시대였습니다. 성경에서는 당시를 "경건하지 않은"(유 1:15) 시대로 규정하고 있습니다. 그러나 에녹은 시대와 벗하지 않고 하나님과 동행해 죽음을 맛보지 않고 천국에 들림을 받은 축복의 사람이 되었습니다. 에녹의 삶을 묵상하다 보면 '지금 이 시대가 말세라고 할 만큼 악하지만 우리도 하나님과 동행할 수 있겠구나' 하는 도전을 받게 됩니다.

신앙생활이란 한마디로 '살아 계신 성령 하나님과 동행하는 것'입니다. 로마서 8장 14절에는 "무릇 하나님의 영으로 인도함을 받는 사람은 곧 하나님의 아들이라"고 나옵니다. 알기 쉽게 말하면 이렇습니다. "저는 교회에 다니고 예배를 빠지지 않고 드리지만 하나님과 동행하지는 않습니다"라고 말하는 사람은 아직 하나님의 아들이 아닌 것입니다. 우리 앞에 가지런히 놓여 있는 수많은 인생길에서 진정 하나님과 동행하는 축복의 사람이 되려면 어떻게 해야 할까요?

동행의 의미

먼저 '동행'의 의미를 살펴볼 필요가 있습니다. 동행이란 '하나님과 함께 걷다', '산책하다', '길을 같이 가다'라는 뜻입니다. '성도와 하나님의 친밀한 교제', '인격적인 교제'를 표현한 것입니다. 미국의 유명한 방송 설교자인 J. V. 매기 목사는 창세기 강해집에서 동행을 이렇게 설명했습니다.

"하나님이 매일 에녹을 찾아오셔서 '얘야! 나와 산책하지 않겠니?' 하고 말씀하시면 에녹은 밖으로 나와 하나님과 함께 산책을 했다. 에녹은 그 후 하나님과 산책하는 것이 너무 재미있어서 매일 문밖에서 하나님을 기다렸다. 그러면 하나님이 오셔서 함께 산책했다. 그러던 어느 날 하나님이 '에녹! 오늘은 우리 좀 더 멀리 가 보자. 내가 너에게 할 말이 많단다'라고 하셨다. 그래서 에녹은 하나님과 하염없이 걸었다. 그러다가 에녹이 '세상에, 너무 늦었어요. 이제 집으로 돌아가야겠어요'라고 외쳤다. 그러자 하나님이 말씀하셨다. '에녹! 여기는 너희 집보다 나의 집이 더 가깝구나. 오늘은 나의 집으로 가자'고 하셨다. 마침내 에녹은 하나님과 함께 영원한 본향으로 가 버렸다."

하나님과의 이런 달콤한 교제의 순간이 있습니까? 내 마음대로 살다가 주일에만 교회에 가고 다시 돌아와 마음대로 살아서는 안 됩니다. 동행이란 마치 어린아이가 아버지의 손을 꼭 붙잡고 길을 걷는 것과 같습니다. 하나님과 대화를 나누고 그분의 도우심과 인도하심을 받으면서 살아가는 하루하루를 의미합니다. 매사에 사정을 아뢰고 하나님께 물으면 그분은 대답하실 뿐 아니라 거친 길에서 우리를 인도해 주십니다. 우리에게는 이 달콤한 교제와 행복이 있어야 합니다. 이 기쁨을 가진 사람이 바로 그리스도인입니다.

그런데 안타깝게도 오늘날 그리스도인들 중에는 이런 기쁨을 누리지 못한 채 살아가는 사람들이 많습니다. 종교적 행사에는 능숙한데 살아 계신 하나님과의 인격적인 교제가 없습니다. 그것은 이방 종교와 크게 다를 바 없는 형식이고 위선일 뿐입니다. 믿는 사람들이 하나님과 동행하지 못하는 것은 인격적이신 하나님에 대한 이해가 부족하기 때문입니다. 우리가 섬기는 하나님은 살아 계신 분입니다. 또한 그분은 우리를 구원하시고 우리와 인격적으로 친밀하게 교제하기 원하시는 분입니다.

영국 런던에 웨스트민스터 채플이라는 교회가 있습니다. 이 교회의 캠벨 몰간 목사님의 커다란 즐거움 중 하나는 매일 저녁 사랑하는 딸의 손을 잡고 런던의 하이드 파크를 산책하는 것이었습니다. 그러던 어느 해 크리스마스가 가까운 날, 갑자기 딸이 공원 산책을 며칠간 못하겠다고 이야기했습니다. 그러면서 이유는 묻지 말아 달라고 했습니다. 목사님은 괜히 서운한 마음이 들었습니다.

그는 그 이유를 크리스마스 아침에야 알게 되었습니다. 사랑하는 딸이 크리스마스 선물로 아빠가 신을 슬리퍼를 만드느라 시간이 필요했던 것입니다. 그날 아침 그는 선물을 받으면서 사랑하는 딸에게 이렇게 말했습니다.

"사랑하는 딸아, 너무 고맙다. 이것을 만드느라 얼마나 수고가 많았니? 그런데 솔직하게 말하면 아빠는 슬리퍼 선물보다 너와 산책하는 것이 훨씬 더 좋단다."

하늘 아버지의 마음도 이와 다르지 않습니다. 때로 우리는 하나님을 위해 여러 가지로 애쓰고 노력합니다. 예배, 헌금, 주방 봉사 등 하나님을 위해 나름대로 최선을 다합니다. 그런데 정작 하나님은 이렇게 말씀하실지도 모릅니다. "네가 나를 위해 일하는 것도 좋지만 그냥 나와 좀 같이 있지 않을래?"

신학자 A. W. 토저는 이렇게 말했습니다.

"열심 있는 그리스도인들이 범할 수 있는 가장 보편적인 과오는 하나님의 일 때문에 너무 바빠 그분과의 교제를 게을리하는 일이다."

우리는 하나님이 진정 우리에게 요구하시는 것이 무엇인지 알아야 합니다. 바울은 고린도전서에서 "너희를 불러 그의 아들 예수 그리스도 우리 주와 더불어 교제하게 하시는 하나님은 미쁘시도다"(고전 1:9)라고 말했습니다. 하나님은 우리와 교제하시기 위해 우리를 그분의 형상을 닮은 존재로 만드셨습니다. 하나님과의 친밀함 가운데 그분과 동행하는 것이 신앙의 본질입니다.

동행의 시기

그렇다면 에녹은 하나님과 늘 동행했을까요, 아니면 어떤 계기 이후에 하나님과 동행하게 되었을까요? 에녹이 처음부터 하나님과 동행한 것은 아닙니다. 에녹은 365세까지 살았는데, 65세에 므두셀라를 낳은 후 300년 동안 하나님과 동행했습니다. 에녹은 아들 므두셀라를 낳은 후 비로소 경건한 삶을 살기 시작한 것입니다.

하나님은 그분의 백성이 종종 자녀를 낳을 때 이름을 통해 하나님의 뜻을 보여 주셨습니다. '므두셀라'는 '보낸다'라는 뜻을 가지고 있습니다. 학자들은 아마도 하나님이 므두셀라를 세상에 보내실 때 노아 시대의 홍수 심판에 대한 경고를 에녹에게 주셨을 것으로 추측합니다. 심판이 코앞에 닥쳤다는 경고의 메시지를 주신 것입니다. 실제로 므두셀라는 969세를 살았습니다. 재미있는 사실은 므두셀라가 969세로 죽은 바로 그해가 노아가 600세가 되던 해였다는 것입니다. 노아가 600세일 때 하나님의 홍수 심판이 시작되었는데, 그 시기가 정확하게 일치합니다. 학자들의 추측이 꽤 근거가 있음을 보여 주는 것입니다.

에녹은 아들의 이름을 통해 주신 하나님의 경고에 경각심을 가졌습니다. 나 따로, 하나님 따로의 신앙이 핵심이 아니라는 것을 깨닫고 진정 거룩한 사람으로 거듭나 하나님과 동행하는 삶을 살기 시작한 것입니다. 그 후 에녹은 하나님이 데려가시는 그날까지 하루도 빠짐없이 하나님과 동행했습니다.

에녹의 일생은 365년이고 그가 하나님과 동행한 삶은 300년입니다. 그렇다면 그가 하나님과 동행하기로 결단하기 전인 65년간은 무엇을 하며 살았을까요? 아마 다른 사람들처럼 제멋대로 살았을 것입니다. 어쩌면 더 추하고 모질고 무기력하게 살았을 수도 있습니다. 그러나 중요한 것은 에녹이 의미 없는 삶을 65년으로 끝낼 수 있는 결단력을 가지고 있었다는 사실입니다. 그 결단력이 그를 신앙의 위인으로 만들었습니다.

우리의 문제는 사실 다 믿음의 문제입니다. 형편과 환경과 사정의 문제가 아닙니다. 우주 만물의 주인 되신 하나님이 우리를 도우시면 안 될 일도, 못할 일도 없습니다. 사람이 얼마나 오래 사느냐가 중요한 것이 아닙니다. 하나님과 동행하지 못하면 간증도 없고 하나님께 영광을 돌릴 수도 없습니다. 그저 신앙생활을 했다는 흔적으로 다 떨어진 성경과 찬송가만 남을 뿐, 전능하신 하나님이 내 삶을 축복하신 흔적은 찾을 수 없을 것입니다.

동행의 조건

그렇다면 어떻게 하면 하나님과 동행할 수 있을까요?

첫째, 하나님을 아는 지식이 있어야 합니다. 부부가 동행하려면 남자와 여자가 서로 얼마나 다른지 알아야 하듯, 하나님과 동행하려면 하나님이 어떤 분이고 무엇을 원하시는지 알아야 합니다. 그것을 위해 성경을 공부해야 합니다. 성경은 하나님에 대한 정보로 가득차 있습니다. 우리는 아는 만큼 누릴 수 있습니다. 하나님을 아는 지식이 늘어날수록 누리는 축복도 커질 것입니다. 그래야 비로소 하나님을 인정하고 동행할 수 있습니다.

특히 성령 시대에는 성령 하나님을 아는 지식이 필요합니다. 신학자 요아킴 플로리스는 이렇게 예언했습니다.

"앞으로는 기독교의 제3세대가 오며 이 세대는 성령 시대가 될 것이다."

초기 기독교는 로마제국과 맞서 생존하기 위해 조직을 갖출 필요가 있었고, 이때를 조직교회 시대라고 합니다. 조직교회에서는 성직자가 중요했기에 성직을 중심으로 교회가 운영되었습니다. 이후 종교개혁 시대로 접어들면서 중심이 성경으로 옮겨졌습니다. 곧 성경이 중심이 된 성서적 교회를 이루게 되었습니다. 그러다가 오순절 성령 강림으로 제3의 시대인 성령 시대가 도래했습니다. 지금 우리는 바로 그 시대를 살아가고 있습니다.

하나님이신 성령은 2,000년 전에 오셔서 지금도 우리와 함께하십니다. 성령은 하나님을 믿는 성도들의 마음속에 계셔서 하나님 아버지와 우리 주 예수 그리스도의 사랑과 은혜를 베풀어 주십니다(고전 3:16). 그러나 안타깝게도 성도들 중에는 성령 하나님에 대해 무지한 경우가 많습니다. 그들이 삶을 살아가는 방식은 힘들고 어렵기만 합니다. 성령은 인격적인 분이기에 인격적으로 대해야 합니다. 사람은 누구나 인격을 무시당하면 이성을 잃게 됩니다. 마찬가지로 우리는 항상 인격적이신 성령을 인정하고 존중하며 마음속에 모셔야 합니다.

《안녕하세요 성령님》(열린책들, 2006)의 저자인 베니 힌 목사는 어느 추운 겨울날 캐나다 토론토에서 성령님을 인격적으로 체험했습니다. 밤새 전율이 그를 사로잡았습니다. 다음 날 아침 깊은 잠에서 깨어나 눈을 떴는데, 그의 입에서 스프링처럼 튀어나온 첫마디가 있었습니다.

"안녕하세요, 성령님!"

성령님은 멀리 신학책 속에 계시는 분이 아니라 내 안에서 나와 함께하시는 분입니다.

둘째, 상호 간에 뜻의 조화가 필요합니다. 성경은 "두 사람이 뜻이 같지 않은데 어찌 동행하겠으며"(암 3:3)라고 전합니다. 한 사람은 오른쪽으로 가고 싶고 한 사람은 왼쪽으로 가고 싶어 하면 두 사람은 결코 동행할 수 없습니다. 인격체가 함께 걸어가기 위해 필요한 것은 바로 의견의 일치입니다.

문제가 있는 가정의 부부들은 공통적인 어려움을 호소합니다. "대화가 되지 않습니다." 말이 통하지 않아 동행할 수 없다는 것입니다. 부부 사이에 꼭 필요한 것은 깊은 대화입니다. 대화가 끊기면 오해가 쌓이고 정상적인 관계가 어려워집니다. 그래서 부부 간에 대화가 많다는 것은 관계가 건강하다는 지표입니다.

종종 짧고 간헐적으로 기도하는 신앙인들이 있습니다. 물론 전혀 기도하지 않는 사람보다는 낫겠지만, 그러한 기도 생활이 오래 지속되면 하나님과의 관계가 악화될 수 있습니다. 기도는 독백이 아니라 대화요, 하나님은 살아 계신 분이기 때문입니다. 하나님은 우리에게 그분의 뜻과 생각을 보여 주십니다. 하나님과 동행하는 힘 있는 그리스도인이 되고 싶다면 반드시 깊은 기도로 들어가야 합니다.

대화는 말하는 것이라고 생각하기 쉽지만 사실은 그렇지 않습니다. 우선 듣는 것이 중요하고 그 다음에 말해야 합니다. 하나님과의 동행에 꼭 필요한 두 가지는 말씀과 기도입니다.

도덕적 성품의 일치

동행이 참 의미를 갖기 위해 꼭 필요한 부분이 있습니다. 그것은 바로 도덕적 성품의 일치입니다. 부부는 취미나 습관이 조금 달라도 함께 살

수 있습니다. 그러나 도덕적 성품에서 차이가 있다면 좀 곤란합니다. 아내는 거룩하고 순결한데, 남편은 정반대의 삶을 산다고 생각해 보십시오. 두 사람이 동행하기는 결코 쉽지 않을 것입니다.

하나님은 어떤 분입니까? 하나님은 그분의 속성을 말씀하시며 거룩을 가장 강조하셨습니다.

"내가 거룩하니 너희도 거룩할지어다"(레 11:45).

20세기의 지성이요, 미국의 유명한 철학자인 프란시스 쉐퍼는 이렇게 말했습니다.

"오늘날 우리의 문제는, 행복은 추구하지만 거룩은 추구하지 않는 것이다."

거룩하신 하나님이 우리와 동행하시면 하나님이 주시는 행복이 자연스럽게 흘러넘치게 됩니다. 하나님이 우리에게 행복한 삶을 선물로 주시기 때문입니다. 그러므로 우리는 하나님과 동행하기 위해 도덕적인 모습을 점검할 필요가 있습니다. 요한은 자신의 서신에서 "그가 빛 가운데 계신 것같이 우리도 빛 가운데 행하면 우리가 서로 사귐이 있고"(요일 1:7)라고 말했습니다.

하나님과 동행하는 멋진 인생

하나님과의 동행을 사모하고 준비하십시오. 그리고 하나님과 동행하기로 결단하십시오. 이를 위해 구체적으로 두 가지를 제안합니다. 첫째, 하루에 성경을 한 장이라도 꼭 읽으십시오. 둘째, 하루에 20-30분이라도 기도하십시오. 특히 새벽 기도를 권합니다. 성령의 인도하심을 받는 데 새벽보다 더 좋은 시간은 없습니다. 새벽 기도는 어두운 인생과 사업과 가정에 등불을 켜는 일입니다. 반드시 날마다 기도하십시오. 1, 2년에 끝나는 싸움이 아닙니다. 뿌리 깊은 대적이라면 10년을 싸워야 합니다. 우리가 알다시피 유익한 것은 쉽게 자라지 않습니다. 끊임없이 애써야 겨우 내 것이 될 수 있습니다. 새벽에 기도하면 육체는 조금 피곤하지만 성령이 가정과 기업을 온종일 지켜 주실 것입니다. 기도는 성령의 인도하심을 받고 하나님께 피하는 행위입니다. 특히 자녀를 둔 부모라면 더욱 기도하십시오. 가정은 열심히 기도하는 부모로 말미암아 복을 받습니다.

하나님과의 동행을 갈망하십시오. 혼자 고아처럼 살다가 문제가 일어나면 그제야 하나님께 도와달라고 외치는 기형적인 그리스도인이 아니라 진짜 하나님과 동행하는 삶을 살아가십시오. 그분의 말씀에 더욱 귀 기울이며 남은 생애를 하나님과 동행하기를 바랍니다.

4

예수 예수 믿는 것은

빼앗길 수 없는 보물을 갖는 것입니다

살아 계신 하나님의 도우심과 지원을 받는 참 신앙인이 되는 첫걸음은 바로 나를 아는 것입니다. 나는 질그릇같이 별 볼 일 없는 존재라는 깨달음이 우리에게 필요합니다.

사람은 너무나 연약한 존재입니다. 강한 것처럼 허세를 부리고 무게를 잡지만 알고 보면 인간만큼 약한 존재가 없습니다. 프랑스 화가인 빈센트 반 고흐는 젊을 때 광산에서 일을 한 적이 있습니다. 어느 날 광부 한 사람이 물건을 포장했던 천으로 셔츠를 만들어 입은 모습을 보았습니다. 그의 등에는 포장지에 쓰여 있던 문구가 그대로 붙어 있었습니다. "부서지기 쉬운 물건이므로 주의해서 다룰 것." 그때 그는 '부서지기 쉬운 것, 그것은 바로 인간 아니겠는가?' 하고 크게 깨달았다고 합니다.

건강한 날, 좋은 날, 주목받는 날에는 스스로 대단한 존재라고 느낄지 모르지만 사실은 정말 초라하고 한없이 약한 것이 우리 인생입니다. 오래전 파스칼은 이렇게 말했습니다.

"인간은 자연계에서 가장 약하다. 한 방울의 물과 한 점의 바람이 인간을 죽일 수 있다."

하지만 사람들은 좀처럼 인간의 한계를 인정하기 싫어합니다. 말씀을 통해 다시 한 번 정직하게 인간이 어떤 존재인지, 자신의 진정한 모습을 발견할 수 있기를 바랍니다.

바울은 말씀에서 지금까지 자신이 어떤 자세로 사도직을 수행해 왔는지를 밝히고 있습니다. 물론 자랑하려는 것이 아니었습니다. 고난에 처한 고린도 성도들을 격려하기 위해서였습니다. 성도들은 여러 가지 열악한 환경에서 큰 결과를 만들어 내며 주눅들지 않고 일하는 바울을 존경하고 흠모했습니다. 하지만 한편으로는 바울이 남다른 부르심과 은사와 능력을 받은 특별한 사람이기에 가능한 것이라고 여겼습니다.

질그릇 같은 우리

바울은 자기나 고린도 성도들이 똑같은 존재임을 그들이 깨닫기를 원했습니다. 그래서 유명한 질그릇과 보배의 비유를 이야기했습니다.

> "우리가 이 보배를 질그릇에 가졌으니 이는 심히 큰 능력은 하나님께 있고 우리에게 있지 아니함을 알게 하려 함이라"(고후 4:7).

흙으로 빚어서 구운 그릇을 도자기라고 합니다. 도자기는 크게 둘로 나뉘는데, '자기'라는 사기그릇과 '도기'라는 흙으로 만든 질그릇입니다.

사기그릇은 불순물이 적고 미세한 모래 성분이 많이 포함된 백점토가 원료입니다. 백점토에 유약을 바르고 1,200도 이상의 고온에서 굽는데 굽기 힘들고 만드는 작업도 까다롭습니다. 그러나 완성된 그릇은 단단하고 깨끗하고 아름다우며 값도 비쌉니다.

이에 비해 질그릇은 진흙이나 강가 또는 논바닥에서 흔히 구할 수 있는 붉은 흙이 원료입니다. 특별한 기술 없이 빚어서 바로 굽고 잿물을 칠해서 굽기도 합니다. 100도 이하의 약한 열로 구워 내기에 흙이라는 연약한 성분을 그대로 가지고 있습니다. 그래서 작은 충격에도 쉽게 깨지고 망가집니다. 모양이 매끄럽지 않고 투박하며 값도 매우 쌉니다.

우리가 질그릇이라는 바울의 비유 안에는 몇 가지 의미가 담겨 있습니다. 하나는 우리가 별것 아닌 싸구려라는 뜻이고, 또 하나는 우리가 너무나 약하다는 것입니다. 바울은 자신이나 고린도 성도나 우리가 질그릇과 같다고 말했습니다. 바울의 질그릇 비유를 두고 주경학자 맨슨은 이렇게 말했습니다.

"고린도의 잡화점에서 흔히 살 수 있는 값싸고 부서지기 쉬운 도기 등잔이다."

바울은 질그릇 비유를 통해 인간의 육체가 지닌 한계성과 연약함을 밝힌 것입니다. 실제로 인간의 모습은 연약하기 그지없습니다. 인간이 교만하고 건들거리는 것은 이러한 자기 모습을 철저히 알지 못하기 때문입니다. 자신의 연약함을 깊이 인식하지 못하는 것입니다.

하나님은 우리를 흙으로 창조하셨습니다. 한 과학자가 실제로 연구한 결과, 흙의 성분과 인간 구성 성분 가운데 무려 열일곱 가지가 동일했다고 합니다. 나는 흙이고 별 볼 일 없는 존재이고 질그릇에 불과하다는 사실을 안다면 우리는 결코 교만할 수 없을 것입니다. 그래서 우리는 다윗의 기도를 배울 필요가 있습니다.

"여호와어 나의 종말과 연한이 언제까지인지 알게 하시 내게 나의 연약함을 알게 하소서"(시 39:4).

살아 계신 하나님의 도우심과 지원을 받는 참 신앙인이 되는 첫걸음은 바로 나를 아는 것입니다. 나는 질그릇같이 별 볼 일 없는 존재라는 깨달음이 우리에게 필요합니다. 자기의 연약함을 아는 것이 어떤 지식보다 중요하기 때문입니다.

보배를 담은 질그릇

그런데 말씀을 가만히 들여다보면 시시하고 별 가치 없는 질그릇에서 끝나지 않습니다. 그렇다면 인생이 얼마나 허망하고 막막하겠습니까?

우리는 모두 질그릇 같은 존재이지만 차이가 하나 있습니다. 우리 안에 보배가 담겨 있는 것입니다. 바울은 자신의 경험을 들어 설명했습니다. 복음 전파를 위해 죽음에 처한 최악의 환경 속에서도 많은 사람을 하나님 앞으로 이끌었던 탁월한 전도자이자 곳곳에 교회를 세우고 하나님의 말씀을 기록했던 바울의 위대함은 특별한 능력이나 자원이 아니었습니다. 바울은 그를 흠모하고 존경하며 특별한 존재로 여기는 고린도 성도들과 조금도 다르지 않았습니다. 그 역시 질그릇 같은 약한 존재였습니다. 그러나 자기 안에 담긴 보배 때문에 놀라운 사역을 감당할 수 있었다고 고백한 것입니다. 수많은 역경과 고난 가운데서도 승리할 수 있었던 것은 보배 덕분이라고 밝힌 것입니다.

원래는 질그릇같이 절망하고 망할 수밖에 없는 존재가 우리 인생의 최종 모습입니다. 그러나 예수님을 만나 보배 되신 그분을 우리 마음에 담으면 우리 역시 귀해집니다.

그렇다면 구체적으로 바울이 말한 보배는 무엇일까요? 말씀을 통해 그 보배가 '예수의 생명'임을 알 수 있습니다.

> "우리가 항상 예수의 죽음을 몸에 짊어짐은 예수의 생명이 또한 우리 몸에 나타나게 하려 함이라"(고후 4:10).

그릇의 가치는 그릇 자체에 있는 것이 아닙니다. 그 속에 무엇을 담았느냐에 달려 있습니다. 금으로 만든 그릇이라도 오물을 담고 있으면 고가의 쓰레기통에 불과합니다. 그러나 하찮고 값없는 질그릇이라도 보배를 담고 있으면 보배함이 됩니다.

우리는 죽을 수밖에 없는 존재입니다. 죄를 해결하지 못한 인간은 죄에 휘둘리고 죄 때문에 고통받고 질병, 결핍, 관계의 어려움에 허덕이다가 결국 죄 때문에 죽습니다. 죽음을 통해서라도 죄에서 벗어날 수 있다면 괜찮을 텐데, 죗값으로 심판을 받아 영원한 지옥 형벌을 받게 되는 것이 죄 문제를 해결하지 못한 인생의 모습입니다.

감비아의 이재환 선교사님의 이야기입니다. 그는 자기 인생을 찢어지게 가난한 아프리카의 영혼들을 위해 던졌습니다. 그것도 흉내만 낸 것이 아니라 공동생활을 하면서 그들을 섬겼습니다. 그런데 정작 감비아 사람들은 모든 것을 희생한 선교사님의 물건을 날마다 훔쳐가고 배신하기 일쑤였습니다. 무척 고통스러운 가운데서도 그는 감비아 사람들을 포기할 수 없었습니다. 그들이 사는 삶이 너무나 가난해 마치 지옥과도 같았기 때문입니다. 또 지옥처럼 살다가 죽어서라도 그 가난과 죽음으로부터 빗어나면 좋을 텐데 죽고 나면 그보다 더 극심한 지옥이 기다리고 있다고 생각하니 견딜 수 없었던 것입니다.

그리스도인 속에는 예수의 생명이 담겨 있습니다. 우리 속에 예수 그리스도가 들어오시면서 우리의 가치가 완전히 달라졌습니다. 예수 그리스도를 구주로 영접함으로 예수의 생명이 우리 안에 들어왔습니다. 이제 우리는 예수의 생명을 담은 질그릇, 다시 말해 예수의 생명함이 되었습니다.

예수 그리스도를 의지하라

종교인의 딱지를 떼고 진짜 신앙인이 되는 길은 간단합니다. 두 가지 사실에서 출발합니다. 첫째, 내가 질그릇이라는 사실입니다. 잘나가는 날, 건강한 날에는 괜찮은 줄 알고 교만하다가 한계에 처하고 죽음 같은 날이 찾아오면 자신이 별것 아님을 깨닫게 됩니다. 병원 환자복을 입고 3일만 누워 있어 보면 아무것도 아닌 연약한 존재가 바로 나인 것을 알 수 있습니다. 그렇게 깨닫고 나면 허망할 수밖에 없습니다.

그때 또 하나 발견하는 사실이 있습니다. 나를 보면 소망이 없고 능력이 심히 크신 하나님을 바라보아야 한다는 것입니다. 이것이 우리 신앙의 전부입니다. 형식적인 종교인의 삶을 내려놓고 진짜 신앙생활을 시작하는 과정은 단순합니다. 내 한계를 알고 하나님의 크심을 깨닫고 겸손한 자세로 그분의 도우심을 구하면 됩니다. 하나님이 인정하시는 진짜 신앙은 땅 아래에 있는 어떤 것도 소망하지 않고 하나님만 전적으로 의지하는 것입니다. 나는 별 볼 일 없는 질그릇이고 모든 것이 능력의 하나님께 있다고 믿는 것입니다. 이론이 아니라 절실하게 이 사실을 체험하는 것입니다.

이 해답을 모르는 어리석은 인생은 나름대로 땅 위에 여러 가지 은신처를 구축합니다. 인맥을 구성하고 돈을 모으고 보험에 들어 준비합니다. 그리고 거기에 기대어 한계를 뛰어넘고 싶어 하고 안식을 누리며 평안을 얻으려고 합니다.

그런데 언젠가 이 줄이 끊어지는 날이 옵니다. 권력의 줄, 건강의 줄, 명예의 줄, 돈 줄, 인맥의 줄이 잘려 나갑니다. 파산을 당하고 질병으로 건강을 잃고 믿었던 사람에게 배신을 당합니다. 갑작스러운 상황 앞에 인생은 절망하고 좌절합니다. 구원의 줄인 줄 믿고 의지하다가 그 줄이 끊어지니 낙망과 참담함이 오죽하겠습니까?

왜 이런 일이 발생할까요? 세상에 의지할 줄이 없다는 사실을 인정하지 않고 그 줄을 붙잡았기 때문입니다. 그 줄은 나의 생애를 맡길 만한 질긴 줄도, 의지의 근거도 될 수 없습니다. 그 줄은 원래 잘 끊깁니다. 사실 그것은 줄도 아니었습니다. 이 세상에는 궁극적으로 우리를 구원할 자가 없습니다. 그 어떤 종교도, 그 어떤 유력한 자도 우리를 도울 수 없습니다. 오늘날 죄가 이끌어 가는 절망과 저주와 죽음의 물줄기 속에 죄 문제를 해결하지 못한 사람들이 다 떠내려가고 있습니다. 내 사정도 만만치 않은데 누가 누구를 건질 수 있겠습니까? 만약 우리를 살리고 구원할 자가 있다면 물 밖에 선 자라야 하고 그가 줄을 던져야만 합니다. 그 외에는 답이 없습니다.

세상 줄이 끊겼을 때는 통곡하고 절망할 것이 아니라 툭툭 털고 '어차피 떨어질 것, 잘 떨어졌다!'라고 생각해야 합니다. 어떤 면에서 잘된 일입니다. 그런 줄은 빨리 끊어지는 것이 낫습니다. 그리고 진짜 줄을 잡아야 합니다. 우리가 당장 해야 할 중요한 일은 세상 줄을 빨리 놓는 것입니다. 이제라도 늦지 않았으니 깨닫고 내려놓으십시오.

때로 세상과 좋은 친구가 될 수 있고 유력자에게 잠시 위로를 받거나 도움을 받을 수도 있습니다. 하지만 그들은 궁극적으로 우리의 구원자가 될 수 없습니다. 자식도, 남편도, 그 누구도 하나님을 대신할 수 없는 것입니다.

신앙은 여기서 출발합니다. 진정한 신앙인이 되는 길은 어떤 상황을 통해서든 인생이 약하고 한계가 있다는 사실을 깨닫고 허망한 날에 어둠 속에서 예수님을 만나는 것입니다. 예수님은 어제나 오늘이나 동일하십니다. 그분은 한 번도 나를 배신하신 적이 없습니다. 항상 내 생각과 기대를 뛰어넘는 방법으로 나를 이끄십니다. 소망을 품은 당사자인

나는 잊어 버렸을지 몰라도 주님은 기억하고 계십니다. 하나님은 정말 우리를 잘 아십니다. 어떤 표현처럼 하나님은 나보다 더 가까이 나의 곁에 계시는 분입니다. 우리는 우리에게 정말 필요한 것, 정말 중요한 것, 좋은 것을 모릅니다. 그러므로 하나님의 도움이 필요함을 기억하며 하나님 앞에 나아가 다윗처럼 "주 밖에는 나의 복이 없다"(시 16:2)라고 술술 고백할 수 있어야 합니다.

신앙이란 종교 행사가 아니고 말로만 큰소리치는 과시가 아닙니다. 전적으로 하나님을 의지하고 그분께 인생을 맡기며 매달리는 것입니다. 하나님은 절대 신앙으로 그분만 의지하게 하시려고 우리를 혹독하게 훈련시키십니다.

성경에는 이런 인물들이 많습니다. 요셉이 대표적입니다. 요셉은 하나님이 구속사의 도구로 크게 쓰시기 전에 예수님의 그림자로 일컬어질 만큼 완벽한 삶을 살았습니다. 하지만 그를 사용하시기 전에 하나님은 모든 줄을 잘라 버리셨습니다. 아버지, 형제간의 우애, 상사의 신뢰, 실낱같은 희망이었던 술 관원장까지도 전혀 기대할 수 없게 만드셨습니다. 성경에서 가장 가슴 아픈 구절이 바로 이것입니다.

"술 맡은 관원장이 요셉을 기억하지 못하고 그를 잊었더라"(창 40:23).

교회에서 봉사를 하면서 '누군가 나를 기억해 주겠지' 하고 기대하면 섭섭한 일을 당합니다. 제가 깨달은 것 중에 하나는 '기대하지 말고 기도하자'입니다. 만일 보디발이 요셉의 공로를 인정하고 격려했다면 어떻게 되었을까요? 아마도 요셉은 평생 노예로 인생을 마쳤을 것입니다.

차라리 보디발이라는 줄, 술 관원장이라는 줄이 끊어진 편이 나았습니다. 요셉은 이 일을 통해 부모도, 형제도, 그 누구도 사랑하고 함께해야 할 동역자이기는 하지만 의지의 대상이 될 수 없다는 사실을 깨닫게 되었습니다. 오직 주만 신뢰할 대상이라는 사실을 알게 된 것입니다. 그래서 요셉은 어떠한 환경이든 오직 하나님만 신뢰했습니다. 땅에는 줄이 없고 하나님만 피난처가 되심을 고백했습니다.

절대 신앙은 비싼 대가를 치르고 나서야 소유할 수 있습니다. 다윗도 아들 압살롬에게 배신을 당하고 나서야 땅에는 줄이 없고 하나님만 피난처가 되심을 알게 되었습니다.

하나님은 절대 신앙을 만들기 위해 의도적으로 줄을 끊어 버리십니다. 인맥의 줄, 돈의 줄, 권력의 줄 등 우리가 믿었던 줄을 잘라 우리를 외롭고 힘들게 하십니다. 이 세상에 거는 기대를 철저하게 무너뜨리십니다. 조금이라도 의지하면 여지없이 허물어 버리십니다. 철저하게 하나님만 바라보게 하시는 것입니다.

> "귀인들을 의지하지 말며 도울 힘이 없는 인생도 의지하지 말지니 그의 호흡이 끊어지면 흙으로 돌아가서 그날에 그의 생각이 소멸하리로다 야곱의 하나님을 자기의 도움으로 삼으며 여호와 자기 하나님에게 자기의 소망을 두는 자는 복이 있도다"(시 146:3-5).

우리는 사람들과 함께 누리고 사랑하고 동역해야 하지만 신앙만큼은 절대적인 믿음 위에 반듯하게 세워야 합니다. 이런 절대 신앙으로 무장하면 세상의 어떤 절망이나 핍박 또는 좌절도 능히 극복할 수 있습니다.

세상에 빨리 절망할수록 참 구원자이신 하나님을 더욱 의지할 수 있습니다. 나를 항상 기억하시는 하나님만 의지하는 것이 진정한 복입니다. 하나님에 대한 절대 신앙이 진짜 믿음입니다. 그것이야말로 능력 있는 신앙이요, 세상도, 사탄도 손대지 못하는 승리하는 믿음입니다.

> "우리가 사방으로 우겨쌈을 당하여도 싸이지 아니하며 답답한 일을 당하여도 낙심하지 아니하며 박해를 받아도 버린 바 되지 아니하며 거꾸러뜨림을 당하여도 망하지 아니하고"(고후 4:8-9).

바울은 절대 신앙을 소유했기에 복음을 전하면서 만난 모든 걸림돌을 넘어설 수 있었습니다. 성도는 어떤 상황이나 절망의 자리에 있더라도 절대 신앙으로 전능자의 능력을 덧입으면, 비록 질그릇이지만 보배의 힘으로 일어설 수 있습니다. 최악의 경우 죽더라도 망한 것은 아닙니다. 예수의 생명의 능력이 내 안에 있기 때문입니다.

절대 신앙으로 살아가려면

믿음으로 살아가는 능력 있는 삶의 비결은 이것입니다.

첫째, 자신의 연약함을 사랑하십시오. 왜 자기의 약함을 사랑해야 할까요? 알고 보면 쓰러지는 사람이 강한 사람입니다. 사고 치는 사람도 다 잘나가는 사람입니다. "나는 질그릇이고 너무 초라해 보배 같은 하나님의 도움 없이는 한순간도 설 수 없습니다"라고 고백하는 사람은 쉽게 넘어지지 않습니다. 자신의 한계를 인정하고 하나님께 도움의 손길을 구하십시오.

중국 선교사 허드슨 테일러는 이렇게 말했습니다.

"하나님을 위해 위대한 일을 행한 하나님의 인물들은 모두 연약한 사람들이었다. 왜냐하면 하나님이 그들과 함께하시도록 하나님만 의지했던 사람들이기 때문이다."

또한 바울은 이렇게 간증했습니다.

> "그러므로 내가 그리스도를 위하여 약한 것들과 능욕과 궁핍과 박해와 곤고를 기뻐하노니 이는 내가 약한 그때에 강함이라"(고후 12:10).

둘째, 하나님의 강함을 사모하십시오. 교회는 하나님의 강함을 사모하는 사람들의 모임입니다. 기독교는 허망함에서 출발하지만 결국은 하나님께 나아갑니다. 진짜 신앙생활을 하는 사람들을 보면 세상의 줄이 끊기는 경험을 다 했습니다. 믿었던 돌에 발능 찍힌 바로 그 자리에서 진짜 신앙이 시작된 것입니다. 고난이 유익이자 축복이 되어 하나님을 인정하게 된 것입니다.

교회 생활을 한다는 것은 노골적으로 말해서 하나님의 도우심을 받기 원한다는 뜻입니다. 교회는 병원과 같은 곳입니다. 지치고 깨지고 관계로 상처받고 다시 일어설 수 없을 만큼 절망에 처한 사람들이 위로받고 치료받고 마침내 영원히 끊어지지 않는 줄을 잡고 다시 일어서는 곳입니다. 약한 인생은 강하고 영원하신 하나님의 도움을 받아야 합니다. 반드시 그 줄에 매달려야 합니다. 그분을 인정하고 관계를 개선해야 합니다. 예수님을 영접하고 인정하고 섬기십시오. 예배하고 말씀을 듣고 기도하십시오. 참 구원자이신 하나님을 굳게 붙잡으십시오. 그분이 우리의 구주가 되어 주십니다. 예수님의 탄생 소식을 전한 천사들은 예수님을 '구주'라고 소개했습니다.

> "천사가 이르되 무서워하지 말라 보라 내가 온 백성에게 미칠 큰 기쁨의 좋은 소식을 너희에게 전하노라 오늘 다윗의 동네에 너희를 위하여 구주가 나셨으니 곧 그리스도 주시니라"(눅 2:10-11).

'구주'는 신약에 드물게 나오는 표현인데, 예수님만 죄악에 찌든 세상과 인류를 구원해 줄 수 있는 유일한 해답이심을 뜻합니다. 예수님만이 문제의 해결자이신 것입니다.

사람은 누구나 질그릇입니다. 그러나 그 안에 예수의 생명, 믿음의 보배를 담으면 가치가 달라집니다. 사람은 약하지만 성도는 강합니다. 왜냐하면 하나님의 능력이 그를 통해 나타나기 때문입니다. 그때 어떠한 절망과 고난도 극복할 수 있습니다.

사실 세상과 자신에 대해 실망할수록 더 큰 믿음을 가질 수 있습니다. 세상에 대한 실망이 얼마나 큰 축복이 되는지 모릅니다. 저는 20대 초반에 아버지가 갑자기 돌아가셨습니다. 아버지는 저희 가정의 구세주요, 기둥 같은 분이셨습니다. 그런데 갑자기 돌아가시니 누군가 기둥 두 개를 잘라 버린 것만 같았습니다.

이런 기막힌 일을 당하면 친척이 도와주리라 믿었는데 아니었습니다. 그들을 바라보면 더 아프고 상처받았습니다. 그때 우리 가족은 더 이상 세상에 살 길이 없다는 것을 알았습니다. 그래서 십자가 앞으로 나아가 예수님을 붙잡았습니다. 그러자 하나님이 시시하던 저희 가정을 놀랍게 축복하셨습니다. 그분이 여전히 역사 속에 살아 계시고 그분께 의지하는 자를 회복시키시는 것을 세상에 분명히 보여 주셨습니다. 만약 그 절망이 없었다면 하나님을 누리는 축복도 없었을 것입니다. 예수님을 더 잘 믿어 이러한 복을 누릴 수 있기를 바랍니다.

5

예수 예수 믿는 것은

주인의 뜻을 앞서지 않는 종이 되는 것입니다

> 우리는 우리의 선택과 결정 끝에 무엇이 있는지 알지 못합니다. 오직 하나님만 우리의 길을 아십니다. 이것이 무엇보다 전능하신 하나님의 뜻을 찾는 것이 중요한 이유입니다.

인생을 살아가며 결정을 내려야 할 일이 참 많습니다. 결혼이나 사업 또는 인생의 비전을 정하는 일과 같은 크고 굵직한 일도 있지만, 예상외로 사소한 결정도 얼마나 많은지 모릅니다. 옷 한 벌 구입하는 것과 오늘 저녁 식사의 메뉴를 선택하는 데도 많은 고민이 있을 수 있습니다. 그런데 큰 결정이든 작은 결정이든 우리가 선택하고 내린 결정은 우리 삶에 지대한 영향을 미칩니다. 특히 지도자의 잘못된 결정으로 공동체 전체가 피폐해지는 일이 우리 주변에 허다하게 많습니다.

사무엘상 14장에도 이와 관련된 내용이 담겨 있습니다. 어느 날 사울 왕의 아들 요나단이 자기 무기를 든 소년 하나만 데리고 블레셋 지경으로 건너갔습니다. 그는 적진으로 들어가면서도 아버지 사울 왕에게조차 알리지 않았습니다. 요나단이 블레셋 진영에 들어간 것은 단지 우발적인 행동이 아니라 그럴 만한 이유가 있었습니다. "여호와의 구원은 사람이 많고 적음에 달리지 아니하였느니라"(삼상 14:6)는 믿음의 확신이 요나단 안에 있기 때문에 나아간 것입니다. 그리고 그는 하나님이 어려움 가운데 처해 있는 이스라엘을 위해 자신을 사용하실 것을 확실히 믿었기 때문에 그런 결정을 내릴 수 있었습니다.

이 결정을 내리면서 요나단은 하나님께 한 가지 징표를 구했습니다. 적이 보이는 곳까지 가서 두 사람이 섰을 때 블레셋 군사들이 "우리가 너희에게로 가기를 기다리라" 하면 하나님이 들어가지 말라는 신호로 알고 가만히 서서 적군에게 올라가지 않기로 한 것입니다. 그러나 그들이 "우리에게로 올라오라"고 하면 블레셋 진영으로 가는 것이 여호와의 뜻이라고 정했습니다. 그런데 블레셋 군사들이 요나단 일행을 보자 "우리에게로 올라오라"고 했습니다. 요나단은 이것이야말로 하나님이 블레셋을 이스라엘의 손에 넘기신 징표라고 믿고 올라갔습니다. 이후 두 사람은 반나절 동안 블레셋 진영을 돌아다니며 약 20명의 블레셋 군사를 처단했습니다.

이 광경을 사울 왕의 파수꾼이 보았습니다. 이스라엘이 공격도 하지 않았는데 적인 블레셋 군대가 무너져 이리저리 흩어지는 모습을 보았습니다. 보고를 받은 사울 왕이 점호해 보니 아들 요나단과 그의 무기를 든 자가 없어졌다는 사실을 알게 되었습니다. 사울은 급하게 제사장 아히야에게 하나님의 궤를 가져오라고 했습니다. 이 전투를 전면적으로 끌고 갈 것인지를 결정하며 하나님의 뜻을 찾으려고 한 것입니다. 그런데 가만히 요나단이 건너가서 행한 일을 보니 전세가 이스라엘에게 유리하게 돌아가는 것 같았습니다. 그러자 사울은 곧 하나님께 묻기를 포기했습니다.

> "사울이 제사장에게 말할 때에 블레셋 사람들의 진영에 소동이 점점 더한지라 사울이 제사장에게 이르되 네 손을 거두라 하고"(삼상 14:19).

여기서 "손을 거두라"는 말은 하나님께 묻기를 포기했다는 뜻입니다. 하나님께 물어보지 않고 인간적으로 보아도 전쟁에 승산이 있다는 생각에 밀어붙이기로 결정한 것입니다. 이러한 사울 왕의 불신과 변덕에도 하나님은 이스라엘이 이기게 하셨습니다. 심지어 블레셋 사람들은 자기 편 군인끼리 서로 공격하는 대혼란 속에 빠졌습니다. 게다가 용병으로 블레셋에 팔려 갔던 히브리 사람들도 이 기회에 자기 민족 이스라엘에게 돌아와 모두 하나가 되는 아름다운 승리를 만들어 냈습니다.

요나단과 사울의 결정, 무엇이 다릅니까? 두 사람이 내린 결정을 통해 교훈을 얻기를 바랍니다.

요나단의 결정

요나단이 내린 믿음의 결정에 주목해 봅시다. 비록 나이는 어리지만 사울의 아들 요나단은 어떤 현명한 결정을 내리고, 어떤 선한 영향력을 미쳤을까요? 당시는 사울 왕조차 블레셋을 두려워해 그저 석류나무 아래에서 지체하고 있을 뿐이었습니다. 이때 사울의 아들이자 후에 다윗의 친구가 되는 요나단이 일어섰습니다. 그는 자기의 무기를 든 소년과 함께 단독으로 블레셋 진영으로 나아갔습니다. 앞서 설명했듯이 이것은 우발적이거나 공로를 세우려는 목적으로 한 것이 아니라 믿음의 행동이었습니다. 오직 하나님을 굳게 의뢰한 믿음으로 하나님을 멸시하는 이방 민족에 대항한, 선민으로서의 자긍심에서 비롯된 선교적인 전투였습니다.

> "요나단이 자기의 무기를 든 소년에게 이르되 우리가 이 할례 받지 않은 자들에게로 건너가자 여호와께서 우리를 위하여 일하실까 하노라 여호와의 구원은 사람이 많고 적음에 달리지 아니하였느니라"(삼상 14:6).

요나단은 "하나님이 이 전쟁을 진정 승리로 이끌기 원하신다면 숫자는 아무 상관없다. 하나님을 멸시하는 할례받지 못한 자들을 그냥 둘 수 없다"라는 믿음의 확신을 가지고 뛰어들었습니다. 또한 그는 공격 전에 하나님의 표징을 구했습니다. 이것은 하나님을 시험하고자 한 것이 아니라 자신이 내린 결정이 하나님의 뜻에 합당한지 확신하기 위한 행동이었습니다. 요나단은 하나님의 뜻을 좀 더 정확히 알고 싶었던 것입니다.

그리스도인인 우리에게는 하나님의 뜻을 철저하게 구하고자 하는 진지한 자세가 필요합니다. 우리는 종종 하나님의 뜻이 중요하다는 사실을 알지만 하나님의 뜻이라는 확신이 생길 때까지 오래 기도하며 기다리지 못합니다. 섣불리 몇 가지 정보를 조합해서 그것을 하나님의 뜻이라 치부하고 큰 결정을 내릴 때가 많습니다. 신앙생활에서 가장 중요한 것은 성령의 인도하심을 받는 삶입니다. 내 뜻대로 일을 저지르고 사고를 친 뒤 하나님의 도우심을 구하는 것은 건강한 신앙인의 모습이 아닙니다. 내 인생을 나보다 나를 더 잘 아시는 하나님께 철저히 맡기고 그분이 우리를 인도해 주시는 대로 따르는 것이 신앙인의 올바른 삶입니다. 로마서 8장 14절은 "무릇 하나님의 영으로 인도함을 받는 사람은 곧 하나님의 아들이라"고 전합니다.

요나단은 하나님의 뜻을 확신했으나 더 분명한 표징을 하나님 앞에 구했습니다. 마침내 하나님은 표징을 구하는 요나단에게 응답해 주셨고, 블레셋 진영을 큰 떨림과 진동으로 뒤흔들어 그의 뜻을 더 구체적으로 지원해 주셨습니다.

> "들에 있는 진영과 모든 백성들이 공포에 떨었고 부대와 노략꾼들도 떨었으며 땅도 진동하였으니 이는 큰 떨림이었더라"(삼상 14:15).

결국 예상하지 못했던 요나단의 공격으로 블레셋 진영은 무너지게 되었습니다. 이처럼 하나님의 역사는 많은 사람이 필요한 것이 아닙니다. 무엇보다 하나님의 뜻을 분별할 수 있는 한 사람, 하나님을 신뢰하는 절대 신앙 위에 선 한 사람에게 전쟁의 승패가 달려 있습니다. 우리는 우리의 선택과 결정 끝에 무엇이 있는지 알지 못합니다. 오직 하나님만 우리의 길을 아십니다. 이것이 전능하신 하나님의 뜻을 찾는 것이 무엇보다 중요한 이유입니다.

사울의 결정

우리는 말씀에서 요나단과 확연하게 비교되는 사울 왕의 분별력을 잃은 결정들을 보게 됩니다. 그리고 그 결정들이 그의 생애에서 어떤 결과를 만들어 갔는지를 살펴볼 필요가 있습니다. 사울은 속수무책으로 있다가 블레셋 진영에 요동이 있는 것을 보고 나중에야 그것이 아들 요나단이 꾀한 일인 줄 알았습니다. 그는 요나단의 안부와 전쟁 상황을 알기 위해 제사장 아히야에게 하나님의 궤를 가져오라고 했습니다. 그러다가 상황이 호전되는 것을 보자 제사장을 향해 "네 손을 거두라!"고 외치며 급기야 하나님께 묻는 행동을 취소했습니다.

게다가 사울은 전쟁이 승산 있게 돌아가자 치열한 전투 중에 있는 군인들에게 식물을 먹지 말라는 이상한 명령을 내렸습니다. 이 명령은 신앙적인 것이라기보다는 자기 공명심과 명예욕에 의한 것이었습니다.

"이 날에 이스라엘 백성들이 피곤하였으니 이는 사울이 백성에게 맹세시켜 경계하여 이르기를 저녁 곧 내가 내 원수에게 보복하는 때까지 아무 음식물이든지 먹는 사람은 저주를 받을지어다 하였음이라 그러므로 모든 백성이 음식물을 맛보지 못하고"(삼상 14:24).

이 구절을 자세히 살펴보면, 사울이 블레셋과의 전투를 어떤 전쟁으로 규정하고 있는지 알 수 있습니다. 요나단은 하나님을 무시한 할례받지 못한 족속에 대한 영적 전쟁이자 선교적 전쟁으로 선포했지만, 사울은 원수에게 보복하려는 전쟁으로 받아들였습니다. 성전이라기보다는 도전받은 왕권에 대한 회복이요, 개인의 영광을 되찾는 전쟁으로 규정한 것입니다. 사울은 애초부터 하나님은 안중에 없고 오직 자신의 안전만이 관심사였던 것입니다.

결국 잘못된 판단으로 사울은 블레셋을 일망타진할 수 있었던 하나님이 주신 기회를 놓치고 말았습니다. 또한 지도자의 잘못된 결정으로 인해 블레셋이라는 화근을 남겨 두게 되었고, 이것이 후에 길보아 산 전투에서 사울이 블레셋 군에게 대패해 스스로 자결하는 사건으로 이어지는 불씨가 되었습니다.

게다가 전쟁 중 금식령을 내린 사울의 잘못으로 군사들은 죄를 짓게 되었고, 아들 요나단은 이 사실을 모르고 꿀을 찍어 먹어서 범죄하게 되었으며 믹마스 전투의 영웅 요나단의 목숨까지 위협받는 지경에 이르고 말았습니다. 요나단은 아버지의 어리석은 결정을 너무나 안타까워하며 원통해했습니다.

"요나단이 이르되 내 아버지께서 이 땅을 곤란하게 하셨도다 보라 내가 이 꿀 조금을 맛보고도 내 눈이 이렇게 밝아졌거든"(삼상 14:29).

사무엘상 13장부터 사울은 흔들리기 시작했습니다. 하나님은 하나님의 말씀에 대한 사울의 의도적인 불순종을 더 이상 간과하실 수 없었고 그에게 손을 떼셨습니다. 하나님과의 관계가 두절된 지도자에게 어떤 일이 일어나는지 우리는 또 한 번 볼 수 있습니다. 제사장이 드려야 할 제사를 자신이 드린 경솔한 행동(삼상 13:8-9), 하나님의 뜻을 묻겠다며 제사장을 불러 놓고 전세가 유리해지자 돌려보낸 일관성 없는 결정(삼상 14:18-19), 중요한 전쟁 중에 금식령을 선포한 판단력의 부재(24절) 등이 모두 그렇습니다. 이러한 몇 가지는 사울을 충분히 구렁텅이로 밀어 넣을 만했습니다.

과거 사울은 무한한 가능성과 잠재력을 지닌 사람이었습니다. 용모가 준수한 사람으로, 누구보다 기골이 장대하고 좋은 집안에서 교육을 받고 자란 괜찮은 사람이었습니다. 또한 탁월한 조건에도 처음에는 겸손하기 그지없었습니다.

그러나 욕심에서 비롯된 권력에 대한 집착이 그에게서 모든 것을 앗아 갔습니다. 하나님의 말씀에 불순종했고 한 걸음 더 나아가 지도자로서 필요한 지각과 분별력을 상실하게 되었습니다. 그래서 잘못된 결정과 선택을 계속했습니다. 가장 결정적인 것은 거듭되는 불순종으로 말미암아 하나님께 버림받은 것입니다. 하나님과의 관계 단절이 결정적이었습니다. 한마디로 말해, 사울은 하나님의 뜻에 이끌리기보다는 자기 생각과 충동에 이끌려 행동한 사람이었던 것입니다.

반면 요나단은 나이는 어리지만 상황이나 자원을 상관하지 않고 하나님의 뜻을 묻고 그 뜻에 자신을 던지는 사람이었습니다. 그렇다면 나는 어떤 사람입니까? 직분을 묻는 질문이 아닙니다. 몇 대가 예수를 믿었는지, 얼마나 예배에 참석했는지를 묻는 것이 아닙니다. 오늘 나를 움직이고 내 삶의 방향을 결정하는 힘의 근거가 하나님의 말씀에 있는지, 세상에 있는지를 묻는 것입니다. 이 질문은 바로 요나단이냐, 사울이냐를 결정하는 근거입니다.

마침내 하나님과의 관계가 단절된 사울은 분별력을 상실했고 지도자로서 영향력을 잃어 오판을 거듭했습니다. 눈이 나쁘면 눈만 다치는 것이 아니라 온몸이 상합니다. 구렁텅이에 빠지면 생명을 잃습니다. 결국 그릇된 결정과 선택은 우리의 삶을 어둠 속으로 몰아넣을 수 있는 것입니다.

"네 몸의 등불은 눈이라 네 눈이 성하면 온 몸이 밝을 것이요 만일 나쁘면 네 몸도 어두우리라"(눅 11:34).

그릇된 결정에서 돌아서려면 욕심을 버리고 회개하여 순종의 자리로 가야 합니다. 말씀을 버리는 것이 곧 하나님을 버리는 것입니다. 하나님이 사울에게 사무엘을 보내 들려주신 메시지가 무엇입니까? "왕이 여호와의 말씀을 버렸으므로 여호와께서도 왕을 버려 왕이 되지 못하게 하셨나이다"(삼상 15:23) 사무엘은 이 말을 세 번이나 반복했습니다. 교회에 출석하는 것과 맡은 직분이 하나님의 손을 잡고 있다는 증거가 되지는 않습니다. 내가 얼마나 하나님의 말씀을 따라 살고 있느냐가 중요합니다. 상황과 상관없이 끝까지 말씀을 따라가면 하나님의 손에 붙잡힌 인생을 살게 될 것입니다.

예배가 왜 중요합니까? 예배의 자리가 갈라지는 자리이기 때문입니다. 가짜와 진짜가 여기서 갈립니다. 우리는 형식적인 기도를 버리고 하나님과 진실로 소통할 수 있는 깊은 은혜의 자리로 나아가야 합니다. 사울처럼 기도하다가 상황이 조금 개선되는 것 같으면 기도하기를 멈추는 등 간헐적이고 얕은 기도를 드려서는 안 됩니다. 너무 짧은 기도는 조급한 선택을 내리게 하므로 오히려 하나님과의 관계를 해칠 수 있습니다.

야고보 사도는 "너희 중에 누구든지 지혜가 부족하거든 모든 사람에게 후히 주시고 꾸짖지 아니하시는 하나님께 구하라 그리하면 주시리라"(약 1:5)고 권고했습니다. 하나님의 혜안으로 하나님이 보시는 것처럼 보고 하나님이 선택하신 것처럼 선택하는 더 깊은 단계로 나아가기를 바랍니다.

사울과 요나단은 완전히 대조를 이룹니다. 요나단은 하나님이 자기 편이므로 수효와 상관없이 승리를 확신하고 믿음으로 행동했습니다. 모든 성도에게 이 확신이 필요합니다. 바울은 빌립보 성도들에게 "무슨 일에든지 대적하는 자들 때문에 두려워하지 말라"고 권고했습니다(빌 1:28). 그러나 사울은 미그적미그적 두려워 떨며 영적 판단력이 흐트러져 있었습니다.

무엇보다 하나님의 뜻을 소중하게 생각하십시오. 사울과 요나단의 차이는 결국 하나님을 앞세우는 자와 그렇지 못한 인생이라는 것입니다. 요나단은 하나님을 믿고 나아갔습니다. '하나님이 계획하셨다면 우리가 두 사람뿐이라는 이유로 하나님이 그 일을 이루시지 못하겠는가? 하나님이 이스라엘에게 승리를 주기로 작정하셨다면 군사가 많든 적든 결과는 같을 것이다.' 이것이야말로 하나님의 위대한 능력을 믿는 사람의 생각입니다.

하나님은 일을 이루는 데 많은 사람이 필요하지 않으십니다. 온전히 하나님께 드린 단 한 사람이면 족합니다. 그리고 우리에게는 두 가지가 필요합니다. 첫째는 "하나님이 과연 이 일을 원하시는가?"라고 묻는 것이고, 둘째는 "하나님이 원하시면 언제든지 사용하실 수 있도록 헌신된 자세로 준비되어 있는가?"라고 물으며 자신을 돌아보는 것입니다.

요나단은 믿음 안에서 용기와 개척 정신을 가지고 블레셋 진영으로 나아갔습니다. "여호와의 구원은 사람이 많고 적음에 달리지 아니하였느니라"(삼상 14:6)는 확신에 찬 요나단의 고백은 바울이 로마서에 기록한 내용과 같습니다.

> "그런즉 이 일에 대하여 우리가 무슨 말 하리요 만일 하나님이 우리를 위하시면 누가 우리를 대적하리요"(롬 8:31).

아울러 우리는 말씀을 통해 믿음의 한 사람이 확신을 가지고 움직이면 동역자가 따른다는 교훈을 배우게 됩니다.

> "무기를 든 자가 그에게 이르되 당신의 마음에 있는 대로 다 행하여 앞서 가소서 내가 당신과 마음을 같이 하여 따르리이다"(삼상 14:7).

이것이야말로 그리스도 안에서 비전을 향해 함께 나아가는 진정한 친구요, 동역자의 모습입니다.

우리는 결정을 내리며 종종 실수합니다. '일할 수 있는 상황이 되는

가?', '교회 재정이 얼마나 남아 있는가?', '정말 교회에 필요한 일인가?'를 먼저 따집니다. 하나님이 비전을 주신 일이 확실하다면 그분이 사람도, 물질도, 환경도 반드시 열어 주실 것입니다.

만일 요나단이 믿음을 가지고 블레셋 진영에 뛰어들지 않았다면 어떻게 되었을까요? 이스라엘은 여전히 블레셋의 굴레 아래 있었을 것입니다. 하나님은 언제나 그분의 일을 맡아 해 나갈 한 사람을 찾고 계십니다. 하나님의 눈에 발견되는 그 한 사람이 되기를 바랍니다.

런던의 에그리컬처 홀에서 15,000명이 모이는 대규모 집회를 계획한 뒤 찰스 스펄전에게 설교를 부탁했다고 합니다. 그러나 그는 이런저런 이유를 대며 사양했습니다. 담당자는 "15,000명이 모이는 집회입니다. 이렇게 많은 사람이 모이는데 설교를 해주시지요?"라고 거듭 부탁했습니다. 이에 찰스 스펄전은 이렇게 대답했다고 합니다.

"15,000명이 모이는 것이 문제가 아니라 그곳에 하나님의 뜻이 있느냐가 더 중요합니다."

우리는 하나님의 뜻을 발견하고 즐거워하며 그 뜻을 따라 살아야 합니다. 그것을 위해 우리 안에 이런 결단이 필요합니다.

"하나님, 오늘도 저를 향한 주님의 뜻을 기다립니다. 그 뜻이 확실히 드러날 때까지 기도하며 기다리겠습니다."

성령의 음성을 듣는 일도 어렵지만 듣고 나서 그 뜻을 실천하기는 더 어렵습니다. 분명한 하나님의 뜻 앞에 기꺼이 헌신하겠다고 결단할 수 있기를 바랍니다.

4부
예수를 자랑하라

1

예수 예수 믿는 것은

사라지지 않는
기쁨을 얻는 것입니다

> 하나님이 우리 안에 넣어 두신 영원을 사모하는 마음, 그 갈망의 공간에 하나님이 좌정하시면 그때 비로소 우리가 끝까지 갈망해야 하는 것, 참 좋은 것이 무엇인지 알게 됩니다.

제 생애를 돌아보면 기대하고 꿈꾸던 몇 가지 사건이 있었습니다. 어린 시절 집에 처음 흑백텔레비전을 놓던 날, 저는 빨리 보고 싶은 마음에 선생님께 아프다고 거짓말을 하고 조퇴해서 일찍 집에 왔습니다. 그런데 11시쯤 온다던 텔레비전이 오후 3시에 왔습니다. 한동안 텔레비전을 즐겨 보며 무척 행복해했지만 그 행복은 그리 오래가지 않았습니다.

그 후로도 계속해서 저를 오랫동안 기쁘고 행복하게 해줄 것이라고 여겨서 많은 대가를 지불했던 것들, 때로는 희생을 각오하고 손에 넣었던 것들이 수없이 왔다가 사라졌습니다. 그러나 그 모든 것이 계속해서 저를 만족시키지도 기쁘게 하지도 못했습니다. 하지만 청년기에 저를 찾아와 만나 주신 예수님은 여전히 저에게 감격입니다.

청년 시절에 이동원 목사님이 쓰신 글을 읽었습니다.

"세상은 모두 지나가면 시시하고 기쁨이 사라지지만 내가 만난 예수님은 세월이 갈수록 점점 새로워진다."

당시 비판 의식이 강하던 저는 그저 과장된 표현이라고 여겼는데, 어느덧 저에게도 예수님은 그런 분입니다.

영원을 사모하는 마음

하나님은 모든 인간의 머릿속에 영원한 세계를 심으시고 인간의 마음속에 하나님을 향한 갈망을 가득 채워 놓으셨습니다. 전도서 기자는 이렇게 말합니다.

"하나님이 모든 것을 지으시되 때를 따라 아름답게 하셨고 또 사람들에게는 영원을 사모하는 마음을 주셨느니라"(전 3:11).

그렇지만 하나님을 만나기 전에는 우리가 무엇을 갈망하는지조차 알지 못합니다. 온 세상이 쉼을 얻지 못하고 끊임없이 힘들어하는 이유가 바로 이것입니다. 진짜 필요한 것이 무엇인지도 모르면서 엉뚱한 것을 붙잡는 것입니다. 그래서 성 어거스틴은 이런 기도를 하나님께 드렸습니다. "주님, 당신 안에서 안식을 발견하기까지 우리 마음은 안식을 누리지 못할 것입니다."

하나님이 우리 안에 넣어 두신 영원을 사모하는 마음, 그 갈망의 공간에 하나님이 좌정하시면 그때 비로소 우리가 끝까지 갈망해야 하는 것, 참 좋은 것이 무엇인지 알게 됩니다.

세상은 채워지지 않는 갈망을 찾아 나선 사람들로 들썩입니다. 그 갈증을 채워 보려고 여행을 가고, 영화를 관람하고, 성적 탐닉에 빠지고, 취미나 스포츠에 몰두합니다. 하지만 갈증은 전혀 해소되지 않습니다. 아니, 더 공허해집니다. 요한복음 4장에 나오는 사마리아 수가 성 우물가의 여인은 남편이 다섯 있었고 그 당시 있는 사람도 남편이 아니었습니다. 그럼에도 그녀 내면의 공허함은 채워지지 않았습니다. 그녀는 여전히 목말랐습니다.

내 안의 갈증을 해소하기 위해 비싼 대가를 치르고 소망하는 것을 얻었는데도 여전히 나는 목마릅니다. 그렇다면 그것과는 전혀 다른 차원의 것이 필요하다는 의미가 아닐까요? 우리는 비록 땅에 발을 딛고 살지만 우리 안에는 세상의 것으로 채울 수 없는, 훨씬 높은 수준의 갈망이 존재합니다. 즉 하나님이 우리를 땅의 것으로 만족할 수 없는 존재, 영원한 것을 갈망하는 가치 있는 존재로 지으신 것입니다. C. S. 루이스는 이 사실에 대해 이렇게 답해 줍니다.

"만일 내 안에 이 세상 무엇으로도 만족할 수 없는 갈망이 존재한다면, 그것은 내가 또 다른 세상을 위해 창조되었음을 나타내는 가장 확실한 설명이 될 것이다."

누가복음 19장에는 삭개오라는 인물이 나옵니다. 그는 돈이 행복이라고 믿고 그것을 얻기 위해 수단과 방법을 가리지 않았지만 행복하기는커녕 더 슬펐습니다. 그러나 예수님을 만나고 그는 비로소 방황을 끝내고 행복한 사람이 될 수 있었습니다.

진정 아름다우신 하나님을 붙들라

오늘날 세상의 비극은 메아리를 원래의 소리로 착각한다는 데 있습니다. 우리는 정작 하나님의 아름다우심에는 등을 돌리고 나와 함께하시는 하나님은 아랑곳하지 않은 채 세상에 드리워진 그림자에 온 신경을 집중합니다. 허무한 그림자와 사랑에 빠지는 것입니다. 그림자는 우리에게 기쁨도, 만족도 줄 수 없는 하찮은 것으로 잠시 자극만 주고 떠날 것입니다. C. S. 루이스는 이렇게 말했습니다.

"아름다움이 녹아 있다고 생각하는 음악이나 책이 그런 것이다. 우리가 그것에 기대기 시작하면 결국 실망하고 말 것이다. 그것은 본질이 아니기 때문이다. 그것은 우리가 아직 찾지 못한 음악의 여운에 지나지 않으며 우리가 아직 가 보지 못한 나라에서 들려오는 소식에 지나지 않는다."

그러나 진정 아름다우신 분이 친히 우리를 찾아오셨습니다. 우리를 참 기쁨과 만족으로 인도하실 분입니다. 그분은 바로 우리를 살리려고 인간의 몸을 입고 이 세상에 오신 하나님, 예수 그리스도이십니다.

> "말씀이 육신이 되어 우리 가운데 거하시매 우리가 그의 영광을 보니 아버지의 독생자의 영광이요 은혜와 진리가 충만하더라"(요 1:14).

이 말씀은 예수님을 열린 눈으로 바라본 요한의 고백입니다. 아름다우신 예수님을 보았더니 눈부실 만큼 영광과 은혜와 진리가 충만했다는 것입니다. 우리는 그분, 예수 그리스도를 주목해야 합니다. 그리고 그리스도를 신뢰하고 그 안에서 만족을 누려야 합니다. 그분은 충분히 그럴 만한 가치가 있는 분입니다. 평생을 바쳐 그리스도를 따라 살고 갈망하며 기쁨을 추구해도, 혹 많은 대가를 치른다 해도 결코 후회할 일이 없습니다. 이것이 그리스도인이 누려야 할 진정한 기쁨이요, 행복입니다. 그러나 요한의 열린 눈이 우리에게는 닫혀 있기에 헛된 것에 마음을 빼앗기고 휘둘리는 것입니다. 예수 그리스도를 바라보고 그분을 믿으십시오. 그리고 그분 안에서 참된 만족을 누리십시오.

성경에 처음 나오는 책 다섯 권을 기록한 모세는, 우리가 아름다우신 하나님을 진심으로 기뻐하지 않으면 끔찍한 일이 일어날 것이라고 경고했습니다.

> "네가 모든 것이 풍족하여도 기쁨과 즐거운 마음으로 네 하나님 여호와를 섬기지 아니함으로 말미암아 네가 주리고 목마르고 헐벗고 모든 것이 부족한 중에서 여호와께서 보내사 너를 치게 하실 적군을 섬기게 될 것이니 그가 철 멍에를

네 목에 메워 마침내 너를 멸할 것이라"(신 28:47-48).

신명기는 축복의 땅, 젖과 꿀이 흐르는 가나안 땅에 들어가서 살아야 할 이스라엘을 준비시키는 말씀입니다. 그런데 가나안 땅에 들어간 이스라엘은 하나님께 경고의 메시지를 받았습니다. 그들은 애굽에서 노예로 고통받던 시간, 광야에서의 배고픔과 목마름을 끝내고 하나님이 주시는 축복의 땅에 들어가 복을 주신 하나님을 기억하고 기뻐하며 감사해야 했습니다. 하지만 그 축복이 오히려 교만이 되어 그들은 하나님을 잊어 버리는 패역을 행하고 말았습니다. 그래서 하나님은 그들을 대적들의 손에 붙여 처참히 짓밟히게 하시고, 무겁고 힘든 철 멍에의 고통에 허덕이게 할 것이라고 경고하신 것입니다.

우리가 늘 흠모하는 축복의 사람 다윗은 하나님을 "나의 큰 기쁨의 하나님"(시 43:4)이라고 불렀고 "기쁨으로 여호와를 섬기며"(시 100:2)라고 고백했습니다. 또한 시편 37편 4절에서는 "또 여호와를 기뻐하라 그가 네 마음의 소원을 네게 이루어 주시리로다"라고 했습니다.

누구나 마음에 소원이 있습니다. 그러나 소원에 집중하면 소원이 이루어지는 일에 소원(疏遠)할 수 있습니다. 우리는 소원을 이루어 주시는 여호와께 집중해야 합니다. 하나님을 진심으로 기뻐하면 그분이 우리의 소원을 이루어 주실 것입니다. 우리가 세상에 끌려다니고 휘둘리면서 진전이 없는 고단한 삶에 내몰리는 이유는 진짜 기쁨을 붙잡지 못했기 때문입니다. 지금 내 곁에 계신 진정한 아름다움을 두고 가짜에게 눈길을 보내는 데 문제가 있는 것입니다.

성 어거스틴은 하나님께 최고의 기쁨이 있음을 발견하고 비로소 자신을 옥죄던 성적 문란함으로부터 자유를 얻었습니다.

"한때는 잃어버릴까 그토록 조바심 냈던 무익한 쾌락들을 단번에 털어 버리고 나니 얼마나 행복한지 모르겠습니다. 주께서 그것을 나에게서 떼어 버리시고 오직 왕이 주시는 참된 기쁨을 허락하셨습니다. 주께서 그것을 나에게서 가져가시고 그 빈자리를 차지하셨습니다. 주님은 모든 쾌락보다 감미로우신 분입니다."

인간 안에는 영혼을 갈망하는 마음이 있고, 그 공간에 하나님이 들어가셔야 방황이 끝납니다. 어거스틴은 그 갈망하는 자리에 돈, 쾌락, 명예가 들어가도 행복하지 않아서 자기 안에 있던 욕망을 숨김없이 터뜨렸던 사람입니다. 그에게는 자유도, 행복도 없었습니다. 예수님을 잘 믿는 어머니의 마음을 아프게 했습니다. 그러나 하나님 안에서 진정한 기쁨을 발견하고 그 많은 쾌락을 털어 버리고 나니 얼마나 행복했는지 모릅니다. 태양을 한 번 쳐다보고 나면 아무것도 안 보이는 것과 마찬가지입니다. 우리는 진짜를 만나야 합니다.

궁극적으로 추구해야 하는 최고의 선

신앙을 지키기 위해 목숨을 걸었던 청교도들의 목표는 오직 하나님을 잘 섬기는 것이었습니다. 그들은 하나님을 제대로 알고 그분을 기뻐하는 일을 인생 최대의 과업으로 삼았습니다. 성공이나 축복은 아랑곳하지 않았습니다. 종교적 박해를 피해 영국을 떠나 네덜란드에 거주하던 청교도들은 견디다 못해 아메리카 대륙으로 건너가 오늘의 미국을 건설했습니다.

왜 청교도들은 하나님을 기뻐하는 것을 삶의 목표로 삼았을까요? 그 일에 진정한 만족이 있어서 인간 내면의 갈증에 종지부를 찍을 수 있다는 것을 알았기 때문입니다. 그리고 하나님을 기뻐하는 것이야말로 영적 원수들의 공격에 맞서 무장하고 사탄이 던지는 모든 유혹에 빠지지 않게 하는 최고의 무기임을 알고 있었던 것입니다. 이것이 하나님 안에 있는 기쁨입니다. 이 기쁨을 찾고 나면 세상에 더 이상 끌려 다니지 못합니다.

야고보서 1장 15절은 "욕심이 잉태한즉 죄를 낳고 죄가 장성한즉 사망을 낳느니라"고 전합니다. 욕심을 따라가면 만족과 행복이 아니라 비참함만 있습니다. 그런데 물질, 쾌락, 명예 등 세상의 헛된 욕망을 버리고 하나님을 기쁨이자 만족으로 삼고 살면 자유인이 됩니다.

신학자 조나단 에드워즈는 "피조물의 행복은 하나님을 즐거워하는 데 있으며 그때 하나님도 찬송과 높임을 받으신다"라는 사실을 깨달아 누구보다 힘 있게 이렇게 가르쳤습니다.

"피조물의 목적은 하나님을 영화롭게 하는 것이다. 그분이 만든 백성이 그 안에 새겨진 영원을 사모하는 길망을 따라 창조주 하나님을 기뻐하고 즐거워하는 것을 보는 것이 하나님께는 최고의 기쁨이고, 그분은 그 일을 통해 찬송과 영광을 받으신다. 그렇다면 무엇이 하나님을 영화롭게 하는가? 그분이 나타내신 영광을 즐거워하는 것이다."

'소요리문답'은 신앙의 가치를 질문 형식으로 담고 있습니다. 제1문은 "사람의 제일 되는 목적은 무엇인가?"입니다. 그에 대한 답은 "하나님을 영원토록 즐거워하며 그분을 영화롭게 하는 것이다"입니다.

우리가 엉뚱한 것을 따라가지 않고, 그러한 것이 단지 순간적인 것임을 깨달아 아름다우신 하나님 안에서 최고의 기쁨을 맛볼 때 하나님은 우리에게 최고의 영광을 받으십니다.

그렇다면 우리가 궁극적으로 추구해야 하는 '최고의 선'은 무엇일까요? 우리에게 진정한 기쁨과 만족을 주시는 하나님입니다. 하나님의 영광을 드러내고, 하나님을 향한 기쁨을 다른 사람들에게 확산시키는 것입니다. C. S. 루이스는 그럴 만한 가치가 없는 것에 우리가 너무 쉽게 만족한다는 사실을 발견했다고 말했습니다. 하나님이 아닌 다른 대상을 향한 기쁨은 질적으로 우리 심령이 안고 있는 갈망을 충족시키지 못하고, 양적으로 우리의 영원한 필요를 채우기에 턱없이 모자랍니다. 오직 하나님 안에 충만한 기쁨이 있으며 하나님 안에서 발견하는 기쁨만 영원합니다.

"주께서 생명의 길을 내게 보이시리니 주의 앞에는 충만한 기쁨이 있고 주의 오른쪽에는 영원한 즐거움이 있나이다"(시 16:11).

기쁨을 유지하기 위해서는

어떻게 하면 이 기쁨을 우리 안에 계속 둘 수 있을까요?

첫째, 하나님만을 구하십시오. 요한복음 1장 14절에 나온 요한의 고백처럼 정말 아름다우신 하나님을 제대로 보는 눈이 열려야 합니다. 욕망을 좇는 사람은 그런 고백을 할 수 없습니다. 세상에 잠시 반짝거리는 가짜를 보는 눈만 열려 있을 뿐입니다. 우리는 이렇게 기도해야 합니다. "하나님, 제 눈을 열어 주옵소서. 길지 않은 인생인데 헛된 것에 끌려다니지 않게 하소서." 갈급한 마음으로 하나님을 구하기를 바랍니다.

"하나님이여 사슴이 시냇물을 찾기에 갈급함 같이 내 영혼이 주를 찾기에 갈급하니이다"(시 42:1).

진정한 기쁨을 주시는 하나님을 향한 영광에 눈이 열린 사람이 바로 다윗입니다. 하나님의 사람 다윗은 "주 밖에는 나의 복이 없다 하였나이다"(시 16:2)라고 했습니다. 그는 기쁨 되신 하나님 한 분만을 갈망했습니다. 목동으로 시시한 인생을 산 다윗이요, 아버지 이새조차도 기대하지 않던 그였습니다. 그러나 하나님은 다윗을 높이 들어 중근동의 초강자요, 축복의 사람으로 세우셨습니다. 정상의 복을 누리고 열왕과 열국으로부터 조공을 받을 때도 그는 하나님 앞에 나가서 "하나님, 저는 지금도 하나님 때문에 배고프고 하나님 한 분만을 갈급해합니다"라고 고백했습니다. 이것이 바로 다윗이 누린 축복의 원리입니다.

예배에 집중하십시오. 기쁨이 되시는 하나님과의 만남이 예배입니다. 스티븐 케르낙은 "만남이 없는 예배는 연극 무대에 불과하다"라고 말했습니다. 또한 폰 알멘은 "진정한 예배는 하나님과 만나는 사건이 일어나야 한다"라고 말했습니다.

우리는 흔히 이렇게 말하기를 좋아합니다. "예배는 얻기 위해 나오는 것이 아니라 드리기 위해 나오는 것이다." 우리는 예배 자체를 목적이 아니라 수단으로 전락시키려고 합니다. 기금을 모으려고, 상처를 치유하려고, 일꾼을 모으려고 예배합니다. 하지만 이 모든 것은 하나님을 무시하고 예배를 멍들게 할 뿐입니다. 만약 남편이 아내에게 이렇게 말한다면 어떨까요? "나는 당신에게 정말 큰 기쁨을 느낍니다. 당신이 내게 맛있는 음식을 해주니 말입니다." 이것은 진정한 기쁨이 아닙니다. 기쁨은 오직 아내에게만 향하고 아내에게서 멈춰야 합니다.

예배의 중심이 하나님이 아니라 하나님께 드리는 것으로 옮겨지면 그 자리는 어느새 하나님이 아닌 우리가 차지하게 됩니다. 우리가 무엇을 드리느냐가 더 중요한 문제가 되는 것입니다. 물론 찬양, 기도, 설교는 정성을 들여 잘 준비해야 합니다. 그렇지만 예배의 핵심은 하나님 안에서의 만족이요, 기쁨이어야 하는 것입니다.

기쁨을 우리 안에 둘 수 있는 방법 둘째, 기쁨의 하나님을 전하십시오. 진정한 기쁨 되신 하나님을 전할 때 우리 안에 기쁨이 흘러넘칩니다. 진정한 기쁨을 내 안에만 머무르게 해서는 안 됩니다. 우리는 기쁨이 아닌 것에 속고 있는 사람들에게 진정한 기쁨을 가르쳐 주어야 합니다. 그들 안에 기쁨이 흘러갈 수 있도록 통로가 되고 기쁨을 모르는 사람이 아름다우신 주님을 만나 참 기쁨을 누릴 수 있도록 도와주어야 합니다. 이 과정에 쓰임을 받는 사람은 진정 행복한 인생을 살아갈 수 있습니다.

역사 속 모든 전도자에게는 이 행복이 있었습니다. 선교사들이 삶을 크게 희생한 후 "저는 아무것도 희생하지 않았습니다"라고 고백하는 것도 바로 이런 이유 때문입니다.

1857년 12월 4일, 위대한 아프리카의 개척 선교사 데이비드 리빙스턴은 케임브리지 대학교 학생들에게 감동적인 간증을 했습니다.

"사람들은 제가 삶의 대부분을 아프리카에서 보내면서 치른 희생에 대해 이야기합니다. 그러나 이런 관점이나 생각으로 '희생'이라는 단어를 쓰지 마십시오. 이 세상에 머무는 동안 일반적인 안락함이나 도움이 없는 상태에서 맞게 되는 불안, 질병, 고통, 위험 같은 것이 우리를 머뭇거리게 하고 영혼을 흔들리게 하고 심령을 낙담하게 할 수는 있지만 이런 것은 잠시일 뿐입니다. 이 모든 것은 장차 우리 안에, 그리고 우리를 위해 나타날 영광과 비교하면 아무것도 아닙니다(롬 8:18). 저는 결코 아무것도 희생하지 않았습니다."

그는 어두운 자들 안에서 회복되는 기쁨과 그 일을 통해 이루어질 더 큰 영광을 바라보면서 희생을 전혀 희생으로 여기지 않고 세상이 모르는 감격과 감동을 느꼈던 것입니다.

또한 중국 선교사 로티 문은 이렇게 고백했습니다.

"영혼을 구원하는 기쁨보다 더 큰 기쁨은 없습니다."

그들은 하찮은 안락과 쾌락과 세상에서의 출세가 아니라 그리스도와 복음을 위해 바치는 삶이 수백 배 더 기쁘고 만족스럽다는 사실을 발견한 것입니다. 물론 고난과 상실이 따랐지만 하나님 안에서 최고의 기쁨을 얻고자 하는 갈망이 우리 앞에 있는 허다한 증인들로 하여금 기꺼이 사랑의 희생을 감수하게 했던 것입니다.

하나님이 진정한 기쁨이시다

정말 행복한 신앙인으로 수준 있는 기쁨을 누리며 살기 원하십니까? 요한이 보았던 것같이 눈을 열어 아름다우신 예수님을 바라보고 그 소식을 기쁨으로 전하십시오. 그러면 교회도 뜨거워지고 우리의 문제도 해결될 것입니다. 사마리아 수가 성 여인은 예수님을 만난 후 즉각 물동이를 집어던지고 부끄러움도 없이 자기의 과거를 낱낱이 알고 있는 동네 사람들을 찾아가 "와 보라!" 하고 초청했습니다. 주님을 만난 후 일어난 변화를 드러냈습니다. 그리고 그 고백을 들은 사마리아 성에는 많은 사람이 예수께 나아오는 놀라운 일이 일어났습니다.

하나님이 진정한 기쁨입니다. 그분을 전하면 더 기뻐집니다. 기쁜 소식을 전하면서 더 큰 기쁨을 경험하는 것입니다. 그리고 하나님을 전하는 기쁨이 있다면 그 자리는 곧 기적의 자리가 될 것입니다.

2

예수 예수 믿는 것은

부활의 주와 함께
거듭나는 것입니다

부활은 기독교 신앙의 핵심입니다. 기독교는 처음부터 예수 그리스도의 십자가와 부활이라는 두 기둥 위에 세워졌습니다. 그래서 예수님을 믿는 것은 예수 그리스도의 십자가 죽음과 부활을 믿는다는 뜻입니다.

철학자 키에르케고르는 인생을 이렇게 정의했습니다.

"사형 언도를 받은 죄수들이 감방에 갇혀 있다가 한 사람씩 교수형장으로 끌려가는 모습을 보면서 자신의 순번을 기다리는 것과 같다."

순간순간 다가오는 죽음의 공포에 두려워 떨며 사는 것이 인생입니다. 인간의 모든 불안의 저변에는 죽음의 문제가 도사리고 있습니다. 그런데 하나님의 아들이신 예수님이 죽음의 문제를 해결해 주셨습니다. 우리 죄를 위해 십자가를 지고 피 흘려 죽으신 지 사흘 만에 죽음과 사망의 권세를 이기고 부활하셨습니다. 바로 그날이 부활절입니다. 예수님이 탄생하신 성탄절도 중요한 날이지만, 부활절은 그보다 더 중요하고 즐거운 날입니다. 예수님이 인간 구원을 시작하신 날이 성탄절이고 십자가 사건이 인간 구원의 질징이라면, 부활절은 예수님이 인간 구원을 완성하신 날입니다.

기독교는 전적으로 그리스도의 부활 사건에 근거합니다. 이는 성도에게 부활이 없으면 아무것도 없다는 말과 같습니다. 기독교도, 믿음도, 소망도 없는 것입니다.

바울은 고린도전서 15장 전반부에서 예수 그리스도의 부활의 사실성을 입증한 후 후반부에서는 애끓는 마음으로 '부활이 없으면'이라는 말을 무려 여덟 번 반복했습니다. 부활이 없으면 지금까지 우리가 믿음 안에서 한 모든 일이 헛것인 것입니다. 또한 세상 그 누구보다 하늘 소망을 바라보며 살았던 그리스도인들이 가장 불쌍한 자가 될 것입니다.

"그리스도께서 다시 살아나신 일이 없으면 너희의 믿음도 헛되고 너희가 여전히 죄 가운데 있을 것이요 또한 그리스도 안에서 잠자는 자도 망하였으리니 만일 그리스도 안에서 우리가 바라는 것이 다만 이 세상의 삶뿐이면 모든 사람 가운데 우리가 더욱 불쌍한 자이리라"(고전 15:17-19).

부활은 기독교 신앙의 핵심입니다. 기독교는 처음부터 예수 그리스도의 십자가와 부활이라는 두 기둥 위에 세워졌습니다. 그래서 예수님을 믿는 것은 예수 그리스도의 십자가 죽음과 부활을 믿는다는 뜻입니다. 사도신경에도 그 내용이 나와 있습니다.

"본디오 빌라도에게 고난을 받아 십자가에 못 박혀 죽으시고 장사된 지 사흘 만에 죽은 자 가운데서 다시 살아나셨으며."

부활은 역사적 사실이다

칼 바르트는 "부활절 설교는 짧을수록 좋다"고 했습니다. 왜냐하면 예수님의 부활은 설명할 필요가 없는 역사적 사건이기 때문입니다. '부활 장'으로 불리는 고린도전서 15장 전반부에서 바울은 이렇게 말했습니다.

"내가 받은 것을 먼저 너희에게 전하였노니 이는 성경대로 그리스도께서 우리 죄를 위하여 죽으시고 장사 지낸 바 되셨다가 성경대로 사흘 만에 다시 살아나사"(고전 15:3-4).

바울은 그리스도의 죽음과 부활이 예언의 성취임을 분명히 말했습니다. 부활은 '성경대로' 이루어진 예언의 성취입니다. 성경은 부활에 대한 기사로 가득합니다. 무려 100여 번 이상 예수님의 부활을 증거하고 있습니다. 또한 이어지는 말씀을 보면, 예수님의 부활을 육신적으로 목격한 사람들이 나옵니다. 열두 제자(5절), 500여 형제(6절), 사도들(7-8절)입니다. 게다가 6절에서 바울은 그중 대다수가 살아 있다고 말했습니다. 이는 예수 그리스도의 부활이 사실이라는 확실성에 대한 강력한 증거가 됩니다. 바울의 논조는 "그래도 그리스도의 부활이 거짓인가?"라고 반문하고 있는 것입니다.

부활 후 예배를 드리는 날이 바뀌었습니다. 부활 전에 예수님을 따르는 자들은 유대인들과 같이 토요일에 예배를 드렸습니다. 그런데 부활 이후에는 한 주의 첫날인 주일에 모임을 가졌습니다. 부활의 감격과 충격이 1세기 교회를 태동시킨 것입니다. 부활은 이처럼 안팎의 증거가 확실한 사건입니다.

역사가 아놀드 토인비는 부활 사건에 대해 이렇게 말했습니다.

"나는 오랫동안 여러 시대를 연구하고 여러 저서에 대한 증거도 조사하고 헤아려 보았으나 인생의 역사 중 그리스도가 죽으신 후 다시 살아나셨다는 사실보다 분명한 증거는 없다."

부활은 변화의 능력이다

예수 그리스도의 부활은 역사적 사건입니다. 부활이 사실이라는 것은 부활의 주님을 만난 사람들이 모두 변화된 것을 보면 알 수 있습니다. 그래서 부활은 변화의 능력이기도 합니다.

고린도전서 15장을 기록한 바울은 원래 종교적인 열심은 대단했으나 교만한 사람이었습니다. 그가 갖춘 학벌이나 출신 성분 등 갖가지 스펙을 보면 그럴 만했습니다. 그러나 독선과 아집에 빠져서 자기 식으로 하나님을 섬겼던 강퍅한 바울은 부활하신 주님으로 인해 180도 변화되었습니다. 본문에서도 바울은 자신을 지극히 낮추어 말합니다. 자신을 일컬어 8절에서는 "만삭되지 못하여 난 자"로, 9절에서는 "가장 작은 자"와 "사도라 칭함 받기를 감당하지 못할 자"로 표현했습니다. 부활의 주님을 만나 자기 한계와 연약함을 깨달은 자는 이런 변화를 보일 수밖에 없습니다.

하나님의 말씀인 성경은 부활을 기념해야 할 것이 아니라 체험해야 할 것이라고 분명히 전합니다. 빈 무덤을 찾아온 사람들에게 천사는 "갈릴리로 가라"고 외쳤습니다. 그 자리에는 주님이 계시던 빈 무덤이 있었고 갈릴리는 부활하신 주님을 만날 수 있는 자리였습니다. 죽음과 사망의 권세를 이기신, 인간의 최대 절망인 죽음을 뛰어넘어 부활하신 주님에 대한 확신에 서면 어떤 상황에서도 웃으며 승리를 이끌어 낼 수 있습니다.

불치병으로 죽게 된 여덟 살 아들을 둔 어머니가 있었습니다. 의사와 어머니는 이 사실을 숨기려고 했지만 영리한 아들은 자신의 죽음을 감지하고 있었습니다. 어느 날 아들은 어머니에게 "죽음이 무엇이에요?"라고 물었습니다. 질문을 받은 어머니는 잠시 부엌에 가는 체하면서 아들에게 지혜로운 답을 하게 해 달라고 기도했습니다. 그리고 이렇게 이야기해 주었습니다.

"아들아, 네가 아주 어렸을 때 텔레비전을 보다가 잠이 들면 아빠가 안아서 2층 침대에 눕혔지? 이제 네가 잠이 들면 하나님 아버지가 너를 안아서 하나님의 집에 옮겨 놓으시는 거란다."

인간 최대의 절망은 누가 뭐라 해도 죽음입니다. 사는 것이 힘들고 고통스럽다 해도 죽음보다는 가볍습니다. 그런데 그 죽음의 문제를 부활 신앙으로 정복하고 나면 세상에 무서울 것이 없습니다.

요한복음 20장에서 예수님을 따르던 제자들은 예수님이 처참하게 십자가 형틀에서 죽는 모습을 보고 믿는 도끼에 발등 찍혔다고 생각하고 모두 도망갔습니다. 그리고 혹시 예수님을 따르던 추종자들이라는 이유로 어떤 피해라도 입을까 봐 문을 꼭꼭 걸어 잠갔습니다. 그런데 부활의 주님이 몸을 잔뜩 웅크린 겁쟁이 제자들에게 찾아와 평안을 주고 확신의 음성을 들려주시자 어떻게 되었습니까? 그들의 두려움과 공포가 떠나가고 기쁨이 회복되었습니다. 부활의 주님을 만났기 때문입니다. 한 주경학자는 제자들의 기쁨을 가리켜 "죽음에 대한 해답을 발견한 기쁨"이라고 표현했습니다.

우리 안에도 죽음에 대한 답을 발견하는 복이 임해야 합니다. 그러면 절망의 끝에서도 다시 회복되고, 일어날 수 없는 최악의 상태나 죽음 같은 상황이 닥쳐도 전혀 두렵지 않을 것입니다. 죽음에 대한 답을 발견한 제자들의 얼굴에 기쁨이 회복된 것처럼 절망의 한가운데 나타난 우리 얼굴의 평안은 세상 사람들을 매우 당황스럽게 할 것입니다. '저들의 소망의 근거가 과연 무엇인가? 어떻게 저렇게 평안할 수 있단 말인가!'

성경은 죽음보다 더 무서운 힘이 있다고 가르칩니다. 그것은 죽음을 패배시킨 그리스도의 부활의 능력입니다. 아브라함이 믿었던 하나님,

죽은 자를 살리시고 없는 것을 있는 것같이 부르시는 하나님이 나의 하나님이시고 나와 함께하시는 분이라는 사실이 이론이 아니라 실제로 느껴진다면 무엇이 두렵겠습니까? 직면하십시오. 어떤 절망이든 기적 같은 은혜가 일어날 것입니다.

부활의 증인으로 살다

부활의 주님을 인격적으로 만난 사람들에게는 공통점이 있습니다. 바울이 바뀌고 겁쟁이 제자들이 복음을 담대히 전하는 사람으로 변화된 것처럼 부활의 증인으로 살게 된다는 것입니다. 누가복음 24장에서 엠마오로 가는 길에서 부활의 주님을 만난 두 제자도 즉시 12km 정도 떨어진 예루살렘으로 달려갔습니다. 바울도, 초대교회 사도들도 안주하는 것이 아니라 부활의 증인으로 살았습니다.

"그러므로 나나 그들이나 이같이 전파하매 너희도 이같이 믿었느니라"(고전 15:11).

죽음이라는 절대 절망의 문제에 대한 답을 발견한 사람들이 어떻게 가만히 있을 수 있겠습니까? 감동적인 영화 한 편을 보아도 자랑을 하고 맛있는 음식을 먹으면 입소문을 냅니다. 그런데 오늘 내 삶에 부활하신 주님이 가져다주신 변화가 결코 그보다 못하지 않으니 우리는 자연스럽게 부활의 증인으로 살아갈 수밖에 없습니다.

부활의 주님을 만난 이들이 몸을 던져 전했던 메시지의 핵심이 바로 그리스도의 죽음과 부활입니다. 바울은 자신을 핍박하고 위협하며 한 번만 더 그리스도를 전하면 가만두지 않겠다는 교권주의자들의 횡포 앞에서 "이제 내가 사람들에게 좋게 하랴 하나님께 좋게 하랴 사람들에게 기쁨을 구하랴"(갈 1:10) 하며 더욱 담대히 외쳤습니다. 특히 그는 부활의 주님을 만난 후 생의 목적이 달라졌습니다.

> "내가 달려갈 길과 주 예수께 받은 사명 곧 하나님의 은혜의 복음을 증언하는 일을 마치려 함에는 나의 생명조차 조금도 귀한 것으로 여기지 아니하노라"
> (행 20:24).

혹시 부활의 주님을 만난 내 안에 이런 변화가 없다면 그 이유를 돌아볼 필요가 있습니다. 영혼을 사랑하시는 예수님의 심장이 내 안에 꽂히면 엄청난 영적 부담이 나를 강권할 것입니다. 우리는 스스로 그 자리로 나아가야 합니다.

땅의 것들은 아무것도 아니요, 잠깐이면 지나갈 뿐입니다. 흔들리는 것에 기대서는 안 됩니다. 소망하는 것에 온 신경을 집중하고 그것이 진정한 소망인 양 착각하는 사람들이 있다면 정신을 바짝 차려야 합니다. 그런 자들에게 "세상 것들은 소망의 근거가 될 수 없습니다. 저도 한때 그것에 매달려 보았는데 세상이 흔들리는 날에 함께 흔들리고 말았습니다. 그 복을 마음껏 향유해도 주님을 만나지 못하면 아무런 소망이 없습니다"라고 전해 주어야 합니다. 먼저 경험한 우리가 아니면 누가 이 사실을 전해 줄 수 있겠습니까?

실제로 주님을 만난 사람들은 모두 그러한 삶을 살았습니다. 가롯 유다를 제외한 열한 명의 제자는 모두 부활하신 주님을 전하다가 순교했습니다. 죽음이라는 가장 큰 걸림돌을 딛고 나니 어떤 문제도 문제가 되지 않았던 것입니다. 성 어거스틴, 성 프란시스, 선다 씽, 존 웨슬리 등 성경 안팎의 위대한 인물들은 모두 능력 있는 전도자로 살았습니다.

죽음과 사망을 뛰어넘는 진정한 소망을 발견했는데 소망 아닌 것에 기대어 살아가는 사람들을 보며 일말의 안타까움조차 느끼지 못한다면 그는 진정 소망이 없는 사람입니다. 예수님의 복음만이 죄 문제를 해결할 수 있고, 죄 문제를 해결해야만 인간은 행복해질 수 있습니다. 행복은 수평적인 관계 속에 무엇인가를 더해야 오는 것이 아니라 죄를 청산하고 창조주 하나님과의 관계 속에서 누리게 되는 안도감입니다. 그 행복을 원천으로 수평적인 관계에서도 행복을 누리는 것입니다.

부활하신 주님을 믿는다면 더 이상 무덤에 머물지 마십시오. 무덤에는 주님이 계시지 않습니다. 부활절 예배 때마다 모여 "예수 다시 사셨네!" 하고 찬양만 하면 안 됩니다. 더 중요한 것은 나는 살았지만 여전히 울타리 밖에서 소망 아닌 것에 소망을 두고 하찮은 진리를 붙잡고 살아가는 사람들에게 주님을 전하는 것입니다. 세상 것을 부러워하지 마십시오. 부활을 소유한 자에게 그런 것들은 소망의 근거가 될 수 없습니다. 세상의 그 무엇도 잠깐 즐기며 지나가는 창밖의 경치일 뿐입니다.

주변을 돌아보며 소망 아닌 것을 끊어 버리고 참 소망을 찾아 예수님께 나아오는 영혼을 향해 떠나십시오. 영혼을 찾을 때 도움이 되는 몇 가지 내용은 다음과 같습니다.

첫째, 갈급한 심령을 찾아야 합니다. 사도행전 8장에는 성경을 읽으면서 의아함을 가지고 성지를 순례하고 돌아가던 구스 내시가 나옵니다. 그는 마음의 답답함을 해결하기 위해 흔들리는 수레 위에서도 성경을 읽었습니다. 그것이 하나님이 그에게 구원을 주실 때였습니다. 빌립보 감옥의 간수도, 빌립보 교회를 시작하는 일에 사용된 루디아도 갈급한 심령을 가지고 있었습니다. 복음을 들을 수밖에 없는 갈급한 상황에 있는 심령을 찾으십시오.

둘째, 실제로 그들이 주님께 돌아오기 위해서는 하나님의 열심이 필요합니다. 하나님은 천국에서 우리의 상황을 보시며 안타까운 마음으로 한숨만 쉬시는 분이 아닙니다. 그분은 친히 낮고 낮은 땅에 사람의 몸을 입고 오셔서 피 흘리고 살이 찢기심으로 그 사랑을 확증해 주셨습니다. 한 영혼이 주님께 돌아오기까지 중단하지 않으시는 하나님의 열심이 우리를 살린 것입니다.

셋째, 하나님의 열심과 더불어 전도자의 순종이 필요합니다. 보이지 않는 하나님을 보여 주는 섬김이 필요한 것입니다. 그리스도의 치유와 사랑을 나누십시오. 자신이 몸담고 있는 지역을 섬기십시오. 세상의 사랑이 넘지 못하는 상황을 그리스도의 사랑으로 넘고 세상의 보호나 관심이 끝날 것 같은 상황을 뛰어넘어 그리스도의 관심을 표현하십시오. J. D. 그리어는 《담장을 넘는 크리스천》(두란노, 2016)에서 이렇게 말했습니다.

"고개를 돌리라. 거기에 예수를 만나야 살 사람들이 있다."

주일 예배는 이런 면에서 작전 회의와 같습니다. 주중 전도와 사역으로 죽어 가는 영혼을 섬기기 위한 전략 회의입니다. 예배는 예수님을 믿는 사람들이 모여서 구원의 기쁨을 향유하고 축복을 누리는 것이 전부가 아니라 하나님 앞에서 작전 지시를 듣고 정말 자신이 살려야 할 사람이 누구인지를 찾는 시간인 것입니다.

교회는 본질적으로 선교적입니다. 성경에 나오는 모든 교회가 그렇습니다. 사도행전에서 복음을 가장 강력하게 전파한 것은 사역자들이 아니라 오히려 평범한 그리스도인들이었습니다. 교회는 군중으로 들어와 군대가 되어 나가는 곳입니다.

부활의 주님을 만났다면

C. H. 도드는 탁월한 신학자이지만 그리스도인이라고 할 수는 없는 사람입니다. 그런 그가 예수님의 부활을 깊이 연구하고 유명한 말을 남겼습니다.

"부활 신앙은 교회 안에서 막연히 생긴 믿음이 아니다. 막연히 예수님을 그리워하는 사람들이 환상 중에 예수님을 보고 만들어 낸 이야기가 아니다. 부활 신앙은 교회를 존재하게 하는 믿음이다."

교회가 있었기에 부활 신앙이 생긴 것이 아니라 예수님이 부활하셨기 때문에 교회가 생긴 것입니다. 그러므로 예수님이 부활하시지 않았다면 교회는 등장할 수 없었습니다.

부활의 주님을 만난 우리에게 진정 필요한 것은 무엇일까요? 새벽에 예수님의 무덤으로 달려간 마리아가 품었던 예수님에 대한 사랑이요, 교회에 대한 사랑입니다. 우리는 부활의 주님을 과거형이 아니라 현재형으로, 즉 나의 사건으로 받아들여야 합니다. 그리고 내가 만난 부활의 주님을 전해야 할 것입니다.

세상 것을 부러워하지 마십시오.
부활을 소유한 자에게 그런 것들은
소망의 근거가 될 수 없습니다.
세상의 그 무엇도 잠깐 즐기며 지나가는
창밖의 경치일 뿐입니다.

3

예수 예수 믿는 것은

예수 그리스도를
주인 삼는 것입니다

예수님이 하나님이신 것을 보는 눈이 열리면 우리의 마음을 짓누르고 있던 모든 근심과 걱정, 염려, 고민이 다 사라질 것입니다. 만물이 주의 손에 붙들려 있기 때문입니다.

우리는 지식정보화 시대를 살고 있습니다. 매일 수많은 정보가 홍수처럼 쏟아집니다. 〈뉴욕 타임스〉가 하루에 싣는 정보량이 17세기 영국인이 평생 접한 정보량보다 많다고 합니다. 그만큼 지식과 정보가 우리 사회를 지배하고 있는 것입니다. 가지고 있는 지식에 따라 힘의 우열이 정해집니다. 지식이 돈이요 힘인 것입니다.

그런데 어떤 것보다 더 중요한 지식이 있습니다. 바로 '예수 그리스도에 대한 지식'이요, '예수 그리스도를 아는 지식'입니다.

바울은 우리가 부러워할 만한 많은 것을 소유했습니다. 헬라 철학을 꿰뚫고 있었고 당시 최고의 석학이었던 가말리엘 문하에서 최고의 학문을 공부했습니다. 그러나 그는 부활의 주님을 만난 후 그리스도를 아는 지식 외에 다른 것을 하찮은 배설물이요, 쓰레기로 여겼습니다.

> "또한 모든 것을 해로 여김은 내 주 그리스도 예수를 아는 지식이 가장 고상하기 때문이라 내가 그를 위하여 모든 것을 잃어버리고 배설물로 여김은 그리스도를 얻고"(빌 3:8).

바울처럼 하나님의 사람들은 예수님을 바로 알고 그리스도를 아는 지식 위에 반듯한 믿음의 집을 건축해야 합니다.

요한복음이 기록된 목적이 무엇일까요? 요한복음 후반부에 저자 요한은 이렇게 밝혔습니다.

"오직 이것을 기록함은 너희로 예수께서 하나님의 아들 그리스도이심을 믿게 하려 함이요 또 너희로 믿고 그 이름을 힘입어 생명을 얻게 하려 함이니라"(요 20:31).

예수님이 누구이신지 바로 알고 그 위에 바른 믿음을 건축해 죄와 사망을 떨쳐 버리고 생명과 축복으로 나아가게 하려는 것이 요한복음이 쓰인 목적입니다. 이것은 곧 복음의 목적이고 성경이 기록된 이유이기도 합니다. 지식정보화 시대를 살고 있는 우리에게 그 어떤 것보다 중요한 지식은 예수를 아는 지식입니다. 따라서 승리하는 믿음으로 살기 위해서는 먼저 예수를 정확히 바로 알아야 합니다.

예수를 아는 지식

예수님은 3년 동안 제자들과 생활하시며 이른바 제자 훈련을 하셨습니다. 그리고 제자 훈련의 막바지에 이르렀을 때 제자들에게 질문을 던지셨습니다. 가이사랴 빌립보 지방에서 물으신 대단히 중요한 질문으로, 지금까지 고민하며 숨겨 오셨던 내용이었습니다. 사람들이 예수님을 가리켜 더러는 세례 요한, 더러는 엘리야, 어떤 이는 예레미야나 선지자 중의 하나라고 한다는 이야기를 들으신 예수님은 제자들에게 이렇게 질문하셨습니다.

"너희는 나를 누구라 하느냐"(마 16:15).

종교인의 생활을 끝내고 진정한 신앙인으로 나아가려면 반드시 예수님이 어떤 분이신지를 묻는 질문 앞에 서야 합니다. 잠시 침묵의 순간이 이어졌습니다. 예수님은 혹 엉뚱한 답을 할까 초조하셨을지도 모릅니다. 그때 베드로가 무리를 대표해 대답했습니다.

"주는 그리스도시요 살아 계신 하나님의 아들이시니이다"(마 16:16).

베드로는 예수님에 대한 신앙고백 중 가장 완벽한 답을 했습니다. 예수님이 오신 목적, 본질적 신분 등이 고스란히 담겨 있는 고백입니다. 예수님은 역사 속에 끊임없이 예언된 하나님의 기름 부으심을 받은 메시아요, 하나님이라는 정통한 고백을 공동체를 대표해서 한 것입니다. 이 고백은 당시 예수님을 잘못 이해하여 단순히 정치적 측면에서만 받아들이려 했던 대중의 오류를 바로잡기에 충분했습니다. 로마의 압제 아래 있던 유대인들은 당장 자기들을 억압에서 풀어 줄 정치적인 메시아를 기대했습니다. 그러나 베드로는 예수님에게 하나님의 영광을 보았던 것입니다.

이에 예수님은 매우 기뻐하시며 베드로의 완전한 신앙고백 위에 상상할 수 없는 엄청난 복을 약속하셨습니다.

"예수께서 대답하여 이르시되 바요나 시몬아 네가 복이 있도다 이를 네게 알게 한 이는 혈육이 아니요 하늘에 계신 내 아버지시니라 또 내가 네게 이르노니 너는 베드로라 내가 이 반석 위에 내 교회를 세우리니 음부의 권세가 이기지 못하리라 내가 천국 열쇠를 네게 주리니 네가 땅에서 무엇이든지 매면 하늘에서도 매일 것이요 네가 땅에서 무엇이든지 풀면 하늘에서도 풀리리라 하시고"(마 16:17-19).

정통한 신앙고백 위에 교회가 세워졌습니다. 천국 열쇠를 주셨고, 그 고백 위에 기도할 때 천국 문이 열리고 닫히는 기적 같은 은혜를 누릴 수 있도록 축복해 주셨습니다. 아무리 교회에 다녀도 예수님에 대한 신앙 지식이 없으면 아무 소용이 없습니다.

예수님 안에서 하나님의 영광을 본 사람들

예수님은 그리스도이시요, 하나님의 아들이십니다. 인생의 문제를 송두리째 해결해 주시는 하나님이십니다. 예수님 속에서 이 영광을 본 요한은 이렇게 소리쳤습니다. 요한복음의 가장 핵심이 되는 말씀입니다.

> "말씀이 육신이 되어 우리 가운데 거하시매 우리가 그의 영광을 보니 아버지의 독생자의 영광이요 은혜와 진리가 충만하더라"(요 1:14).

요한은 예수님 속에서 하나님의 영광을 보았다고 간증했습니다. 이는 '놀라운 상태에서 실제로 목격했다'라는 의미를 포함합니다. 요한은 별 볼 일 없어 보이는 인간 예수 속에서 하나님의 영광을 보았던 것입니다. "나사렛에서 무슨 선한 것이 날 수 있느냐"(요 1:46)라고 조롱받던 그분에게 하나님을 보았던 것입니다.

특히 요한은 '독생자의 영광'이라고 표현했습니다. 영광이 구체적으로 무엇입니까? 천재 음악가의 영광은 연주회가 열리는 홀에 가서 그의 연주에 집중하고 열광하는 청중의 모습을 보면 알 수 있습니다. 위대한 학자의 영광은 강의실에 가서 그가 가르치는 것을 배우는 학생들의 표정을 보면 느낄 수 있습니다. 그렇다면 '독생자의 영광'은 어떻습니까?

독생자의 영광은 말씀이 육신이 된 영광입니다. 초라한 인간의 몸을 입고 오신 예수님 속에서 하나님의 영광을 목도할 수 있는 것입니다.

지금도 마찬가지입니다. 누구든지 성령의 깨닫게 하심과 인도하심을 받아 예수님을 인격적으로 만나면 그분 안에 있는 하나님의 영광을 맛보고 누릴 수 있습니다. 평생 자신은 자수성가한 사람이라고 큰소리치던 사람도 예수님을 만나고 그 속에 있는 하나님의 영광을 보면 항복의 손을 들고 "주여, 당신은 나의 왕이시고 나의 하나님이십니다"라고 고백하며 그분의 발 앞에 무릎 꿇고 예수의 사람으로 살 수 있습니다.

요한복음 곳곳에는 하나님의 영광을 목도한 사람들이 많이 나옵니다. 2장 가나의 혼인 잔칫집에서는 물이 변해 포도주가 되는 사건이 일어났습니다. 요한복음에서 일어난 첫 번째 기적입니다. 잔칫집에 포도주가 떨어진 것은 잔치의 흥을 깨는 매우 좋지 않은 상황입니다. 하지만 이미니 마리아의 도움으로 예수님이 진면에 나서시 하인들을 통해 항아리에 물을 채운 뒤 갖다 주었더니 최상의 포도주가 되었습니다.

전혀 가치 없는 물이 질적으로 차원이 다른 포도주로 바뀐 것을 본 제자들은 다 놀랐습니다. 제자들은 그 사건을 통해 단순히 랍비로만 여겼던 예수님에게서 하나님을 보았고 그로써 의혹을 버리고 주께 나아와 그분을 영접하는 은혜를 맛보았습니다. 당시 제자들의 반응이 이렇게 기록되어 있습니다.

"예수께서 이 첫 표적을 갈릴리 가나에서 행하여 그의 영광을 나타내시매 제자들이 그를 믿으니라"(요 2:11).

인격적이신 예수님을 만나고 중생을 경험한 사람들은 모두 동일한 고백을 하게 될 것입니다. 하나님으로 거듭난 자들은 예수님의 초라한 모습에서 하나님의 영광을 본 자들입니다. 그리고 이 영광을 본 자들에게 베푸시는 하나님의 은혜는 매우 큽니다. 우리는 신앙생활을 하면서 의심이 많습니다. '처녀가 어떻게 아기를 낳지?', 어떻게 '바닷물을 걸을 수 있어?' 그런데 성경을 못 믿겠다는 사람들을 보면 신기한 사실이 하나 더 있습니다. 의심 많고 따지기 좋아하는 사람도 성경을 예외 없이 믿는 것입니다. 인격적이신 그분을 만났기에 가능한 일입니다.

예수님 안에 있는 하나님의 영광을 경험하면 우리 안의 해묵은 신앙의 의심들은 사라집니다. 세상의 헛된 것에 끌려가던 마음, 무엇으로도 채워지지 않던 공허한 마음이 하늘 영광으로 채워집니다.

예수님이 하나님이신 것을 보는 눈이 열리면 우리의 마음을 짓누르고 있던 모든 근심과 걱정, 염려, 고민이 다 사라질 것입니다. 만물이 주의 손에 붙들려 있기 때문입니다. 죽고 살고, 흥하고 망하는 것이 하나님의 손에 있다는 사실을 믿기 때문입니다. 이 영광을 보고 나면 자기 인생이 시시하다고 탓하던 사람, 부모를 원망하던 사람, 인생을 저주하던 사람도 하나님이신 주님 앞에 무릎을 꿇고 새롭고 가치 있는 인생으로 변화되어 남은 인생을 주를 위해 살게 될 것입니다.

일본에 가가와 도요히코라는 사람이 있습니다. 그의 우리나라식 이름은 하천풍언으로 그는 위대한 성자요, 전도자요, 저술가였습니다. 얼마나 유명한 성자였던지 간디, 슈바이처, 하천풍언을 20세기 3대 성자라고 말할 정도입니다.

그런데 그의 과거가 주목할 만합니다. 그의 아버지는 시장이었지만 어머니는 기생 출신의 첩이었습니다. 서자로 태어났기 때문에 어린 시절 '첩의 자식'이라는 놀림과 구박을 받으며 자랐습니다. 자신이 첩의 아들이라는 것 때문에 웃음을 잃어버리고 살았습니다.

그러던 어느 날 울적한 기분으로 담 모퉁이에 서 있는데, 구세군 악대가 지나가면서 나팔을 불며 외쳤습니다. "예수 믿고 구원 받으십시오. 하나님은 당신을 사랑하십니다." 그때 그 말이 하천풍언의 가슴을 울렸습니다. '나 같은 기생의 아들도 예수를 믿으면 하나님이 사랑하신다는 말인가?' 그는 가까이 가서 물었습니다. "기생의 아들도 하나님이 사랑하시나요?" "그렇지요. 하나님은 누구나 다 사랑하십니다." 그 말을 듣고 그는 마음으로 예수님을 영접했습니다. 예수님을 믿고 주님을 위해 평생 살기로 결단했습니다. 그리고 빈민굴에 들어가서 평생을 불쌍한 사람들을 돌보면서 살았습니다.

평생 팔자나 운명을 탓하며 살았을 한 인간이 예수님을 만나자 인생이 역전되는 데 그치지 않고 자신보다 더한 슬픔과 고통 속에 있는 사람을 돕고 축복하며 결국 성자의 반열까지 오른 것입니다. 하나님의 자녀가 되는 권세를 받아 이렇게 그의 운명이 바뀌었습니다.

우리는 운명에 대해 탄식하고 괴로워할 때가 많습니다. 열등감에 사로잡혀 분노하고 불만스러운 자아상을 가질 수 있습니다. 교회를 다니기만 해서는 이 문제를 해결할 수 없습니다. 예수님을 만나고 하나님의 영광을 보고 경험할 때, 절망이 떠나고 어둡던 인생이 환해집니다. 하나님의 자녀가 될 때 모든 운명이 바뀝니다. 빛으로 오신 예수님을 마음속 주인으로 모시면 어둡던 마음도, 삶의 여정도 밝게 회복됩니다.

대로변에 세워진 한 교회의 정문에 걸려 있던 현수막 문구가 떠오릅니다. "예수님 안에서 상처는 별이 된다." 예전에는 상처뿐이고 눈물뿐이었지만 하나님 안에서는 별처럼, 보석처럼 빛나게 될 것입니다. 빛으로 오신 예수님이 가시는 곳마다 결박의 줄이 끊기고 어둠이 물러가고 광명한 세상이 펼쳐집니다.

120여 년 전 보릿고개에 시달리던 조그맣고 아무것도 없던 우리나라가 어떻게 이 짧은 시간에 세계가 주목하는 기적을 만들어 냈겠습니까? 복음으로 인해 어둠에서 벗어날 수 있었습니다. 고통도, 차별도, 저주도, 가난도 물러가고 아무것도 없는 자원 빈국이 OECD에 들어가고 힘 있는 나라가 되었습니다. 수많은 여성이 어둠에서 벗어났고 많은 사람들이 굴레와 속박에서 해방되었습니다. 우상과 저주의 영에 묶였던 자들이 자유롭게 되었습니다. 가난과 저주를 끊고 잘사는 나라가 되어 복음을 역수출하게 되었습니다.

누가 힘을 써서 된 일이 아닙니다. 빛 되신 예수님이 우리에게 주신 은혜요, 복음의 능력입니다. 마찬가지로 예수님이 가정에 들어가시면 그 가정이 밝아집니다. 예수님이 한 사람의 인생 속에 들어가시면 그의 인격과 신앙과 삶이 밝아집니다. 예수님의 영광을 체험한 사람은 누구든지 예수보다 더 귀한 것은 없다고 노래합니다.

우리에게 복음은 얼마나 능력 있습니까? 스펙이나 기술이 세상을 바꾼 적은 한 번도 없습니다. 아무도 고치지 못하는 인간을 송두리째 바꿀 수 있는 힘은 예수님과 복음 외에는 없습니다. '나는 진정 종교인의 딱지를 뗐는가? 주일에 몸만 교회에 와 있는 껍데기가 아니라 진짜 예수님을 경험한 신앙인으로 바뀌었는가?' 이러한 점검이 우리에게 필요합니다.

영광을 본 자들에게 일어나는 변화

요단 강에서 예수님이 세례를 받으실 때 성령이 임하시는 것을 본 세례 요한은 그분 안에서 하나님의 영광을 보았습니다.

> "내가 보매 성령이 비둘기같이 하늘로부터 내려와서 그의 위에 머물렀더라" (요 1:32).

예수 그리스도 안에 있는 영광을 본 자는 반드시 변화됩니다. 이 변화는 근본적으로 뒤집어지는 변화입니다. 세례 요한 안에 일어난 그 변화를 살펴보겠습니다.

1. 대중적인 유혹에 넘어가지 않고 자기 분수를 지킨다

예수님 안에 있는 하나님의 영광을 경험한 사람은 대중적인 유혹에 넘어가지 않고 늘 자기 분수를 지킵니다. 세례 요한도 마찬가지였습니다. 당시 그의 인기는 대단했습니다. 중간기 칠흑 같은 어둠의 시대를 보낸 후 세상과 구별되어 살아가는 세례 요한을 보면서 곳곳에서 경건한 사람들이 모여들었습니다. 세례 요한의 공동체는 날마다 수가 늘어나 커졌습니다. 교권을 쥐고 있던 유대 지도자들조차 공식적으로 사람을 보내 '혹시 메시아가 아닌가?' 하고 질의했을 정도였습니다.

이때 못 들은 척하고 앞으로 두 걸음만 가도 세례 요한은 메시아가 될 수 있었습니다. 그러나 그는 주저하지 않고 "아니오"라고 답했습니다.

> "나는 그리스도가 아니라"(요 1:20).

우리말 번역과 달리 원문에는 강조법이 쓰였습니다. "나는 절대 그리스도가 아니오"라는 의미입니다. 하나님의 영광을 경험하고 전능하신 하나님을 인격적으로 만난 사람 안에는 반드시 "나는 ~이 아니고 ~이다"라는 정체성이 정립됩니다. 예수님을 믿고 구원의 은총을 받을 때 누리는 최고의 유익은 죄를 씻음 받고 천국에 가는 영생의 복을 누리는 것입니다. 그리고 또 하나의 축복은 자신이 왜 사는지, 삶의 자원과 에너지를 어디에 집중해야 하는지 등 인생의 목적과 비전이 분명해지는 것입니다.

세례 요한은 어떻게 이 쉽지 않은 일을 의연히 해 낼 수 있었을까요? 예수 그리스도에게 하나님의 영광을 보았기 때문입니다(요 1:32-34). 하나님을 아는 세례 요한은 자기 자신을 알기에 그리스도인척 하지 않았습니다. 그는 철저하게 자신으로 살았습니다. 그 영광을 보고 어떻게 그분을 높이지 않을 수 있겠습니까? 예수님에게 하나님의 영광을 본 사람은 절대로 자기를 높이거나 자랑하지 않습니다.

우리는 왜 자녀가 은혜 받기를 사모해야 합니까? 전능하신 하나님의 손에 붙들려야 목적이 있는 인생, 비전을 이루는 인생을 살 수 있기 때문입니다. 자녀의 영적 주인 되신 하나님이 어디로 이끌기 원하시는지를 찾아야 방황이 끝납니다. 더 나은 학문이나 삶의 풍성한 요소가 자녀의 삶을 윤택하게 해줄 것 같지만 사실은 그로써 더 사악한 마귀가 만들어질 수 있습니다. 궁극적으로 여호와를 경외하는, 진정한 하나님의 신앙을 소유하지 못한 인생은 끊임없이 휘둘리고 끌려다니며 행복하지 않은 삶을 살 수밖에 없습니다.

2. 자신이 본 영광을 증거하는 일에 생을 드린다

초라한 예수님 안에 있는 하나님의 영광을 경험하고 전능하신 하나님을 인격적으로 만난 자는 자기가 본 영광을 자랑하고 증거하는 일에 생을 드립니다.

> "요한이 그에 대하여 증언하여 외쳐 이르되 내가 전에 말하기를 내 뒤에 오시는 이가 나보다 앞선 것은 나보다 먼저 계심이라 한 것이 이 사람을 가리킴이라 하니라"(요 1:15).

세례 요한의 말과 자세를 보면 그의 중심이 어디에 있는지를 단번에 알 수 있습니다. 그는 오직 예수님 안에 있는 하나님의 영광을 선포하고 보여 주는 데 혼신의 힘을 기울였습니다. 자신은 작아져서 사람들 앞에 아무것도 아닌 존재로 보여도 그만이었습니다.

27절에서는 예수님을 향해 "나는 그의 신발 끈을 풀기도 감당하지 못하겠노라"고 고백하기까지 했습니다. 당시 손님이나 주인의 때 묻은 발을 씻겨 주고 신발 끈을 푸는 것은 가장 천한 일로 종이 했습니다. 세례 요한은 예수님을 드러내기 위해 스스로 낮은 자리로 내려간 것입니다. 더 감격적인 내용은 이것입니다.

> "광야에서 외치는 자의 소리로라"(요 1:23).

소리는 잠깐 들리다가 없어집니다. 세례 요한은 자신이 하나님이신 예수님 앞에서 한 번 울리고 사라지는 나팔이라고 고백한 것입니다. 과거에는 왕이 출현하면 나팔을 불었다고 합니다. 그러면 사람들이 길고 크게 퍼지는 나팔 소리를 듣고 왕이 오셨다고 알았던 것입니다. 그러다가 왕이 나타나면 소리는 사라지고 사람들은 왕만 봅니다. 소리는 인격이 아닙니다. 그럼에도 세례 요한은 자신을 소리라고 말합니다. 자신이 경험한 하나님의 영광을 드러내는 일에 집중한 것입니다. 그가 이토록 겸손할 수 있었던 것은 예수님에게 하나님의 영광을 보고 경험했기 때문입니다.

하나님의 영광을 경험했습니까? 우리 안에 예수님의 뜨거운 흔적이 남아 있습니까? 세례 요한처럼 우리도 하나님이신 예수님을 발견해야 합니다. 그때 예수님만 높이고 자랑하는 일에 인생을 걸 수 있습니다. 이 영광을 경험한 사람은 빛의 증인으로 살아갑니다. 예수님을 통해 하나님의 영광을 목도한 안드레는 집으로 달려가 "메시아를 만났다!"라고 외치며 형제 베드로를 끌고 갔습니다.

> "그가 먼저 자기의 형제 시몬을 찾아 말하되 우리가 메시야를 만났다 하고 (메시야는 번역하면 그리스도라)"(요 1:41).

안드레는 전하지 않고 견딜 수가 없었습니다. 하나님의 영광을 목격했는데 어떻게 전하지 않을 수 있겠습니까?

어떤 사람이 너무 가난해서 학교를 다니지 못한다는 사실에 좌절해 농약을 마셨습니다. 맹장이 다 타 버려 3일간 완전히 죽은 상태로 있었는데, 다행히 죽지 않고 그 죽음 속에서 하나님의 영광을 보았습니다. 그 후 그는 완전히 새로운 사람이 되었습니다. 대학에 들어갔고 전공 교수님 다섯 명을 모두 전도했습니다. 학과 45명 중에 27명을 예수님께 인도했습니다. 그리고 나중에 군에서 대통령 전용기를 지키는 경비 부대에 있었는데 온 부대원을 전도했습니다.

이런 일이 어떻게 가능할까요? 죽음의 상황에서 만난 하나님을 전하지 않을 수 없는 것입니다. 나중에 그는 대기업 자리와 선생님을 포기하고 목회자가 되었다고 합니다.

우리는 모두 이 영광을 목도했습니다. 앞에 언급한 신앙의 인물들 못지않은 은혜를 받았습니다. 그리고 우리는 예수님의 살을 먹고 피를 마셔서 구원을 받아 죄를 끝내고 축복의 자리에 섰습니다. 그 영광을 경험하고 맛본 자로서 이 복음을 전하고 외쳐야 합니다. 다시 한 번 하나님의 말씀 앞에 서서 이렇게 기도합시다. "주님, 주님의 영광을 보여 주옵소서! 제 눈을 열어 하나님의 영광을 보게 하옵소서! 그리고 남은 생애 그 감격을 전하는 자로 살게 하옵소서." 이제는 하늘 영광을 보며 그 영광을 위해 살아야 할 것입니다.

예수를 아는 지식으로 별처럼 빛나라

에드워드 킴볼은 수줍음이 많아 복음을 듣지 않으려고 구둣방 지하로 도망가는 한 사람을 따라가 복음을 전했습니다. 그가 바로 D. L. 무디입니다. 하나님 안에 있는 놀라운 영광을 맛본 후 무디는 1,000만 명에게 복음을 전했고, 그가 전하는 복음을 듣고 100만 명 이상이 주께 돌아왔습니다. 앨버트 맥매킨은 트랙터를 몰고 가는 청년에게 "청년, 트랙터만 몰지 말고 교회에 같이 갑시다. 예수 믿읍시다"라고 전했습니다. 그 말을 들은 청년은 예수님을 믿고 세계적인 전도자가 되었습니다. 그가 바로 빌리 그레이엄입니다. 이후 빌리 그레이엄은 뜨거운 말씀으로 복음을 선포했고 수천만 명을 주께 돌아오게 했습니다.

예수님을 제대로 알고 마음껏 누리십시오. 그러나 거기서 끝내서는 안 됩니다. "웬말인가 날 위하여 주 돌아가셨나"(새찬송가 143장)라고 찬송을 부르며 울다가 끝내서는 안 되고 복음을 전하는 일에 헌신하는 데까지 이르러야 합니다. 주의 복음에 헌신한 사람들을 통해 주님은 지금도 빛을 발하고 계십니다. 성 프란시스는 그들 중 하나였을 것입니다. 그의 전기 작가는 성 프란시스의 생애를 이렇게 결론 냈습니다.

"달이 태양의 거울이듯이, 그의 인생은 그리스도를 반사하는 거울이었이다. 그가 있는 곳에서 사람들은 즉각적으로 그리스도의 임재를 느꼈다. 그의 심장은 그리스도의 심장이었고, 그의 언어는 그리스도의 메시지였다."

말씀은 이러한 삶을 이렇게 소개합니다.

"많은 사람을 옳은 데로 돌아오게 한 자는 별과 같이 영원토록 빛나리라"(단 12:3).

참 빛이 되신 그리스도를 영접한 사람들도 세상의 빛이어야 합니다. 예수님은 우리에게 "너희는 세상의 빛이라"(마 5:14)고 말씀하셨습니다. 그리스도를 소유한 사람들은 있는 곳에서 참 빛으로 나타나야 합니다. 그리스도인은 가정에서, 학교에서, 직장에서 별처럼 빛나야 합니다.

우리의 잘못된 지식이나 친절이 때로는 남에게 피해를 줄 수 있습니다. 나의 잘못된 자아나 이기적인 욕심이 남에게 커다란 아픔과 상처를 주는 경우도 많습니다. 그렇다면 예수님을 믿고 하나님의 영광을 맛본 우리가 이 세상에 베풀 수 있는 친절은 무엇일까요? 우리가 줄 수 있는 가장 최고의 친절은 예수님을 전하는 것입니다. 예수님을 만나지 못한 인생은 결코 행복할 수 없습니다. 예수를 알고 예수를 알리는 우리가 되길 소망합니다.

4

예수 예수 믿는 것은

죄의 쇠사슬을 끊고
자유의 몸이 되는 것입니다

진정한 자유로 나아가는 변화는 예수님을 만나면서 시작됩니다. 종교인의 딱지를 떼고 진정한 신앙인으로 출발하는 자리도 주님과의 인격적인 만남입니다.

미국 오클라호마 주립대학교의 연구 팀은 동물이 어느 정도의 지능을 가지고 있는지 지능 한계를 실험해 보기 위해 15세 된 침팬지에게 수화를 가르쳤습니다. 갖은 노력을 동원해서 140여 개의 단어를 가르치고, 단어들을 조합할 수 있게 했습니다. 훈련이 다 끝나고 침팬지가 수화를 통해 어떤 의사를 표현할지 연구 팀의 관심이 집중되었습니다. 마침내 침팬지가 표현한 말은 이것입니다.

"Let me out"(나를 놔두세요).

누군가 "당신은 왜 예수를 믿습니까?"라고 묻는다면 어떻게 대답하겠습니까? 우리는 신앙을 갖게 된 이유를 여러 가지로 말할 수 있을 것입니다. 그중 가장 간단하게 기독교 신앙의 핵심을 함축적으로 표현하면 "자유로운 사람이 되기 위해서"입니다. 기독교 신앙의 정곡을 찌르는 답입니다. 예수님의 십자가 복음은 구원의 은총을 줄 뿐만 아니라 그리스도 밖에 있을 때 나를 옭아매던 온갖 굴레와 집착과 결박을 끊어 버리는 것입니다. 모든 것으로부터 우리를 자유롭게 하는 것입니다. 즉 우리는 자유로운 사람이 되기 위해 예수님을 믿는 것입니다. 스스로 점검해 봅시다. '나는 정말 복음의 능력 안에 있는 사람으로 자유를 누리며 살고 있는가?'

이 땅에서 살아가는 현대인들을 보십시오. 자유인이라고 하지만 사실은 철저히 굴레에 갇혀 있습니다. 가난이 싫어 그저 풍요로운 삶이라는 꿈을 품고 물질에 조금 관심을 가졌을 뿐인데, 어느 날부터인가 주객이 전도되어 돈에 발목이 잡힌 채 돈에 끌려다니며 수전노처럼 살아가는 사람들이 한둘이 아닙니다.

대구에 있는 한 기도원에서 집회를 가졌을 때의 일입니다. 기도원으로 올라가는 길 입구에 스크린 경마장이 있었습니다. 그곳에 얼마나 많은 사람이 모여 있던지 영업용 택시만 수십 대가 대기하고 있었습니다. 수입이 넉넉하지 않은데도 일을 다 내려놓고 스크린 경마장에 왔다가 힘없이 빠져나오는 사람들의 허탈한 모습을 보고 있노라니 그 좁은 공간 안에서 무슨 일이 일어나는지 충분히 상상할 수 있었습니다. 예수님을 믿고 구원받아 성도라 불리고 직분을 받았지만 여전히 술과 담배조차 해결하지 못해 절절매는 사람도 너무나 많습니다. 이것은 자유인의 모습이 결코 아닙니다.

마가복음 본문의 주제는 바로 '자유'입니다. 우리는 여기서 악령에 묶여 철저히 지배당한 한 사람을 만나게 됩니다. 이 청년은 귀신에게 붙잡혀서 꼼짝 못하고 있었습니다. 옷을 벗고 괴성을 지르고 돌로 자기 몸을 자해하면서 무덤가에서 짐승처럼 살고 있었습니다. 귀신에게 붙잡힌 사람에게 절실하게 필요한 것은 자유입니다. 가족이나 그의 허물어진 삶을 지켜보는 많은 사람은 그가 제정신을 찾기를 바랐습니다. 그에게 자유는 오래전부터 간절한 소망이었을 것입니다.

결박된 인생

예수님은 갈릴리 호수 건너편 거라사 지방에 도착하셨습니다. 그때 한 사람이 예수님 앞에 나타났는데 그는 악한 귀신에 붙들려 정상적인 생활을 하지 못하고 있었습니다. 가정과 사회로부터 격리되어 무덤가에 거처하며 고독하게 살아가고 있었습니다. 이리저리 헤매고 다니면서 짐승처럼 밤낮으로 울부짖었습니다. 사람의 모습이 아니라 인간성을 상실한 금수와 같았습니다.

처음 이 사람을 접했을 때 가족과 주변 사람들이 겪었을 당황과 고통을 우리는 충분히 이해할 수 있습니다. 쇠사슬에 묶어 가두어 보기도 하고 백방으로 약도 써 보는 등 갖은 수단과 방법을 동원했지만 소용이 없었을 것입니다. 여전히 결박으로부터 자유롭지 못해서 마침내 가정과 공동체로부터 버림받고 짐승처럼 살고 있었던 것입니다.

그런데 본문을 조금만 깊이 생각하면 깨닫게 되는 중요한 사실이 있습니다. 철저히 귀신에게 붙잡혀 제정신이 아닌 삶을 살아가는 거라사 광인의 비참한 모습은 단지 그 사람의 모습만은 아니라는 사실입니다. 하나님을 만나지 못한 채 죄 아래에서 신음하는 모든 인생의 실상인 것입니다. 하나님을 떠나 버린 인간의 모습은 바로 그 광인과 다를 바 없습니다.

예수님 없는 인생은 죄와 사탄의 종이 되어 아무런 소망 없이 결박 아래 끌려다니고 억압과 고통을 당합니다. 그러다 마침내 죽음 앞에서 심판을 받고 더 영원한 고통 속 형벌을 받아 멸망할 처지에 놓여 있습니다. 이것이 바로 예수님을 만나지 못하고 죄 문제로 신음하고 있는 이 땅의 모든 인생의 실상입니다.

거라사 광인의 포악한 모습은 공공연하게 악의를 드러내는 죄에 붙들린 인생의 모습을 그대로 투영합니다. 비인간성 그 자체입니다. 인간성을 상실하고 수치를 모르고 절제도 모릅니다. 우리는 매스컴을 통해 '인간이 얼마나 악할 수 있는가?'를 날마다 보고 있습니다. 어떻게 이런 일이 가능할까요?

구소련의 망명 작가 알렉산더 솔제니친은 이렇게 말했습니다.

"나는 러시아의 공산 혁명사 연구에 50년을 바쳐 왔다. 그 과정에서 수백 명의 사람과 면담했고 수백 권의 책을 읽었다. 누군가 왜 6,000만 명의 생명을 죽인 피의 혁명이 일어났느냐고 묻는다면 그 대답은 하나이다. 사람들이 하나님을 잃어버렸기 때문이다."

그는 이념 하나로 수천 명의 동족을 죽인 이유가 무엇이냐는 질문에 '하나님을 잃어버렸기 때문'이라고 답했습니다. 이처럼 하나님을 잃어버린 것은 간단한 문제가 아닙니다. 고속으로 질주하던 자동차의 운전자가 갑자기 사라진 것과 같습니다. 고공을 어마어마한 속도로 항해하던 비행기의 조종사가 갑자기 사라져 버린 것과 같은 상황입니다.

생수의 근원 되시는 하나님을 잃어버린 인생은 뻥 뚫린 구멍을 채우려고 다양한 것을 시도하지만 여전히 사라지지 않는 갈등에 날뜁니다. 이것은 철저히 죽어 가는 인생, 허물어진 삶입니다. 혼을 놓고 옷을 벗고 괴성을 지르고 자해해야만 그런 것은 아닙니다. 멀쩡한데도 얼마든지 의지와 생각이 사탄의 지배 아래 있을 수 있습니다. 악한 영들이 그들의 배후에 도사리고 있습니다. 자신이 붙들고 소유하고 있는 것처럼 보이지만 철저히 돈 귀신, 권력, 악습 등 세상에 붙들려 있습니다. 예수님을 믿고 예수님을 나의 주라고 선언하지만 여전히 마음 깊은 곳에서는 '돈이 있어야 해'라고 주장하며 신앙인의 기본 의무조차 묵인하는 사람들이 너무나도 많습니다. 맘몬 귀신이 그들을 강력한 줄로 붙잡고 있는 것입니다.

C. S. 루이스는 예수님을 만나 회심하기 이전의 자기 삶을 이렇게 묘사했습니다.

"욕망이라는 동물원, 야망의 아수라장, 두려움의 온상, 증오의 하렘(harem)이었다."

그는 비전 혹은 소망이라는 이름으로 거창하게 포장하면서 하고 싶은 것과 갖고 싶은 것을 좇고 집착했는데, 돌아보니 욕망이 모인 동물원이고 야망이 만든 아수라장이고 두려움의 온상이었다고 고백했습니다. 그리고 이어서 "그때 나의 이름은 레기온(군대)이었다"라고 했습니다. 말씀에서 거라사 청년을 붙잡고 있던 귀신의 이름이 '레기온'이었습니다. 이 축사 이야기의 이미지를 상기시킵니다.

마가복음을 처음부터 읽다 보면 발견하는 놀라운 사실이 있습니다. 1장부터 5장까지 영적 전쟁의 연속이라는 점입니다. 소명인으로 살아야 할 우리의 눈을 가려서 '인생 별것 있냐?' 하며 마음대로 살게 하는 것입니다. 교회는 다니지만 분명한 정체성을 잃고 놀라운 구원의 은총만 받고 되는 대로 살다가 목직과 소명도 놓친 채 쉽게 하려는 것이 사탄의 무서운 전략입니다. 마가복음 곳곳에서 그 집요하고 무서운 공격이 성도들을 향하고 있다는 사실을 발견하게 됩니다. 하나님의 형상대로 지음 받은 한 인간이 어떤 이유로든 그를 붙잡고 있는 더러운 억압과 굴레에 매여 고통 받다가 결국 자멸하는 것이 바로 사탄의 술책입니다.

사람들은 무엇인가에 붙들려 살아갑니다. 스스로 자유자라고 믿지만 철저히 농락당하고 있는 것입니다. 돈 귀신, 술 귀신, 음란 귀신, 쾌락과 죽음의 신이 그들을 붙잡고 있습니다. 멋진 넥타이를 매고 좋은 차를 타고 그럴듯하게 폼을 잡지만 가까이 가 보면 호흡할 때마다 신음 소리를 내며 죽어 가고 있다는 것을 알 수 있습니다. 귀신은 죽을 때까지 끌고 다닙니다. 요한복음 10장 10절은 "도둑이 오는 것은 도둑질하고 죽이고 멸망시키려는 것뿐이요 내가 온 것은 양으로 생명을 얻게 하고 더 풍성히 얻게 하려는 것이라"고 전합니다.

예수와의 만남

그렇다면 거라사 광인은 어떻게 구원받았을까요?

> "배에서 나오시매 곧 더러운 귀신 들린 사람이 무덤 사이에서 나와 예수를 만나니라"(막 5:2).

예수님을 만남으로 반전이 가능했습니다. 진정한 자유로 나아가는 변화는 예수님을 만나면서 시작됩니다. 종교인의 딱지를 떼고 진정한 신앙인으로 출발하는 자리도 주님과의 인격적인 만남입니다. 예수님은 거라사 광인을 만나자마자 그의 안에 있는 어둠의 세력들을 향해 "더러운 귀신아 그 사람에게서 나오라"고 선포하셨습니다. 그러자 귀신이 떠났습니다. 마침내 거라사 광인은 정신이 온전해졌습니다.

> "예수께 이르러 그 귀신 들렸던 자 곧 군대 귀신 지폈던 자가 옷을 입고 정신이 온전하여 앉은 것을 보고 두려워하더라"(막 5:15).

주님과 만날 때 우리는 완전히 회복될 수 있습니다. 거라사 광인도 예수님을 만나자 더 이상 옷을 벗지 않았습니다. 소리를 지르거나 돌로 몸을 상하게 하지도 않았습니다. 정신이 온전해진 것입니다. 예수님은 바로 이 일을 위해 오셨습니다.

"죄를 짓는 자는 마귀에게 속하나니 마귀는 처음부터 범죄함이라 하나님의 아들이 나타나신 것은 마귀의 일을 멸하려 하심이라"(요일 3:8).

예수님은 우리에게 자유를 주시기 위해 이 땅에 오셨습니다. 인생을 옭아매고 있는 모든 것으로부터 자유를 주시기 위해 십자가에서 돌아가셨습니다. 가난과 질병과 죽음과 저주와 세상의 모든 마귀의 권세가 여기에 포함됩니다.

우리는 가엾은 거라사 광인의 모습에서 사탄의 진정한 의도를 발견할 수 있습니다. 귀신들의 목표는 하나님의 형상으로 창조된 사람들을 파괴하는 것입니다. 어떤 이유로 발을 들여놓았든 꽁꽁 묶어 목적과 분별력도 다 잃고 미치게 만들어 죽음까지 끌고 가는 것입니다. 예수님이 지배하시지 못한 영혼을 끌고 가는 사탄의 행동이 얼마나 무섭고 파괴적인지 너무나 잘 보여 줍니다. 우리가 그리스도의 능력을 무시할 때 사탄은 자유롭게 우리를 지배하게 될 것입니다.

하나님 나라의 도래는 어떻게 시작됩니까? 사탄의 나라가 무너지고 귀신들의 세력과 저항을 굴복시키는 데서 나타납니다. 복음 안에 있는 우리는 예수님의 손을 잡고 이 놀라운 은혜와 능력을 경험해야 합니다. 진리 안에 있는 진정한 자유를 만끽하는 참 신앙인의 모습이 우리 안에 있어야 합니다. 예수님은 마귀의 세력을 참패시키십니다. 그러므로 그리스도 안에 있는 사람들은 마귀를 두려워할 필요가 없습니다.

"내가 너희에게 뱀과 전갈을 밟으며 원수의 모든 능력을 제어할 권능을 주었으니 너희를 해칠 자가 결코 없으리라"(눅 10:19).

이 약속의 말씀을 붙드십시오. 이런저런 이유로 나를 잡고 있는 것을 벗어 버리고 의지적으로 주를 바라보며 한 걸음씩 내디딜 때 하나님은 일어설 수 있는 힘을 공급해 주십니다. 예수님을 만나기만 하면 모든 결박에서 자유로워질 수 있습니다.

정신과 의사인 폴 투르니에의 책에는 30년 동안 정신과 의사에게 치료를 받으러 다닌 스위스 여인에 대한 이야기가 나옵니다. 대개 정신병의 원인을 분석해 보면, 과거의 괴로웠던 일이나 어렸을 때 받았던 상처 또는 충격으로 인한 사례가 많다고 합니다. 그래서 그들의 의식 속에서 원인을 찾아내 치료하는 것이 일반적인 치료법입니다. 그런데 그녀는 의식과 과거를 분석해 보아도 원인을 알 수가 없었습니다.

그리스도인인 폴 투르니에는 그녀와 함께 기도했습니다. 그녀는 즉시 예수님을 영접했고 지금까지 지은 죄를 낱낱이 회개했습니다. 그리고 이렇게 말했습니다.

"나는 새로운 사람이 되었습니다. 이렇게 황홀한 자유가 있다는 것을 지금까지 모르고 지냈습니다. 예수님이 나를 고쳐 주셨고 나는 주님 안에서 자유와 해방을 얻었습니다."

예수님을 영접하고 회개한 순간, 여인은 성령으로 거듭남을 체험했습니다. 성령이 30년 넘게 그녀를 점령하고 괴롭히며 혼란한 삶을 살게 했던 악령을 한순간 쫓아내 주신 것입니다. 예수님을 만나면 사탄의 나라는 무너집니다. 예수님이 지배하시는 신앙인의 삶은 매우 단순합니다. 주님 가까이에 있게 되고 자신에게 필요 없는 것을 정리하게 되며 '나의 것'이나 '우리의 것' 같은 소유격만 사랑했던 담장이 하나둘씩 무너집니다. 마틴 루터는 이렇게 말했습니다.

"물고기가 물에서 자유를 얻고 병아리가 어미 닭 나래에서 자유를 얻듯이, 성도는 그리스도 안에 있을 때 자유를 누리게 된다."

변화된 삶

귀신 들렸다가 깨끗하게 고침 받은 청년은 즉시 예수님을 따르기를 원했습니다. 그러나 정작 예수님은 불신앙이 만연해 있는 거라사 지방, 곧 집에 남아서 복음을 증거하라고 명령하셨습니다.

> "허락하지 아니하시고 그에게 이르시되 집으로 돌아가 주께서 네게 어떻게 큰 일을 행하사 너를 불쌍히 여기신 것을 네 가족에게 알리라 하시니"(막 5:19).

예수님을 따르는 제자로 수동적으로 머물러 있지 말고 놀라운 일을 가속에게 알리라고 하신 것입니다. 온 동네를 세 바퀴나 돌이도 믿겠다는 사람이 하나 없고 소금만 두 바가지 뒤집어쓰더라도 끊임없이 복음을 전하고 나를 통해 십자가의 능력을 흘려보내야 하는 이유가 여기 있습니다. 그것은 바로 치유를 받은 사람이 예수님과 함께 남는 것을 허락하지 않으신 것조차 치유의 일부라는 사실입니다. 복음 안에서 변화된 자로 새로운 삶을 살며 비유대인 지역에서 예수님이 하신 일을 알리는 것이 예수님의 치유 사역의 마침이요, 마지막 처방전이었던 것입니다.

우리도 마찬가지입니다. 우리는 모두 믿음의 이야기를 가지고 있습니다. 하나님이 우리에게 선하심을 보이시거나 우리 삶에 역사하신 구원의 능력을 알고 있습니다. 우리는 다른 이들에게 이 사실을 말해야 합니다. 모든 사람이 선교사처럼 선교지를 다닐 수는 없습니다. 바로 여기, 내가 선 곳에서 하나님이 하신 일을 말하는 것이 우리에게 주어진 일입니다. 그러므로 하나님이 나의 삶을 만지신 놀라운 일을 가족과 친지들에게 나누는 것을 두려워해서는 안 됩니다. '내가 선 자리에서 나는 선교사다'라는 사실을 반드시 기억하십시오. 예수님은 각자의 삶 속에서 복음의 빛을 비추도록 요구하십니다. 그러므로 스스로 하나님을 전하는 데 열정적인지 점검해 볼 필요가 있습니다.

은혜로 고침 받은 거라사 청년은 집으로 돌아가 친족에게 자신에게 일어난 놀라운 일을 이야기했습니다. 그리고 거기에 머물지 않고 자신이 살고 있던 데가볼리 전 지역에 복음을 전했습니다. 이 아름다운 변화의 결과는 이렇습니다.

"그가 가서 예수께서 자기에게 어떻게 큰 일 행하셨는지를 데가볼리에 전파하니 모든 사람이 놀랍게 여기더라"(막 5:20).

선교는 먼저 가정에서 시작되어(행 16:31) 땅끝까지 확장되어야 합니다. 내가 만난 예수님을 다른 사람에게 자랑하는 것이 바로 전도입니다.

자유를 누리고 전하라

거라사 광인이 변화받은 사건은 우리에게 두 가지 교훈을 줍니다.

첫째, 자유를 누리라는 것입니다. 교회에 다니는 수준에서 끝내지 말고 복음의 능력 안에서 모든 구속으로부터 자유롭게 하시는 자유를 누릴 수 있어야 합니다. 예수님은 죄, 죽음, 술, 악습, 물질 등 나를 잡고 있는 모든 것으로부터 자유를 주십니다. 복음이 우리에게 자유를 줍니다.

그렇다면 우리는 어떻게 이 자유에 머물러 있을 수 있을까요? 신학자 에밀 브루너는 《정의와 자유》(대한기독교서회, 2007)라는 책에서 이렇게 절묘한 표현을 했습니다.

"인간은 자유롭다. 그러나 그 자유는 하나님께 얽매일 때 비로소 자유한 것이다."

이것은 자유의 역설을 말한 것입니다. 구속 속에 참 자유가 있습니다. 물고기는 물속에서 자유롭습니다. 물고기에게 물은 절대 장애물이 아닙니다. 물이 싫다고 튀어나오면 바로 죽음입니다. 마찬가지로 하나님을 떠난 인간의 삶은 진정한 삶이 아닙니다. 요한복음 8장 32절은 "진리를 알지니 진리가 너희를 자유롭게 하리라"고 전합니다.

둘째, 자유를 선포하라는 것입니다. 변화받은 거라사 청년을 향해 주님은 "제자로 남아서는 안 된다. 가서 친족에게 내가 어떤 일을 행했는지 선포하라"고 하셨습니다. 이것이 마지막 처방이었습니다. 우리는 모두 이 처방전을 손에 들고 있습니다. 우리의 구원이 더 온전한 자리에 머물기 위해서는 예수님의 이 말씀까지 실천해야 합니다.

사람을 자유롭게 하는 일을 실천하는 자가 주님의 제자입니다. 주님의 제자는 주님이 하신 일을 이어서 해야 합니다. 주의 영으로 먼저 자유인이 된 후에 악한 제도와 여러 가지 죄에 눌린 자들을 자유롭게 해야 합니다. 자유를 누리는 데서 그치지 말고 더 적극적인 신앙인으로 사십시오. 예수님이 치유받은 사람을 남게 하지 않으신 것 역시 치유의 일부였다는 사실을 기억하십시오. 우리는 복음 안에 변화된 자로서 새로운 삶을 살아야 합니다. 내가 만난 예수님을 자랑하는 것이 건강한 신앙인의 모습입니다.

장 아메리는 아우슈비츠에서 살아남은 3대 작가 중 한 사람입니다. 그는 자유를 주창했습니다. 심지어 생명조차 자신의 것이고 자살할 권리도 자신에게 있다고 주장했습니다.

"인간은 전적으로 자유롭다. 생명은 누구에게도 귀속되지 않고 오로지 자기의 것이다. 무엇으로도 속박당해서는 안 된다."

이런 정신으로 쓴 책이 《자유 죽음》(산책자, 2010)인데, 그는 책을 쓰고 몇 년 후 죽음을 실행에 옮겼습니다. 자유로 스스로의 생명을 끊는 일을 선택한 것입니다.

성경에도 자유를 외친 인물이 있습니다. 바로 바울입니다. 바울은 신약성경의 절반을 쓰고 복음을 두루 전파했습니다. 그 과정에서 말로 다 할 수 없는 고통을 겪었습니다. 그 역시 자유에 관한 책인 '갈라디아서'를 저술했습니다. 그리고 어떤 것도 예수님의 은혜로부터 우리를 속박할 수 없다는 존엄한 자유를 선언했습니다.

"우리는 종이 아니라 아들이며, 노예가 아니라 자유인이다."

장 아메리와 바울, 두 사람은 모두 자유를 제한하는 일체의 구속을 혐오했습니다. 그러나 장 아메리는 자유를 자신의 것으로 여기고 죽음을 결정할 권리도 자신에게 있다고 여겨 그 권리를 실천했습니다. 반면 바울은 자유를 하나님의 것으로 여기고 사랑으로 섬기는 종노릇을 기꺼이 감수했습니다. 많은 사람에게 복음을 전했고 두들겨 맞고 고통을 당하면서도 귀신의 저주에 붙들린 자들을 자유롭게 했습니다. 그 결과, 바울을 통해 수많은 사람이 주님 앞으로 돌아왔습니다.

한 사람은 자살했고, 한 사람은 묶인 영혼들의 자유를 위해 순교했습니다. 마지막으로 던지고 싶은 도전이 바로 이것입니다. '자유를 가지고 어떻게 살 것인가? 살릴 것인가, 죽을 것인가?' 주님 안에서 자유를 누리고 참된 자유로 다른 이들을 섬길 수 있기를 바랍니다.

왜 예수님이 배를 타고 풍랑이 이는 강을 건너 이방인 땅 거라사까지 가셨을까요? 바로 인간 취급도 못 받고 무덤가에서 지내며 죽어 가는 광인 한 사람을 살리려고 가신 것입니다. 이것이 바로 예수 그리스도의 마음입니다. 우리도 예수님의 이 마음으로 죽어 가는 영혼들에게 예수님의 주 되심을 외쳐야 할 것입니다.

5

예수 예수 믿는 것은

하나님의 사랑을
세상에 전하는 것입니다

하나님의 큰 사랑을 체험하고 천하보다 소중한 생명의 무게를 깨달은 우리는 이제 시시한 일에 관심을 끊어야 합니다. 하나님의 마음과 하나님의 눈물이 있는 생명을 살리는 일에 더 헌신하십시오.

하나님의 말씀을 한마디로 표현하면 '사랑 이야기'입니다. 잃어버린 한 영혼에 대한 하나님의 사랑을 기록한 책이 바로 성경인 것입니다.

유명한 신학자인 칼 바르트가 학자들이 모인 세미나에서 이런 질문을 받았다고 합니다. "교수님은 성서에 대해 많은 연구를 하셨는데, 한마디로 성경의 진리는 무엇입니까?" 그는 미소를 띠며 "성경은 결국 '예수 사랑하심을 성경에서 보았네'라는 한마디로 요약할 수 있습니다"라고 답했습니다. 그러자 그 자리에 참석한 학자들이 웃음을 터뜨렸습니다. 왜냐하면 이 대답은 누구나 알 수 있는 어린이 찬송가를 인용한 것이기 때문이었습니다. 그러나 그 속에는 깊은 연구의 결과가 그대로 담겨 있었습니다.

예수님이 우리를 사랑하신다는 사실은 어린이들뿐 아니라 어른들에게도 유일한 진리요, 성경 전체를 묶어 놓은 중심 진리입니다. 성경 매 장마다 영혼을 애틋하게 사랑하시는 하나님의 눈물이 묻어 있습니다. 하나님의 사랑이 빽빽하게 기록되어 있습니다. 우리가 잃어버리고 놓쳤던 하나님의 마음, 하나님의 눈물을 다시 느끼고 회복할 수 있기를 바랍니다.

바울의 고린도 사역은 역경의 연속이었습니다. 곳곳에서 이어지는 비방과 저항과 어려움이 굉장했습니다. 복음을 전하는 데 탁월한 전도자이자 고난을 받는 데 익숙했던 바울조차 너무 힘겨워 고린도 사역을 그만두고 싶은 마음이 간절했습니다. 그러자 하나님은 다양한 각도에서 바울의 사역을 지원하셨습니다.

첫 번째로 '브리스길라'와 '아굴라'라는 주님을 진정 사랑하고 복음을 위해 헌신된 평신도 부부를 보내 주셨습니다. 두 번째로 '실라'와 '디모데'라는 전문 사역자들을 바울의 고린도 사역에 투입해 측면으로 지원하셨습니다. 그럼에도 하나님은 혹 바울이 고린도 사역을 그만둘까 싶어 결정적인 지원을 하셨습니다. 밤에 환상 가운데 나타나 직접 확신을 주신 것이었습니다.

> "밤에 주께서 환상 가운데 바울에게 말씀하시되 두려워하지 말며 침묵하지 말고 말하라 내가 너와 함께 있으매 어떤 사람도 너를 대적하여 해롭게 할 자가 없을 것이니 이는 이 성중에 내 백성이 많음이라 하시더라"(행 18:9-10).

사실 하나님은 거의 눈물을 흘리시면서 이 말씀을 하신 것입니다. "내가 왜 네가 고린도 사역을 주저하는 것을 막고, 네가 왜 고린도 사역에서 손을 뗄 수 없는 줄 아느냐? 네가 보기에는 소망이 없고 죄악만 가득한 도성이지만 이 성 곳곳에 복음의 은혜를 입고 나에게 돌아와야 할 내 백성이 많기 때문이다." 하나님이 고린도를 포기하실 수 없는 이유에 대해 이렇게 설명하셨습니다.

아무리 날마다 성경을 읽고 제자 훈련을 받고 말씀 묵상을 해도 내게 필요한 구절만 볼 뿐 하나님의 눈물, 잃어버린 영혼을 향한 하나님의 마음을 간과한다면 그는 장성한 그리스도인이라고 말할 수 없습니다. 예수님을 오랫동안 믿고도 좋아하는 구절만 외우고 하나님께 축복을 달라고 협박하듯 기도하는 그리스도인들이 얼마나 많은지 모릅니다. 이제 우리가 하나님의 눈물을 닦아 드려야 합니다.

다양한 저항들

죽어 가는 영혼을 살리려고 하면 저항이 있기 마련입니다. 실제로 전도 현장에 나가 보면 알 수 있습니다. 결코 우리를 환영해 주지 않습니다. 예상외의 저항, 비방, 조롱, 멸시로 인해 좌절을 맛볼 때가 많습니다. 왜 선교나 전도의 현장에 순종하면서 나아가는데 정작 상황은 좋지 않은 것일까요? 우리가 전도하고 살리려는 믿지 않는 영혼의 배후에는 보이지 않는 영적 배경이 존재하기 때문입니다. 이 사실을 이해해야만 우리에게 닥쳐오는 저항을 이해할 수 있습니다.

> "그중에 이 세상의 신이 믿지 아니하는 자들의 마음을 혼미하게 하여 그리스도의 영광의 복음의 광채가 비치지 못하게 함이니 그리스도는 하나님의 형상이니라"(고후 4:4).

겉으로 보기에 예수님을 믿지 않는 사람은 멀쩡해 보입니다. 그러나 그들 뒤에는 어둠의 영들이 있어 그들의 눈, 코, 귀, 입을 꽉 막고 있습니다. 그래서 전도자들이 "예수님이 그리스도이시고 예수님을 믿어야 살 수 있고 죄 사함을 받는다"라고 아무리 외쳐도 전혀 의미 있는 소리로 들리지 않습니다. 그래서 구원받는 데 어려움이 있는 것입니다. 복음을 전하는 교회가 선교하고 전도하는 일에서 계속 저항을 받는 이유가 바로 이것입니다. 사탄은 사람들이 복음을 듣고 예수님께 가 버리면 자신과 영 이별이기 때문에 필사적으로 막으려고 합니다.

마틴 루터는 "사탄은 죽은 말을 걷어차지 않는다"라고 말했습니다. 사탄은 이미 분별력을 잃고 자기편이 되어 들쭉날쭉하는 오합지졸들에게는 시비를 걸지 않습니다. 반면 복음의 능력을 가지고 담대하게 선포하는 개인, 교회, 선교사, 전도자에게는 저항이 있을 수밖에 없습니다. 영적 전쟁이 벌어지는 것입니다. 사악한 대적 사탄이 가만두지 않는 것입니다.

바울의 고린도 사역도 그러했습니다. 바울은 1차 전도 여행의 마지막 단계로 아덴을 거쳐 고린도에 왔습니다. 아덴은 신사적이라고 소문난 곳이어서 좋은 열매를 기대했지만 전도의 열매가 마땅히 없었고 가는 곳마다 조직적인 방해가 나타났습니다. 바울은 심적으로 압박을 받고 쫓겨나듯이 아덴을 빠져나와 고린도에 당도한 것이었습니다. 그런데 고린도의 상황은 더 열악했습니다. 심지어 알지도 못하는 신까지 숭배하는 우상의 도시요, 철학의 도시가 고린도였습니다. 상업의 요충지이자 동서양의 교역을 이루는 항구 도시로 경제적으로 넉넉하다 보니 당연히 도덕적으로 타락했고 음란과 패역이 난무했습니다. 당시 정말 타락한 사람을 "고린도 사람 같다"라고 할 정도였습니다.

열매를 기대했던 아덴에서 쫓겨났는데 더 힘들고 어렵고 사악한 도성에서 사역을 시작하며 또다시 비방과 조롱을 받게 되자 바울의 그 마음이 어떠했겠습니까? 고린도전서 2장 3절에는 그때 바울의 심정이 "약하고 두려워하고 심히 떨었노라"고 나와 있습니다.

그러나 바울은 억지로라도 두려움을 억누르고 예수님이 그리스도이심을 밝혔습니다. 유대인들 앞에서 복음을 담대히 전했습니다. 그때 회당장 그리스보 같은 유력자의 온 집안이 예수님을 믿게 되었고, 이후 많은 사람이 예수님을 믿는 일들이 일어났습니다. 그러자 대적들이 더 심하게 일어나 비방하고 훼방했습니다.

바울은 인간적으로 지칠 대로 지쳤습니다. '이제 더 이상 못하겠다!'

하고 한계를 선언할 때쯤 하나님이 나타나 힘을 주셨습니다.

"침묵하지 말고 말하라 내가 너와 함께 있으매 어떤 사람도 너를 대적하여 해롭게 할 자가 없을 것이니 이는 이 성중에 내 백성이 많음이라"(행 18:9-10).

바울은 하나님의 격려에 힘입어 주저하며 시작했던 고린도 지역에 1년 6개월 동안 머물며 복음을 전할 수 있었습니다. 그리고 고린도 교회라는 건강한 교회 하나를 굳게 세울 수 있었습니다.

오늘날 우리가 사는 도시는 고린도 못지않습니다. 겉으로 보기에는 세계적인 도시에서 번쩍번쩍 폼나게 살지만 죄에 사로잡혀 우리가 상상할 수 없는 더럽고 추한 일들이 곳곳에서 벌어지고 있습니다. 그러나 고린도 같은 이곳에 숨겨진 영혼들이 얼마나 많습니까? 예수님을 믿지 않고 죽으면 심판을 면할 길이 없습니다. 그들은 지옥에서 벗어날 수 없는 절망을 향해 한 걸음씩 내딛고 있는 것입니다. 하나님은 오늘도 그런 영혼을 보며 안타까워하시고 우리를 독려하십니다. "침묵하지 말고 말하라. 무엇을 겁내느냐? 내가 도와주겠다."

우리가 친구를 진정 사랑하는 마음으로 전도하면 그들은 한마디씩 합니다. "배울 만큼 배운 사람이 왜 그래? 듣기 싫다고 몇 번이나 이야기했는데 왜 자꾸 말해?" 그러면 우리도 속상합니다. 그런 저항을 만나면 딱 그만두고 싶습니다. 그러나 이 일이 힘들고 어렵다고, 무시받는다고 이 일을 포기해서는 안 됩니다. 왜냐하면 하나님의 마음을 알기 때문입니다. 하나님은 실망해서 복음 선포하기를 접거나 주저하는 우리에게 용기를 주십니다. 우리는 하나님의 선교적 부르심에 "아멘!"으로 응답해야 합니다. 그들을 절망 중에서 끌어내야 합니다.

전도는 어렵지 않습니다. 물론 영혼에 대한 거룩한 부담은 필요하지만 떨 것은 없습니다. 사람들의 무관심과 면박, 외면과 질시는 모두 그냥 흘려버리십시오. 예수님은 우리를 위해 몸이 찢겨 죽으셨는데, 그분의 은혜와 희생으로 예수님을 믿고 구원받아 그 사랑을 체험한 우리가 그 정도쯤은 감당해야 하지 않겠습니까? 하나님은 복음을 위해 인생을 거는 자와 동행하시고 그를 축복하며 지켜 주십니다(마 28:20).

진정 교회와 성도가 하나님이 원하시는 일에 집중하면 그다음은 하나님이 해결해 주십니다. 구세군을 창설한 윌리엄 부스는 사역이 확장되면서 여러 가지로 경제적인 어려움에 직면했을 때, 엘리자베스 여왕의 초대를 받았습니다. 직원들은 여왕의 도움을 받을 기회라며 기뻐했습니다. 그러나 여왕이 그의 업적을 치하하면서 "내가 도와줄 일이 있는가?"라고 물었을 때 윌리엄 부스는 이렇게 대답했습니다. "전도자에게 잃어버린 영혼의 구원 말고 무엇을 구할 일이 있겠습니까? 더 많은 영혼을 구원할 수 있도록 기도해 주십시오."

여왕을 만나고 나온 그에게 직원들이 "왜 도움을 청하지 않았습니까?"라고 묻자 그는 이렇게 대답했습니다. "우리가 주님의 유일한 관심을 이행한다면 나머지는 그분이 책임져 주시지 않겠는가?" 그가 얼마나 하나님 나라의 확장에만 전념했는지를 알 수 있습니다.

하나님이 살아 계시고 지금도 일하시며 그분의 마음이 정말 잃어버린 한 영혼에게 있고 그것 때문에 눈물을 흘리신다면, 하나님은 그분의 마음을 이해하고 그 일에 헌신하는 개인과 교회를 마땅히 책임져 주실 것입니다. 예수님은 이렇게 말씀하셨습니다.

"그런즉 너희는 먼저 그의 나라와 그의 의를 구하라 그리하면 이 모든 것을 너희에게 더하시리라"(마 6:33).

우리가 너무 잘 아는 말씀입니다. 그러나 문제는 우리의 우선순위가 말씀대로 바뀌지 않았다는 것입니다. 사실 그때까지 우리는 이 구절을 모르는 것입니다. 우리의 우선순위를 하나님의 마음과 눈물이 있는 복음 전파 사역에 먼저 드리면 나머지 필요한 것은 하나님이 다 이루어 주실 것입니다. 복음 전도는 반드시 해야 할 일입니다.

예수님의 전도

우리의 구주 되신 예수님도 천국 복음을 전파하셨습니다. 예수님은 공적 생애 3년 동안 자신이 이 일을 위해 왔다는 사실을 한순간도 잊지 않으셨습니다.

"이르시되 우리가 다른 가까운 마을들로 가자 거기서도 전도하리니 내가 이를 위하여 왔노라"(막 1:38).

예수님은 말씀만 하시지 않고 실제로 갈릴리를 두루 다니며 복음을 전하고 회당에서 가르치셨습니다. 갈릴리는 넓은 지역이 아니었지만 당시는 이동 수단이 도보였기 때문에 쉬운 일은 아니었습니다. 유대사가 요세푸스의 기록에 의하면, 갈릴리에는 204개의 도시와 작은 마을이 있었다고 합니다. 각 도시에 적어도 15,000명 이상의 사람들이 살았고 성벽이 있는 도시만 합쳐도 300만 명의 인구가 있었습니다. 매일 두 마을씩 돌아도 한 바퀴를 도는 데 세 달이 걸리는 힘들고 벅찬 사역이었습니다. 그러나 하나님이신 예수님은 마을을 두루 다니며 전도하는 일에 헌신하셨습니다.

이제 우리가 전해야 합니다. 구원의 은혜를 알고 하늘 소망을 소유한 자들인 우리가 외치지 않으면 아무도 알 수 없습니다. 아무리 맛있는 음식을 사 주고 선을 베풀어도 그로써 예수가 그리스도이시라는 사실을 알 수는 없습니다. 무지한 인생이 어떻게 스스로 예수님을 믿고 지옥 형벌을 피할 수 있겠습니까?

"그런즉 그들이 믿지 아니하는 이를 어찌 부르리요 듣지도 못한 이를 어찌 믿으리요 전파하는 자가 없이 어찌 들으리요 보내심을 받지 아니하였으면 어찌 전파하리요 기록된 바 아름답도다 좋은 소식을 전하는 자들의 발이여 함과 같으니라"(롬 10:14-15).

들어야 살 수 있습니다. 그 전에 누군가가 전해 주어야 들을 수 있습니다. 그러므로 복음을 들려줄 전도자가 반드시 필요합니다. 전도하지 않는 교회는 교회가 아닙니다. 선교나 전도를 프로그램으로 이해하는 그리스도인은 '그리스도인'이라는 명찰만 있을 뿐, 진정한 그리스도인이 아닙니다. 선교는 교회의 존재 이유요, 성도가 교회를 구성하는 목적입니다. 우리는 때를 얻든 못 얻든 복음을 전해야 합니다. 하고 싶든 하고 싶지 않든, 가고 싶든 가고 싶지 않든 복음을 선포해야 합니다. 형편이 되든 되지 않든, 지난달에 했든 안 했든 계속해서 전해야 합니다. 복음을 전하지 않으면 성도가 아닙니다.

성도는 그리스도의 구원의 기쁜 소식을 온 세상에 전해야 할 '하늘나라 집배원'입니다. "복음의 맛과 능력을 먼저 맛보았으니 이웃에게 전해 주라"는 하나님의 복음 편지가 아직도 가슴에 꽂혀 있는데 전달하지 않고 방치해 두지는 않았습니까? 교회를 통해 부여받은 기쁜 소식을 귀찮거나 바쁘다는 핑계로, 아니면 상대방의 반응이 두려워서 전달하지 않고 파기해 버린다면 그것은 분명 직무 유기에 해당합니다. 이에 대해 하나님은 어떻게 말씀하실까요?

"가령 내가 악인에게 말하기를 너는 꼭 죽으리라 할 때에 네가 깨우치지 아니하거나 말로 악인에게 일러서 그의 악한 길을 떠나 생명을 구원하게 하지 아니하면 그 악인은 그의 죄악 중에서 죽으려니와 내가 그의 피 값을 네 손에서 찾을 것이고"(겔 3:18).

우리가 복음을 전하지 않아서 누군가가 구원받지 못한 채 죽는다면 그로써 끝이 아닙니다. 성경은 단호하게 전합니다. 하나님은 나와 관계가 있는 사람을 나를 통해 살리기 원하시는데 내가 희생하기를 주저하고 침묵했으니 나에게서 그의 피 값을 찾을 것이라고 말씀하십니다. 우리 안에 이런 거룩한 부담이 있어야 할 것입니다.

전도는 우리가 세상을 향해 할 수 있는 최고의 일입니다. 사랑하는 사람들에게 아무리 잘해 주어도 결국 그들은 다 죽습니다. 무엇이 그들을 살릴 수 있습니까? 예수님을 만나지 않은 인생, 하나님의 사랑을 체험하지 못한 인생은 자기 죄를 가릴 수도 없고 천국에 갈 수도 없습니다. 조지 W. 트루에트는 이렇게 말했습니다.

"예수께 한 영혼을 인도하는 것이 이 세상을 살아가며 얻을 수 있는 가장 귀한 것이다."

돌아보면 인생 최고의 발견은 예수님을 만난 일입니다. 그 예수님을 자랑하고 증거하십시오. 하나님 나라를 꿈꾸는 그리스도인은 예수님을 전하는 증인의 삶을 게을리하지 않습니다. 예수 그리스도의 피 묻은 복음을 전해 그리스도의 푸른 계절이 오게 하는 일, 그리스도를 모르는 사람을 하나님 앞으로 인도하는 일에 관심을 가집니다(마 6:33). 전도하는 일을 힘들거나 부담으로만 여기지 않습니다. 적어도 전도할 기회가 오면 '내가 지금까지 나 자신에게는 넉넉했지만 하나님을 향해서는 인색했으니 이 순간 복음을 전하기 위해 최선을 다해 보자'라고 생각해야 합니다. 나를 통해 예수님을 믿은 사람이 없을지라도 부담스러워하지 말고 기꺼이 도전하십시오.

지구촌에 복음이 편만하게 전해질 때 주님은 다시 오실 것입니다. 그러므로 깨달은 사람은 모두 복음의 증인으로 살아야 합니다. 이제 시시한 것으로 다투지 말고 정말 중요한 일에 목숨을 거십시오.

미국 갈보리 채플의 척 스미스가 쓴 글에 나오는 이야기입니다. 그가 미국의 한 교회를 방문했을 때 교인들이 40명쯤 모였는데 자기들끼리 싸우기만 할 뿐 절대로 전도하지 않았다고 합니다. 어쩌다가 새 가족이 오면 어떻게 해서든 시비를 걸어 쫓아냈습니다. 그 소문을 듣고 부흥회를 간 것이기에 "이유가 무엇입니까?"라고 물었더니 노 목사님이 슬픈 얼굴로 이렇게 답했다고 합니다.

"이 부근에 우리 교회 묘지가 서른 개밖에 남지 않았습니다. 혹시 자기 자리가 안 돌아올까 싶어서 다른 사람이 오는 것을 환영하지 않는 것입니다."

　하나님의 큰 사랑을 체험하고 천하보다 소중한 생명의 무게를 깨달은 우리는 이제 시시한 일에 관심을 끊어야 합니다. 하나님의 마음과 하나님의 눈물이 있는 생명을 살리는 일에 더욱 헌신하십시오. 복음에 눈을 뜨십시오. 바울이 고린도로 가게 된 것은 자기 생각이 아니라 하나님이 보내신 것이었습니다. 브리스길라와 아굴라 부부는 로마의 4대 황제였던 글라우디오가 아무 이유 없이 유대인들을 로마에서 쫓아내는 바람에 고린도로 이사를 가게 된 것이었습니다. 그들이 고린도에서 바울을 만나게 된 것은 결코 우연이 아닙니다. 실라와 디모데라는 사역자가 고린도로 사역지를 옮긴 것도 마찬가지입니다. 고린도의 죽어 가는 영혼들을 살리기 위한 하나님의 섭리였고 그들 모두 선교적 의미로 서로 만나게 된 것이었습니다.

　우리의 만남에도 분명 선교적인 의미가 있습니다. 하나님은 이 도성의 죽어 가는 사람들, 우리 곁에 거창한 모습으로 서 있지만 사실은 절망하고 신음하는 그들을 안타까운 마음으로 바라보며 구원하기를 원하십니다. "네가 힘을 내고 용기를 내야 해" 하며 복음을 전하도록 우리를 독려하시는 하나님의 눈물을 볼 수 있기를 바랍니다.

　이 일에 하나님이 함께하십니다. 복음을 전하는 귀한 일을 통해 하나님의 놀라운 축복과 은혜를 체험하게 될 것입니다. 이 땅에는 구원받아야 할 백성이 많습니다. 하나님은 우리가 복음을 전하기를 원하십니다. 환경이나 형편 또는 여건에 매이지 말고 할 수 있는 일을 하십시오. 우리가 복음을 전하는 모습을 보시고 하나님은 행복한 눈물을 흘리실 것입니다.

예수를 자랑하십시오
예수와 함께하고
예수를 누리고
예수를 알고

더 많습니다
믿어야 할 이유가
믿지 못할 이유보다
당신 안에는 예수를